Anette Dowideit

DIE ANGEZÄHLTEN

Wenn wir von unserer Arbeit nicht mehr leben können

Campus Verlag
Frankfurt/New York

MIX
Papier aus verantwortungsvollen Quellen
FSC www.fsc.org FSC® C089473

ISBN 978-3-593-51081-1 Print
ISBN 978-3-593-44206-8 E-Book (PDF)
ISBN 978-3-593-44205-1 E-Book (EPUB)

Umschlaggestaltung: Campus Verlag, Frankfurt am Main
Redaktion: Christina Seitz
Satz: Oliver Schmitt, Mainz
Gesetzt aus der Meta Pro und Scala
Druck und Bindung: Beltz Grafische Betriebe GmbH, Bad Langensalza
Printed in Germany

www.campus.de

Inhalt

Drei, zwei, eins ... arm 7

Arbeit prekär – jetzt auch in der Mittelschicht 25
Warum unser Leben nicht mehr wie das der Beimers und der Drombuschs funktioniert 25
Niedriglohnjobs und erzwungene Flexibilität: Wir verlieren unsere innere Mitte 32
Berechtigte Zukunftsangst 41

Welche Mittelschichtbranchen abstürzen 53
Abgehandelt im Einzelhandel 54
Die Tiefflieger 65
Lehrer, ein Beruf für Arme 75
Billige Beamte 80
Gute Pflege – aber bitte günstig 94
Arm als Arzt 100
Handwerk hat morschen Boden 104
Auslaufmodell Bankberater 107
Wenn Computer der Mittelschicht die Arbeit nehmen 110

Menschen mieten 117
Wie in der Gig Economy jeder zu seiner eigenen Marke werden muss 122
Unsere neuen Diener: die Clickworker 130

Das untere Ende des Arbeitsmarkts 145
Wir Konsumenten sind mit schuld 146
Wie die Bundesregierung den Lohndrückern hilft 149
Lohndumping: Mindestlohn zahlt längst nicht jeder 164
Die Kaste der Unsichtbaren: Schwarzarbeit in Deutschland 172

Was die Entwertung der Arbeit mit uns macht 195
Burn-out, Depression – und nur dank Pillen fit für den Job 196
Aussortiert vom Arbeitsmarkt 200

Hallo Politik, bist du da? 209
Warum das bedingungslose Grundeinkommen auch keine Lösung ist 210
Arbeitsmarkt, Herzensthema der SPD 213
Arbeit muss wieder teurer werden – so kann es gehen 220

Soziales Sicherungssystem 4.0 225

Quellenverzeichnis 235
Anmerkungen 240

DREI, ZWEI, EINS ... ARM

Marco Witterling hat oft Ohrensausen. Er war deshalb schon häufiger beim Arzt, doch der konnte nichts finden. Witterling ist verheiratet, Vater eines kleinen Mädchens, und er hat vor ein paar Jahren eine Eigentumswohnung in einer Kleinstadt gekauft, für die er nun die Schulden abbezahlen muss. Nachts kann er oft nicht gut schlafen. Dabei arbeitet Witterling in einem Beruf, der früher mal ein Traumjob war. Pilot.

Für viele seiner Kollegen ist der Beruf wahrscheinlich immer noch die Erfüllung ihres Kleinjungentraums. Bloß eben nicht für Witterling – und wohl auch für so einige Kollegen nicht. Der Enddreißiger, der eigentlich anders heißt, fliegt für Ryanair. Eine Airline, mit der wahrscheinlich die meisten von uns schon mindestens einmal in den Urlaub oder zu einem Städtetrip gereist sind. Wo sonst sind die Flüge so billig zu haben, dass sich eine Familie mit Kindern eine solche Ferienreise überhaupt leisten kann? Oder ein Student mal eben nach Barcelona kommt?

Ryanair spielt seit Jahren eine Rolle in den Medien, nämlich die des schlimmsten aller Arbeitgeber der Lüfte. Für viele der Piloten, die in Deutschland und anderswo in Europa für die Fluggesellschaft die Maschinen lenken, dachte der Konzern sich ein besonderes Anstellungsmodell aus – oder besser gesagt: ein Nicht-Anstellungsmodell. Neue Ryanair-Piloten mussten Ich-AGs gründen. Als Selbstständige, die tageweise gebucht wurden und Rechnungen an ihren Auftraggeber schreiben, trugen sie fortan selbst das wirtschaftliche Risiko. Zum Beispiel jenes, krank zu werden und kein Geld mehr zu verdienen. Und dann etwa die Hypotheken für die Eigentumswohnung nicht mehr zahlen zu können. Fällt ein Pilot auf diese Weise aus, muss Ryanair ihn nicht bezahlen – er ist ja nicht geflogen. Auch für die Altersvorsorge zahlt der Flugkonzern durch dieses Modell nicht mit. Und er wird die Piloten viel leichter los, sollte einmal Flaute bei den Buchungen herrschen.

Ryanair kam bisher problemlos damit durch. Und das, obwohl die Piloten die Uniformen der Airline trugen, immer nur für diesen einen Auftraggeber tätig waren und ständig auf Abruf sein mussten. Oder, wie Gewerkschafter und Arbeitsrechtler sagen: scheinselbstständig waren. Erst seit kurzem regt sich europaweit Widerstand von Pilotengewerkschaften. Jahrelang ging es Ryanair gut. Die Gewinne stiegen, die Passagierzahlen legten zu, weil die Flüge so schön billig waren: quer durch Europa für 25 Euro, innerdeutsche Flüge gibt es teilweise für fünf Euro. Für die Mitarbeiter in den Cockpits dagegen – die immerhin für die Sicherheit und das Leben der Passagiere mitverantwortlich sind – geht diese Rechnung weitaus weniger glatt auf.

Witterling wirkt im Gespräch leicht fahrig. Man merkt ihm die Belastung an. Den Schichtdienst, den Stress. Er sagt, in den vergangenen Jahren habe es immer mal wieder Momente gegeben, in denen es ihm bei der Arbeit unheimlich wurde. Einer davon kam an einem feuchtkalten Wintertag. Damals saß er mit dickem Kopf, kratzendem Hals und zugeschwollener Nase im Cockpit. Er hatte sich zum Dienst geschleppt. Dabei sei vollkommen klar gewesen, dass er eigentlich ins Bett gehört hätte. Mitten auf dem Flug dann, über den Wolken, passierte es: Sein Kopf begann zu pulsieren. Es wurde ihm derart schwindelig, beinahe schwarz vor Augen, dass er den Flieger vielleicht nicht mehr alleine hätte landen können. »Ohne den Co-Piloten, der dann die Kontrolle übernommen hat, hätte ich es an diesem Tag nicht geschafft«, sagt er. »Wer weiß, was hätte passieren können?«

Ein Pilot, der krank zur Arbeit erscheint, weil er sonst nicht mit seinem Geld über die Runden kommt – wie kann so etwas sein, in Deutschland im Jahr 2019?

Die Antwort auf diese Frage geht weit über Ryanair und den Beruf des Piloten hinaus: Arbeit ist an vielen Stellen nicht mehr viel wert.

Das ist ein Problem – und kein kleines, sondern eines der drängendsten Probleme unserer Zeit. Denn Arbeit ist nicht nur das bloße Mittel zum Zweck, um den Lebensunterhalt zu verdienen. Sie bedeutet uns viel. Arbeit ist das, worüber wir uns definieren – die meisten von uns tun dies mehr über ihren Beruf als über alle anderen Bereiche ihres Lebens. Wenn wir uns einem neuen Menschen vorstellen, sagen wir Dinge wie: »Guten Tag, ich heiße Anette Dowideit, ich bin Reporterin«, und nicht »Guten Tag, ich heiße Anette Dowideit und bin begeisterte Joggerin.«

Arbeit ist Status und Selbstverwirklichung, sie verortet uns in der Gesellschaft. Und sie ist ein elementares Menschenrecht – seit 1948, als die Vereinten Nationen sich eben dazu in ihrer »Allgemeinen Erklärung der Menschenrechte« bekannten.

Wenn Menschen ihre Arbeit verlieren, werden sie oft krank – es ist, als würde ihnen ein Stück ihrer selbst genommen, und dieser Verlust wirkt oft noch jahrelang nach. Ein verlorener Arbeitsplatz kann auf die Psyche wirken wie der Verlust eines wichtigen Menschen.

Arbeit ist einer der wichtigsten Lebensinhalte der Menschen heute, für viele von uns ist sie sogar der allerwichtigste. Und damit erfüllt sie auch eine gesellschaftliche Funktion: Sie stiftet Sinn, sie gibt den Menschen das Gefühl, etwas wert zu sein.

Wer Arbeit hat, der hat auch Stolz. Sie ist der Kitt, der die Gesellschaft zusammenhält. Gesellschaften, in denen die Arbeitslosigkeit hoch ist, sind politisch deutlich instabiler als jene mit niedriger Arbeitslosigkeit. Wer keine Arbeit hat, beginnt auch schneller an der Politik zu zweifeln, die er dafür verantwortlich macht.

Wenn über den Arbeitsmarkt geredet wird, dann geht es meist nur um Einzelprobleme: Momentan diskutieren wir über die unterbezahlte Pflege, wir reden auch darüber, ob Paketboten genug verdienen und ob wir eine Grundrente für all jene brauchen, die trotz Arbeit im Alter arm sind.

Wir reden nie über das große Ganze: den Stellenwert von Arbeit für den Einzelnen und für die Gesellschaft. Das gesamte Wertesystem der Arbeit ist bedenklich abgesackt, und wir müssen viel tun, um es wieder aufzurichten.

Dieses Buch soll der Beginn einer neuen Debatte über unsere Arbeitswelt sein.

Um eine stabile politische Lage zu gewährleisten, reicht es nicht, die richtige Anzahl von Arbeitsplätzen zu haben. Es müssen auch gute Arbeitsplätze sein, faire. Solche, die angemessen entlohnt sind. Wer den ganzen Tag arbeitet, sich anstrengt, sich dann aber am Ende über den Tisch gezogen fühlt, wenn er seinen Gehaltszettel sieht, wird unzufrieden sein. Das Menschenrecht Arbeit darf nicht in den Kosten gedrückt werden. Und es darf auch nicht darin beschnitten werden, ständig in seinem Bestand bedroht zu sein: Wer sich nach bestem Wissen und Gewissen für seine Arbeit einsetzt, und dann trotzdem immer wieder nur mit befristeten Arbeitsverträgen abgespeist wird, oder nur als Freelancer beschäftigt wird, obwohl er sich – und so geht es sehr vielen – eine Festanstellung wünscht, der wird frustriert sein.

Wenn wir aber schon dieses grundlegende Problem unserer Gesellschaft zunehmend schlechter in den Griff bekommen, wenn wir um die Zukunft unserer Arbeit fürchten müssen – wie sollen wir dann all die anderen gesellschaftlichen Aufgaben angehen?

Die Diskussion über den Arbeitsmarkt kommt zudem derzeit daher, als ginge es hier nur um ein weiteres unter vielen politischen Problemen im Land, als wären faire Entlohnung und Arbeitsplatzsicherung eine Sache, der Umgang mit unserer Umwelt und unseren Mitmenschen eine andere. In Wahrheit gibt es eine Verbindung. In Wahrheit ist eine vernünftige, gerechte und zukunftsorientierte Gestaltung der Arbeitswelt das Fundament und auch die Lösung für fast alle anderen Herausforderungen. Wer gute, fair bezahlte, sichere Arbeit hat, der wird auch die Kraft haben, sich für

Klimaschutz, Biodiversität, Tierwohl, arme Menschen, Geflüchtete und Bildung einzusetzen.

Unternehmenschefs und Politiker wissen um diese grundlegenden Zusammenhänge. Eigentlich hätten sie die Aufgabe, die Arbeitswelt so umzugestalten, dass die Digitalisierung nicht Arbeitskräfte freisetzt, sondern Arbeitskräfte anders einzusetzen ermöglicht. Mit dem Ziel, den gewaltigen ökologischen und sozialen Herausforderungen entgegenzutreten, für die wir jede Hand brauchen. Ökologie und sozialer Zusammenhalt dürfen keine Gegensätze sein, die Wertschätzung der Arbeitskraft ist in dieser Frage der Schlüssel.

Trotzdem hat in den vergangenen Jahren keine Seite entschlossen gegengesteuert. Weder Wirtschaft noch Politik haben Kraft und Ideen investiert.

Diese fatale Grundeinstellung ist mittlerweile auch bei uns Konsumenten angekommen. Wir haben uns daran gewöhnt, dass Dinge für wenig Geld zu haben sein müssen. Und damit eben auch die Arbeitskraft, mit der Dienstleistungen verrichtet und Waren produziert werden. Den Grundsatz »das geht doch noch billiger« haben wir mittlerweile für große Teile unserer Wirtschaftswelt derart verinnerlicht, dass wir kaum noch hinterfragen, wie all die niedrigen Preise für das, was wir uns kaufen, eigentlich zustande kommen – und wer am Ende den Preis dafür bezahlt.

Wir akzeptieren, dass es Niedriglohnjobs gibt: Viele von uns finden es völlig ok, dass Menschen für Löhne Regale einräumen, Essen ausfahren, Teller spülen oder Hotelzimmer reinigen, mit denen sie am Existenzminimum krebsen und Zuschüsse vom Jobcenter brauchen. Fast 3,4 Millionen Vollzeitbeschäftigte verdienen laut Bundessozialministerium heute weniger als 2000 Euro brutto, das sind 16 Prozent aller Beschäftigten. In Ostdeutschland betrifft das sogar mehr als ein Viertel der Vollzeitkräfte. Der Zusammenhang lässt sich schließlich rational verargumentieren: Wer nichts gelernt hat, wird Billiglöhner. Und doch finde ich es grotesk: Es gibt kaum etwas, das ein Mensch geben kann, das so kostbar ist wie seine Arbeitskraft, seine Lebenszeit – warum gibt es in unserer florierenden Wirtschaft derart viele Fälle, in denen diese Leistung nicht zum Leben reicht?

Relativ neu ist es, dass das gesellschaftliche Diktum, Arbeitskraft müsse möglichst billig zu haben sein, mittlerweile auch für viele Arbeitsplätze der Mittelschicht gilt. Berufsbilder, die früher als angesehen und erstrebenswert galten – als gut bezahlt, als krisensicher – rutschen ab. Es trifft die Akademiker, die Selbstständigen, die Fachkräfte. Überall finden sich Beispiele für Berufe und Branchen, die noch in den Achtziger- und Neunzigerjahren ein gutes Einkommen und ein geregeltes Leben versprachen – bei denen man dagegen heute lieber zweimal überlegt, wie zukunftsfähig und krisensicher sie wohl sind: Bankberater. Versicherungsvertreter. Fachverkäufer im Einzelhandel. Polizist. Postbeamter. Krankenschwester. Die Liste ließe sich beliebig fortsetzen. Die Mittelschicht ist angezählt.

Um das Abrutschen all dieser Berufsbilder geht es in diesem Buch. Klar, lebenslanges Lernen steht schon eine Weile auf der Agenda, aber noch vor 15 Jahren hätten wohl die meisten von uns es für völlig abwegig gehalten, darüber spekulieren zu müssen, welcher Beruf überhaupt noch Zukunft hat. Heute treibt alle die Frage um, welche Berufe sich weiterentwickeln lassen, so dass man sie bis zur Rente ausüben kann, ohne dass sie vorher wegrationalisiert oder die Arbeitsbedingungen dort so schlecht werden, dass man von ihnen nicht mehr gut leben kann. Heute scheinen einzig IT-Experten einen vielversprechenden Weg zu gehen. Zwar herrscht in vielen Branchen heute der vielbeschworene Fachkräftemangel – und doch führt er in vielen Fällen nicht dazu, dass die Arbeitgeber einander mit höheren Gehältern Konkurrenz machen. Warum das so ist, hängt von der jeweiligen Branche ab: Mal liegt es daran, dass die Gehälter, wie in der Pflege, von öffentlichen Haushalten abhängen. Mal, wie im Handwerk, daran, dass sich Aufträge auch in Schwarzarbeit erledigen lassen. Und mal, wie im Einzelhandel, daran, dass Arbeit, die früher Fachkräfte machten, heute oft Angelernte übernehmen.

Ich frage mich schon seit langem, wie es in einem Land wie

Deutschland, dem es doch wirtschaftlich gut geht, dazu kommen konnte, dass viele Menschen ihre Arbeitsbedingungen so frustrieren. Deshalb begann ich vor rund fünf Jahren damit, in meiner Arbeit als Investigativreporterin auf die Suche nach einer Antwort auf diese Frage zu gehen. Ich begann, in viele Winkel des Arbeitsmarkts hineinzuleuchten, in unterschiedlichste Branchen, unterschiedlichste Gehaltsklassen. Mal ging es um die Logistikbranche, mal um die Erziehung, häufig um Luftverkehr, Gastronomie oder Einzelhandel. Egal, mit wem ich sprach, das, was mir die Angestellten erzählten, glich sich auf beunruhigende Weise: Ich konnte eine große Unsicherheit unter den Beschäftigten im Land beobachten. Mir wurde klar, dass bei sehr vielen Menschen die Angst vor einer wackeligen finanziellen Zukunft wächst. Und bei alledem sehe ich bei vielen auch ein wachsendes Ohnmachtsgefühl. Viele fühlen sich in ihrem Leben allein gelassen.

Das ist ein gefährlicher Trend, wenn man bedenkt, dass Arbeit doch der Kitt der Gesellschaft, der Demokratie ist. Es muss etwas geschehen, um diese Entwicklung zu immer unsicherer, immer prekärer werdender Arbeit aufzuhalten.

Erstaunlich ist, dass mein Eindruck von der abrutschenden Arbeitswelt nicht zusammenzupassen scheint mit vielem, was wir in der *Tagesschau* über den Zustand der deutschen Wirtschaft hören: Sie wächst stetig – wenn auch zuletzt, gebremst durch den Protektionismus der US-Regierung und ein Schwächeln der Automobilindustrie, weniger als in den vergangenen Jahren. Die Arbeitslosigkeit ist niedrig wie selten zuvor, Politiker und Medien feiern das deutsche »Jobwunder«. Im April 2019 waren gerade mal 2,2 Millionen Deutsche arbeitslos, so wenige wie nie seit der Wiedervereinigung.

Diese Meldungen aber, die Statistiken, spiegeln die Realität zu großen Teilen nicht wider. Die bloßen Beschäftigungszahlen zeigen eben nicht, dass viele Arbeitskräfte zunehmend von der Produktivitätsentwicklung abgehängt sind: Das Bruttoinlandsprodukt und auch die Produktivität der Arbeit stiegen über den langen Zeitraum von 1999 bis 2017 viel stärker als die Reallöhne. Auch wenn seit 2008 ein langsamer Angleich stattgefunden hat, ist die Lücke in Deutschland nach wie vor deutlich größer als etwa in Frankreich oder Italien.[1]

Denn zuletzt sind die Verbraucherpreise kräftig gestiegen: 2018 um 1,6 Prozent, 2017 um 1,7 Prozent. Wenn aber alles teurer wird, was wir uns von unserem Einkommen kaufen müssen, frisst das die Lohnsteigerungen fast komplett auf. 2017 wuchsen die Reallöhne um gerade 0,9 Prozent, 2018 um 1,5 Prozent.[2]

So können wir uns von dem Geld, das wir für unsere Arbeitsleistung bekommen, tatsächlich weniger leisten. Besonders deutlich wird diese Diskrepanz zwischen Lohnentwicklungen und Lebenshaltungskosten derzeit bei einem Thema, das für Zündstoff in der gesellschaftlichen Debatte sorgt: dem Wohnen. Immer mehr Menschen im Land zahlen längst deutlich mehr als ein Drittel ihres Nettoeinkommens für ihre Miete. Ein Drittel, das ist die Daumenregel, an die man sich eigentlich bei seiner privaten Kalkulation halten sollte, um noch genug Geld für den Rest der anfallenden Kosten zur Verfügung zu haben. Dass beides aufeinandertrifft, die stark steigenden Mieten und der zunehmend unsichere Arbeitsmarkt, führt dazu, dass das Wohnen immer mehr zur sozialen Frage wird und politische Aktivisten nun vor lauter Wut schon die Autos von Wohnkonzernmanagern anzünden.

Dieses Ungleichgewicht zwischen dem, was die Menschen verdienen und dem, was sie sich davon leisten können – das löst bei vielen mehr als Unzufriedenheit aus. Nicht zuletzt deshalb lehnte sich Kevin Kühnert, der Vorsitzende der Jusos, Anfang Mai 2019 mit der gewagten Forderung aus dem Fenster, man solle Konzerne wie BMW in Genossenschaften umwandeln und Immobilienbesitzern verbieten, mehr als eine Wohnung zu besitzen. Eine gefährliche These war das, denn sie stellte den Bestand der Sozialen Marktwirtschaft in Deutschland, die doch den Grundstein für den Wohlstand unseres Landes gelegt hat, grundsätzlich in Frage.

Viel mehr als Kühnerts Forderung aber sagte die hitzige Diskussion aus, die daraufhin aufbrandete. Er hatte einen Nerv getroffen. Die einen in der Politik und den Medien reagierten empört: So etwas dürfe man nicht einmal denken. Die anderen aber sagten: Es gibt doch einen Grund dafür, warum wir 2019 plötzlich wieder über die Grundfesten unserer Wirtschaftsordnung zu diskutieren beginnen.

In unserer Sozialen Marktwirtschaft funktioniert tatsächlich einiges nicht mehr so, wie es sollte: Jene am unteren Rand fühlen sich zunehmend abgehängt vom Wohlstand jener am oberen Rand.

Die nackten Zahlen über den Arbeitsmarkt zeigen auch etwas anderes nicht. Und zwar, dass sich heute die meisten von uns, gerade in der Mittelschicht, deutlich mehr anstrengen müssen, um einen vergleichbaren Status zu erreichen wie noch unsere Elterngeneration. Wir müssen abends und am Wochenende arbeiten, nehmen neben unseren Hauptjobs Nebenaufträge an. Wir müssen Gelder für die Projekte, an denen wir arbeiten, häufig selbst einwerben, müssen Zielvereinbarungen erreichen, um auf Bonuszahlungen am Jahresende hoffen zu dürfen. Wir müssen geografisch und geistig flexibel sein. Wir müssen uns ständig fortbilden, um beruflich am Ball zu bleiben. Denn der Arbeitsmarkt wandelt sich, und dieser Wandel beschleunigt sich immer stärker. Wir müssen uns selbst vermarkten, so gut es geht. Notfalls zulasten unserer Kollegen. Wer sich nicht schnell genug mitdreht im Karussell, fliegt raus.

Auf dem Papier geht es uns vielleicht ebenso gut oder sogar besser als unseren Eltern – und doch hat sich eine berechtigte Unzufriedenheit in der arbeitenden Bevölkerung eingenistet: das Gefühl, in einem Hamsterrad zu stecken, in dem man immer weiter treten muss, um nicht auszurutschen und abzudriften. Denn die Angst, finanziell abzusteigen, schwingt bei uns allen mit.

In den vergangenen Monaten hat sich das deutsche Arbeitsmarktkarussell noch einmal mehr rasant gedreht. Die Nachrichten über den Wandel der Wirtschaftswelt nahmen beängstigende Formen an, es ging Schlag auf Schlag: Deutsche Bank und Commerzbank wollten fusionieren und dann doch wieder nicht. Arbeitsplätze dürften dort so oder so im großen Stil wegfallen. Volkswagen, Ford, Bayer und ThyssenKrupp kündigten an, Zehntausende Arbeitsplätze abzubauen. Große Firmennamen gerieten ins Wanken, die gewissermaßen die Kern-DNA unserer Wirtschaftswelt bilden. Und mit ihnen bleibt ein Teil des Arbeitsmarkts, wie wir ihn bisher kennen, auf der Strecke.

Die Umwälzungen am Arbeitsmarkt und all die gesellschaftlichen Konsequenzen sind das bestimmende Thema unserer Zeit. Denn die Abstiegsängste, die diese Veränderungen am Arbeitsmarkt hervorbringen, führen dazu, dass Menschen sich als abgehängt empfinden, sich alleingelassen fühlen. So schlägt diese kollektive Unzufriedenheit an immer mehr Stellen um in Angst vor Zuwanderung, in eine wütende Ablehnung gegenüber Geflüchteten – immer in Sorge, man selbst komme durch sie noch mehr zu kurz als ohnehin schon.

In diesem Buch möchte ich an konkreten Beispielen, an echten Menschen, diese enormen Herausforderungen des Arbeitsmarktes heute benennen – und zeigen, was unser Land tun kann, um sie in den Griff zu bekommen. Die Herausforderungen sind dreierlei: Es geht zum einen um angemessene und gerechte Bezahlung und eine menschenwürdige Gestaltung der Arbeitsverhältnisse, zum anderen um sozial verträgliche und nachhaltige Alternativen für die durch Digitalisierung zukünftig wegrationalisierten Arbeitsplätze und zum dritten darum, die disruptiv entstehende neue Arbeitswelt der Gig- oder Share-Economy an die bestehenden sozialen Standards anzupassen, die unsere soziale Marktwirtschaft ausmachen.

Das erste Problem sehe ich bei all jenen Arbeitsplätzen, die weder automatisiert noch übers Internet vermarktet werden können, sondern die nach wie vor körperlich erledigt werden müssen: den klassischen Dienstleistungen. Fast 23 Millionen Deutsche arbeiten im Dienstleistungssektor – er hat schon lange die Industrie als größten Sektor des Landes abgelöst.

Was die Mittelschicht betrifft, gehören zum Beispiel all jene Berufe dazu, die mit Erziehung und Gesundheitsversorgung zu tun haben, also Lehrer, Sozialarbeiter, Kindergärtner, Kranken- und

Altenpfleger, aber zum Beispiel auch: Handwerker. Und bei diesen Dienstleistungberufen gibt es ein Problem, viele, die dort beschäftigt sind, verdienen zu wenig – und empfinden ihre Arbeitsplätze als immer weniger sicher.

Die Altenpflege ist beispielsweise derzeit ein riesiges Thema in der Politik. Eigentlich sind sich alle einig, dass die Pflegenden deutlich mehr Geld verdienen müssten, damit die klaffende Nachfragelücke geschlossen und die Alten und Kranken auch in Zukunft noch versorgt werden können. Und doch steigen die Einkommen dort bisher nur sehr schleppend. Genauso verhält sich dies bei Lehrern und Erziehern. Sie sind ebenso Mangelware. Und doch werden sie in vielen Bundesländern überwiegend nur noch befristet eingestellt.

Befristungen sind übrigens nicht nur in den Erziehungsberufen ein ausuferndes Phänomen. Der Deutsche Gewerkschaftsbund hat berechnet, dass derzeit 3,2 Millionen Menschen im Land mit einem Arbeitsvertrag mit Verfallsdatum arbeiten, also jeder zehnte Angestellte. Bei Jobeinsteigern sind es sogar mehr als 50 Prozent. Dabei will das kaum ein Angestellter so. Es sind die Arbeitgeber, die es diktieren, weil es ihnen Flexibilität verschafft. Und Politiker, die diese Arbeitgeber gewähren lassen, weil sie überzeugt sind, nur so seien diese global wettbewerbsfähig.

Bei den Handwerkern mag der Zusammenhang weniger offensichtlich sein, doch auch bei ihnen gilt: Es gibt zwar stellenweise viel zu wenige von ihnen, und doch spiegelt sich – was man als privater Auftraggeber von Handwerkern wahrscheinlich nicht vermutet – dieser große Bedarf in der Gehaltsentwicklung kaum wider.

Wie kommt es aber eigentlich zustande, dass unsere Verdienste weniger stark steigen als unsere Lebenshaltungskosten? Schuld daran sind in vielen Branchen Unternehmen, deren Bestreben, von Jahr zu Jahr mehr Gewinne zu erwirtschaften oder sich gegen internationale Konkurrenz durchzusetzen, zu Ausstiegen aus den Tarifverträgen geführt haben. Der Rückgang der Tarifbindung im Land ist dramatisch. Noch 1995 hatten gut 80 Prozent der Betriebe im Land Tarifverträge. Heute dagegen arbeiten nur noch 56 Prozent aller Festangestellten überhaupt in Betrieben, für die eine Tarifbindung gilt.

Schuld sind auch die Beschäftigten selbst, die Mitgliedschaften in Gewerkschaften für verzichtbar halten – denn dadurch fehlt diesen zunehmend der Rückhalt für Arbeitskämpfe aus der Mitte der Gesellschaft. Kommen im Weihnachtsgeschäft unsere Pakete zu spät, weil Amazon-Mitarbeiter streiken, schütteln viele von uns nur verständnislos den Kopf. Fallen unsere Züge und Busse aus, weil die Fahrer für Lohnsteigerungen kämpfen, sind wir wütend auf die Fahrer selbst, anstatt auf die Betriebe, die sie offenbar nicht fair entlohnen.

Schuld ist vor allem aber die Politik, die den Unternehmen Raum für schlechtere Anstellungsbedingungen verschafft hat. Das Ergebnis ist, dass in vielen Branchen Fachkräfte, also gut ausgebildete Spezialisten, heute häufig keine Fachlöhne mehr bekommen. Und manchmal sogar nur noch Mindestlohn.

Das zweite Megaproblem unseres Arbeitsmarkts sehe ich hier: Wohin sollen all die Menschen, deren Jobs gerade sterben, weil sie wegautomatisiert werden? Die OECD schätzte im April 2019, fast jeder fünfte deutsche Job könne in Zukunft durch Computer oder Roboter erledigt werden, und für weitere 36 Prozent der Arbeitsplätze seien »disruptive Veränderungen« zu erwarten. Auch diese Entwicklung bedroht gerade die Mittelschicht. Wie ersetzen wir all die Arbeitsplätze, die wegfallen, weil sie automatisiert werden? Die Schalterbeamten, die Lohnbuchhalter, die Anlageberater, die Sachbearbeiter?

Auf diese Fragen hat die Politik bisher keine zufriedenstellenden Antworten gefunden.

Und die dritte und vielleicht größte Herausforderung: jene Arbeitsplätze, die zwar nicht automatisiert werden können, die aber dank Internet nun völlig neu funktionieren. Ich meine all die Dienstleistungen, die heute über Jobaufträge im Internet und über Apps vermarktet werden. Anstatt bei Firmen fest angestellt zu sein, hangeln sich Werbetexter, Berater, Journalisten, Architekten, Grafikdesigner und viele andere über Stellenportale, Empfehlungen, Kundenakquise von einem Job zum nächsten. Sie müssen sich ihre Aufträge selbst heranschaffen, alles komplett selbst organisiert. Arbeitsmarktforscher nennen das »Gig-Economy«. Man arbeitet sich von einem Gig, einem Auftrag also, als Soloselbstständiger zum nächsten. Ohne Kollegen zu kennen, mit denen man sich austauschen oder gar arbeitsrechtlich organisieren könnte. Ohne wirksamen Arbeitsschutz wie eine Begrenzung von Arbeitszeit zu genießen, und ohne zu wissen, wie viel Geld man am Monatsende auf dem Konto haben wird.

Auf die Spitze getrieben wird dieses Modell der Gig- oder auch Share-Economy derzeit am unteren Ende des Arbeitsmarkts: bei all den App- und Clickworkern, die per Smartphone ihre Aufträge abholen, um sich dann als Fahrradkurier in der Essenslieferung abzustrampeln oder mit dem eigenen Wagen für Amazon und andere Pakete auszuliefern. Betriebsräte: Fehlanzeige. Mindestlohn: vielleicht.

Unsere Gesellschaft kommt nicht darum herum, diese drei Probleme des Arbeitsmarkts mit politischen Konzepten anzugehen. Nicht nur, weil sie riesige soziale Konflikte heraufbeschwören. Sondern auch aus pragmatischen Gründen: Wenn die Kosten fürs Leben deutlich stärker steigen als die Verdienste vieler, dann können all diese Menschen sich weniger leisten, sie können weniger Dinge konsumieren.

Und immer drängender ist die Frage: Wie sollen Menschen, die mit ihrer Arbeit immer schlechter verdienen, fürs Alter vorsorgen? Wie sollen sie sich für den Pflegefall absichern? Umfragen zeigen, dass es in kaum einem anderen Land Europas so viele Menschen gibt, die kein Geld für den Lebensabend zurücklegen wie in Deutschland. Das aber bedeutet: Spürbaren Teilen der arbeitenden Bevölkerung droht Altersarmut. Schon jetzt gilt jeder fünfte Rentnerhaushalt als armutsgefährdet. Doch was, wenn es in unserer Gesellschaft immer mehr Verlierer am Arbeitsmarkt gibt – wer soll all das Geld für die Versorgung der Altersarmen dann überhaupt noch erwirtschaften?

Wenn wir jetzt nicht gegensteuern, dann dürfte die gesellschaftliche Spaltung, die durch die Unsicherheit am Arbeitsmarkt erwächst, noch erheblich zunehmen. Das kann man am »Vorbild« USA sehen, wo die Gesellschaft wirtschaftlich deutlich gespaltener ist als bei uns, und wo mittlerweile sogar schon Milliardäre davor warnen, dass der Reichtum der einen und die zunehmende Armut der anderen zu heftigen sozialen Unruhen führen könnten.

Denn auch in Deutschland ist der Reichtum, ähnlich wie in den USA, zunehmend nach einem bestimmten Muster verteilt. Ein paar Menschen an der obersten Spitze der Gesellschaft, die vielleicht geerbt haben, leben von den Mieteinnahmen der zunehmend klammen Mittel- und Unterschicht. Dann gibt es in der deutlich schrumpfenden Mitte ein paar Glückliche, die es schaffen, sich selbst mit ihren Fähigkeiten zur eigenen Marke zu stilisieren und damit gute Aufträge an Land ziehen. Dazu kommen eine Handvoll Menschen an den Schaltstellen der digitalisierten Wirtschaft, die die Algorithmen programmieren, nach denen der neue Arbeitsmarkt funktioniert. Hier wird das alte Konzept fester Beschäftigungsverhältnisse mehr und mehr aufgeweicht und durch das neue Konzept des Einzelkämpfers ersetzt: den Freiberufler, der sich jeden Tag aufs Neue um Aufträge bemühen muss, der mit billigeren Arbeitskräften in anderen Teilen der Welt konkurrieren muss oder auch nur mit anderen, noch billigeren Fahrradkurieren, die vielleicht schneller strampeln als er selbst.

Am unteren Ende der Nahrungskette steht in dieser düsteren, aber nicht unwahrscheinlichen Zukunftsvision die Masse an Menschen, die nach der Musik dieses neuen Arbeitsmarkts tanzen müssen. Nach Weisung ihres Handcomputers klauben sie Pakete in den Logistikzentren von Amazon zusammen, sie werden als App-Worker von ihren Smartphones auf Tour geschickt, um diese Pakete im Akkord auszuliefern oder um in einer Stunde möglichst viele Essen zu übergeben. Die als freier Autor im Minutentakt

Produktbeschreibungen für übers Internet verkaufte Waren ausspucken müssen, um auf einen annehmbaren Stundenlohn zu kommen.

Die bange Frage ist: Was kann jeder Einzelne von uns tun, um die Misere zu bekämpfen? Können wir in unserer Rolle als Konsumenten Macht entfalten, indem wir selbst Billiglöhnen den Kampf ansagen? Indem wir weniger Pakete von Hermes und Co. und unser Essen nicht mehr vom Fahrradkurier liefern lassen, Lohndrücker wie Ryanair boykottieren und unsere Kleidung nicht mehr bei Primark kaufen? Man müsste es so machen, meinen viele. Andere entgegnen: Wie sollen wir es uns noch leisten, auf solche Billiganbieter zu verzichten, wenn wir selbst immer weniger Geld im Portemonnaie haben? Es klingt nach einer fatalen Abwärtsspirale.

Die Lösung sehe ich anderswo als nur im Konsumboykott. Wenn wir wollen, dass die Arbeitenden im Land wieder stärker an der Produktivitätsentwicklung beteiligt werden, dass Arbeit wieder mehr wertgeschätzt wird und die Menschen besser von ihrer Arbeit leben können, brauchen wir ein gesellschaftliches Umdenken, das weit über unsere Rolle als Konsumenten hinausgeht.

Gefragt ist stärker denn je die Politik. Sie muss deutlich mehr tun als bisher, um den Wert der Arbeit wieder zu stärken und den Menschen im Land die Zukunftsängste zu nehmen.

In den vergangenen Jahren hat die Politik dem Arbeitsmarkt mehr geschadet als geholfen – und folgenschwere Fehler in der Wirtschaftspolitik begangen. Sie hat dafür gesorgt, dass Deutschland zum Billiglohnland wurde. Und dafür, dass viele Menschen um die Früchte ihrer Arbeit gebracht wurden. Mit dieser Meinung bin ich nicht allein, prominente internationale Wirtschaftsforscher sehen es ebenso. Darunter ist der US-Ökonom Adam Posen, Präsident des Petersen Institute for National Economics und Kolumnist bei mehreren angelsächsischen Zeitungen. Posen brachte vor ein paar Jahren in einem Interview[3] den Begriff des Billiglohnlands auf – und sagte, die deutsche Wirtschaftspolitik habe zuletzt versagt. Eines seiner Beispiele: Die öffentliche Hand habe zuletzt viel zu wenig Geld investiert, und zwar sowohl in den privaten als auch in den öffentlichen Sektor, habe die Wirtschaft zu wenig unterstützt. Mit dem Resultat, dass nun große Marken abstürzen und dass auch Beamte und viele andere, deren Lohn von öffentlichen Kassen abhängt, zunehmend schlechter abgesichert sind.

Wenn es um die Frage geht, welche politischen Fehler dazu geführt haben, dass der Wert der Arbeit derart gesunken ist, nennen die meisten Kritiker aber dieses Stichwort: Agenda 2010.

Kurz nach der Jahrtausendwende begannen die Arbeitsmarktreformen der Regierung unter SPD-Bundeskanzler Gerhard Schröder, mit dem erklärten Ziel, den Faktor Arbeit ganz generell billiger zu machen. Arbeitgebern sollte die Entscheidung erleichtert werden, bei Bedarf an neue Mitarbeiter zu kommen, indem man dafür sorgte, dass es nun nicht mehr allzu teuer und riskant war, sie an sich zu binden. Die Türen für Leih- und Zeitarbeit und neue Beschäftigungsformen, für die weniger Arbeitsschutz galt, öffneten sich weit. Es entstand die Flut an Minijobs, Leiharbeit und Zeitarbeit, deren Folgen noch heute – obwohl es der Wirtschaft doch auf dem Papier so gut geht – zu spüren sind.

Das politische Ziel, den Faktor Arbeit zu entwerten, ist leider geglückt. Mehr noch: Der Anspruch, Arbeit müsse billig zu haben sein, hat sich innerhalb der vergangenen fast zwei Jahrzehnte von der politischen Leitlinie zur gesellschaftlichen Selbstverständlichkeit gemausert. Und dieser Anspruch, billige Dienstleistungen konsumieren zu dürfen, zieht sich durch alle Sektoren der Wirtschaft: Er gilt für das vermeintliche Recht, billig fliegen zu dürfen – wäre es so schlimm für die Angestellten, würde die Politik es doch verbieten, oder? – ebenso wie für den eingebildeten Anspruch, seine Kinder von einem möglichst billigen Bildungssystem bitte trotzdem hochwertig und international wettbewerbsfähig ausgebildet zu bekommen. Ebenso, wie kaum jemand heute noch bereit ist, mehr als 100 Euro für einen Inlandsflug zu zahlen, will niemand hohe Steuern oder Sozialabgaben leisten. Dabei trägt man als Bürger damit Verantwortung für eine gut funktionierende öffentliche Daseinsfürsorge, also für zufriedene und leistungsfähige Menschen in den Ämtern, bei der Polizei, in den Schulen, den Kindergärten, den Krankenhäusern. Wir meckern, wenn die Deutsche Bahn oder die Post einmal im Jahr ihre Preise anheben, um auch ihre Mitarbeiter besser bezahlen zu können, anstatt daran zu denken, dass auch die Angestellten einen Inflationsausgleich verdient haben. Und wir meckern über unsere Steuer- und Sozialabgaben-»Last«, anstatt anzuerkennen, dass diese Steuern und Abgaben nicht einfach »weg« sind, sondern damit all das finanziert wird, das unser Leben sicher und sozial macht.

Die Agenda 2010, die als Heilmittel für die Stabilisierung des Arbeitsmarkts in der Wirtschafts- und Finanzkrise dienen sollte, schuf tatsächlich einen riesigen Billiglohnsektor – der auf Kosten der Angestellten funktioniert. Und auf Kosten der Steuerzahler, die es letztendlich mitbezahlen, wenn Menschen nicht mehr von ihren Einkommen leben können und Unterstützung vom Staat brauchen. Später, 2015, versuchte die Regierung dann gegenzusteuern: Ein Mindestlohn sollte jetzt zumindest das untere Ende des Arbeitsmarkts vor einem noch weiteren Abrutschen bewahren. All den Facharbeitern in der Mittelschicht aber half das nicht. Wenn es schlecht läuft, müssen sie – müssen wir – dank des flexibilisierten Arbeitsmarkts heute zu den Konditionen Ungelernter arbeiten.

Auch heute hat die Politik nicht aus den Fehlern der Vergangenheit gelernt – und macht neue: Immer wieder stützt sie Firmen, die Löhne drücken, anstatt entschieden gegen sie vorzugehen, und trägt damit zur Entwertung des Gutes Arbeit bei. Sie kuscht stellenweise vor großen Firmen, wenn diese mit Abwanderung drohen oder glaubhaft machen, auf andere Weise nicht global wettbewerbsfähig sein zu können. Daher geht es in diesem Buch auch um einige Beispiele für eine solche Politik und deren Folgen. Die verantwortlichen Politiker für Arbeitsmarkt- und Wirtschaftspolitik erscheinen heute viel zu oft ängstlich und leicht einzuschüchtern anstatt mutig und visionär. Wir brauchen kein kleines Flickwerk am bestehenden Missstand. Sondern wir brauchen große Lösungen für die großen Problemfelder auf dem Arbeitsmarkt:

1. Wie bekommen wir jene, deren Arbeitsplätze jetzt wegrationalisiert und automatisiert werden, wieder in Arbeit?
2. Wie schaffen wir es, die Arbeit, die heute übers Internet vermarktet wird, wieder fair zu entlohnen und sie zu würdigen Bedingungen zu gestalten?
3. Wie ermöglichen wir, dass all die Dienstleistungsjobs, die heute viel zu schlecht bezahlt werden, aufgewertet werden?

Es ist möglich, dass unsere Gesellschaft diese Fragen klärt – dass Politik, Wirtschaft und auch unsere Gesellschaft als Ganzes die Arbeitswelt zukunftsfähig machen. Bei all dem ist Arbeit kein Selbstzweck. Vernünftig an die Herausforderungen der Zeit angepasste Berufsbilder und fair gestaltete Arbeitsbedingungen sind der erste Schritt zur Sicherung unseres Wohlstands und des sozialen Zusammenhalts. In den folgenden Kapiteln zeige ich, wo genau die Probleme in den einzelnen Sektoren liegen – und wo wir ansetzen müssen, um gute Lösungen zu finden.

Kurzum: Arbeit soll wieder so wertgeschätzt werden, wie es angemessen wäre. Damit auch wir in der Mittelschicht morgen noch von unserem Geld leben können.

ARBEIT PREKÄR – JETZT AUCH IN DER MITTELSCHICHT

Warum unser Leben nicht mehr wie das der Beimers und der Drombuschs funktioniert

Wenn Sie dieses Buch lesen, dann sind Sie wahrscheinlich mit einer dieser Fernsehfamilien großgeworden: den Drombuschs, den Wicherts von nebenan, den frechen Knirpsen aus »Ich heirate eine Familie« – oder natürlich: den Beimers aus der Lindenstraße. Womöglich sogar mit mehreren davon. In den Achtzigern waren sie omnipräsent, diese glücklichen Mittelschichtgesichter. Schließlich war das Angebot an Unterhaltungsprogramm damals nicht sonderlich groß. Also diskutierte montags ganz Deutschland, vielleicht sogar auch Österreich und die Schweiz, wenn in einer der öffentlich-rechtlichen Bildschirmgemeinschaften am Wochenende wieder Ungeheuerliches vorgefallen war. Vielleicht hatte sich Lindenstraßen-Sohn Benny Beimer gerade von seiner aktuellen Freundin getrennt, sein Vater Hans hatte Ärger bei der Arbeit oder womöglich hatte sich Mutter Helga mal wieder zur Beruhigung über irgendwelche Familienprobleme Spiegeleier in die Pfanne hauen müssen.

Gemeinsam war all diesen Fernsehfamilien, dass ihre Welt – zumindest aus heutiger Sicht betrachtet – absolut funktionierte. Die Väter berufstätig, die Mütter Hausfrauen. Und trotzdem reichte das Einkommen aus, um damit eine Familie mit zwei oder mehr Kindern gut über die Runden zu bringen. Und nicht nur das. Es reichte auch noch, wie bei den Wicherts von nebenan, um ein großzügiges Eigenheim zu kaufen, das dann dank einer Erbschaft sogar noch früher als geplant abbezahlt war. Oder zumindest, wie in der Lindenstraße, um in einer geräumigen Wohnung in Innenstadtlage zu leben und drei Kindern musikalische Frühförderung und sportliche Hobbys finanzieren zu können. Und das, obwohl Vater Beimer Sozialarbeiter war und als Beamter im Sozialamt der Stadt München angestellt war. »Nur« Sozialarbeiter, müsste man nach heutigen Standards wohl sagen.

Die Fernsehfamilien von damals waren Kitsch. Aber: Sie haben nachhaltig das Bild dessen geprägt, was wir Deutschen unter »Mittelschicht« verstehen. In vielen Köpfen steckt heute die unerschütterliche Vorstellung, ein zufriedenes, erfülltes Leben bestehe aus einem abbezahlten Eigenheim, dazu einem oder besser zwei Mittelklassewagen, mindestens einmal jährlich Familienurlaub und bei all dem noch der Möglichkeit, Geld fürs Hochschulstudium der Kinder zurücklegen zu können. Ein solides Leben, nicht zu arm, nicht zu reich.

Das Bild gab es natürlich nicht nur im Fernsehen, sondern auch in der echten Welt.

Wenn ich mit Freunden und Arbeitskollegen über dieses Thema rede, höre ich häufig solche Erzählungen über ihre Familiengeschichten, ihre Eltern. Es sind Geschichten von Lehrerhaushalten, in denen ein einzelner berufstätiger, auf Lebenszeit verbeamteter Elternteil seiner Familie ein sorgenfreies Leben ermöglichen konnte; von kleinen Handwerkern, die selbstverständlich Reihenhäuser mit Gärten finanzieren konnten; von Vätern, die sich dank ihrer Arbeitsverträge beim Rundfunk nie wieder Sorgen über die Zukunft machen mussten.

Die »Mittelschicht« ist ein typisch deutsches Ideal. Die Verheißung dessen, einen Zufriedenheitsgrad in seinem Leben erreichen zu können, der dann ein Leben lang erhalten bleibt. Ein Lebensstil, der den Glücklichen, die dazugehören, nicht mehr zu nehmen sei.

Das Bild von dieser Mittelschicht steht aber für noch viel mehr als das. Diese große Mitte der Gesellschaft, die finanzielle Absicherung erreicht hatte, bildete die Pfeiler der Wohlstandsgesellschaft im Wirtschaftswunderdeutschland und noch lange danach. Erst, wer seine Schäfchen im Trockenen hatte, dem blieben schließlich Zeit und Muße, sich auch sozial zu engagieren, zu spenden, an andere zu denken. Der wählte CDU und SPD, die Volksparteien, weil im Grunde doch alles in Ordnung war und auch genau so bleiben sollte. Der war Mitglied in der Gewerkschaft, weil diese Organisationen damals selbstverständlicher Teil der Gesellschaft waren. Die Gewerkschaften sorgten dafür, dass man auch weiterhin als Arbeiter oder Angestellter am Wirtschaftswachstum angemessen beteiligt wurde. Und als Arbeiter oder Angestellter setzte man sich mit seiner Mitgliedschaft dafür ein, dass auch weniger gut Situierte die Chance zum sozialen Aufstieg haben sollten.

Das machte ja nichts, fand man damals. Wenn es anderen bessergehe, nähmen sie einem selbst schließlich nichts weg dadurch. Im Gegenteil: Die Hoffnung, durch eigene Leistung – unterstützt durch Bildungs- und Fördermaßnahmen des Sozialstaats – aufsteigen zu können und sich so einen Platz in der wirtschaftlichen Mitte der Gesellschaft sichern zu können, war eines der Grundversprechen der deutschen Demokratie. Schon kurz nach der Gründung der Bundesrepublik, 1953, hatte ein bekannter Soziologe, Helmut Schelsky, einen Begriff für diese neue deutsche Sozialstruktur geprägt, in der es jedem möglich sein sollte, sich durch eigene Leistungskraft durch die Schichten zu bewegen: die »nivellierte Mittelstandsgesellschaft«. Schelsky malte das Bild einer modernen, egalitären Gemeinschaft, in der die alten Modelle der Klassenzugehörigkeit nach zwei Weltkriegen keinen Platz mehr haben sollten. Seine Ideen waren ein Zeichen der Zeit. Schließlich wollten die Deutschen um keinen Preis, dass die verkrusteten Ständestrukturen wieder zurückkehren könnten. Und schließlich hatte der Wirtschaftsminister und spätere Bundeskanzler Ludwig Erhard, der Vater der sozialen Marktwirtschaft, gerade die Maxime des »Wohlstands für alle« ausgerufen. Und die wirtschaftliche Mitte des Landes war seine wichtigste tragende Säule.

Mittelschicht bedeutete damals auch Zusammenhalt. Eine Nachbarschaft, in der alle im gleichen Betrieb arbeiteten, sei es in einer Zeche im Ruhrgebiet, sei es bei der Post oder Eisenbahn, die ihren Mitarbeitern Reihenhäuschen gebaut hatten. Oder sei es in einer ganz normalen Neubausiedlung, in die junge Familien mit ähnlichen Lebensmodellen einzogen: Man stand füreinander ein. Mittelschicht bedeutete auch gute Nachbarschaft. Wertegemeinschaft.

Mit der Verheißung, selbst weiter aufsteigen zu können. In die »gehobene Mittelschicht« mindestens, und wenn es gut liefe, vielleicht sogar in die Oberschicht. Niemals aber fürchtete man damals, sozial abzusteigen. Was man sich einmal verdient und erarbeitet hatte, das blieb. Und diese Gewissheit verlieh der Mittelschicht, diesem Rückgrat der Bundesrepublik, das Selbstbewusstsein, das sie brauchte, um politisch stabil zu bleiben. Immun gegen Populismus, weil es wenig gab, vor dem man sich fürchten musste.

Doch das ist Vergangenheit. Die Welt hat sich gewandelt, sie ist näher zusammengerückt und sie scheint sich schneller zu drehen, weil wir heute innerhalb von Stunden an fast alle Orte dieser Welt fliegen und uns über das Internet mit Menschen auf dem Globus in Sekundenschnelle austauschen können. Sie ist globalisiert und digitalisiert, und das hat unsere Welt auf den Kopf gestellt, mit guten und mit schlechten Folgen. Unserem Konsum sind heute kaum noch Grenzen gesetzt. Wir trinken Wasser von den Fiji-Inseln, essen Himalayasalz, tragen Sneakers, die in Indien genäht werden. Viele von uns leben deutlich bequemer, machen Home-Office, schauen zwischendurch Netflix und müssen uns eigentlich nur noch aus dem Loungesessel erheben und unseren Skype-Call unterbrechen, wenn der Paketbote oder der Essenslieferant klingelt.

Dieser Wandel aber hat auch eine Kehrseite. Viele Aspekte unseres Lebens sind deutlich unbequemer geworden. Viele von uns arbeiten auf eigene Rechnung, als Freelancer, müssen sich um die Aufträge selbst bemühen, jeden Tag aufs Neue Kunden überzeugen und sich selbst bestmöglich verkaufen. Die Staatsdiener unter uns sind oft nicht mehr verbeamtet, die Verträge laufen auf Zeit. Es wird schwieriger, sein Leben zu planen. Wer gibt schon jemandem einen Mietvertrag, der kein festes Einkommen hat?

Der Arbeitsmarkt verliert von Jahr zu Jahr an Beständigkeit, und das zehrt am Grundvertrauen der Mittelschicht.

Das Grundproblem: Das implizite Versprechen unserer Sozialen Marktwirtschaft, dass es für alle automatisch immer nach oben gehe, kann diese Marktwirtschaft heute nicht mehr einlösen. Anstatt hoffnungsvoll nach oben zu schauen und darauf zu vertrauen, dass man sich nächstes Jahr mehr leisten können wird, vielleicht ein neues Auto oder eine größere Wohnung, schielen viele von uns ängstlich nach unten und fragen sich: Wie lange geht das noch gut? Selbst Uniabschlüsse sind kein Garant mehr für ein stetiges Einkommen. Und auch bei jenen, die noch ein stabiles Gehalt haben, schrumpft das verfügbare Einkommen. Der »gesellschaftliche Fahrstuhl« sei steckengeblieben,[4] so umschrieb es vor ein paar Jahren ein bekannter Sozialforscher, Oliver Nachtwey von der Universität Basel. Anstatt in einer Aufstiegsgesellschaft leben wir nun gefühlt in einer Abstiegsgesellschaft.

Das liegt auch daran, dass die gesellschaftlichen und wirtschaftlichen Aufstiegschancen junger Menschen heute wieder deutlich geringer sind als noch in den Achtzigerjahren. Was aus jemandem wird, zeigte kürzlich das gewerkschaftsnahe Wirtschafts- und Sozialwissenschaftliche Institut, hängt in Deutschland heute wieder vom Sozialstatus der Eltern ab, übrigens spürbar stärker als in anderen Ländern. Es scheint, als bewegten wir uns zurück – in Richtung der Zeiten von Adam Smith, der schon Mitte des 18. Jahrhunderts konstatierte: Die soziale Herkunft eines Menschen entscheidet über seine Zukunft.

Dieser Vertrauensverlust der Bürger ist ein Fakt: Forscher können ihn beweisen. Die Universität Paderborn und die Hans-Böckler-Stiftung etwa machten in einer 2018 veröffentlichten Studie in Umfrageergebnissen sichtbar[5], dass fast jeden zweiten Deutschen die Angst quält, dass sich sein Lebensstandard verschlechtern könne. Und das trotz boomendem Arbeitsmarkt. Selbst unter Topverdienern geht demnach die Angst um, abzusteigen. Die Gefühlslage ist fragil. Der bekannte Wirtschaftswissenschaftler Dennis Snower, ehemaliger Chef des Kieler Instituts für Weltwirtschaft, lieferte dazu in einem Interview Ende 2018 eine einleuchtende Erklärung: »Die Globalisierung, die Digitalisierung und der damit verbundene immer schnellere Wandel nehmen den Menschen das Gefühl von Sicherheit und geben ihnen das Gefühl, nicht mehr Herr ihres eigenen Lebens zu sein. Das ist eine große Belastung.«[6]

Insbesondere die Mittelschicht steht unter enormem emotionalen Druck. Doch woran liegt es, dass so viele meinen, ihre eigene Zukunft nicht mehr im Griff zu haben, sie gestalten zu können?

Ein Grund ist offensichtlich: Der Staat setzt in den letzten Jahren immer mehr auf Eigenverantwortung, auf Eigenleistung – während gleichzeitig die Einkommen unsicherer werden. Zum Beispiel in der Kranken- und Pflegeversicherung: Für Kassenleistungen, die früher übernommen wurden, Brillen oder Zähne etwa, muss man zu- oder selbst zahlen oder sich zusatzversichern. Wer pflegebedürftig wird, muss hoffen, vorher genug Geld auf die hohe Kante gelegt zu haben, um sich einen Heimplatz oder einen ambulanten Pflegedienst leisten zu können. Wenn aber doch die Einkommen immer unsicherer werden, wie soll man all diese zusätzlichen Ausgaben und Unwägbarkeiten stemmen können? Indem der Wohlfahrtsstaat immer mehr Leistungen zurücknimmt, schürt er die Unsicherheit der Mittelschicht.

Auch, wenn es in vielen Köpfen weiterlebt: Das Bild von der Familie, in der es für ein gutes Auskommen reicht, wenn nur ein Elternteil arbeitet, hat mit der Realität so gut wie nichts mehr zu tun. Das Institut der Deutschen Wirtschaft hat ausgerechnet, dass nicht mal mehr zehn Prozent aller deutschen Familien diesem Bild entsprechen.[7] Der weit überwiegende Teil der Familien hat zwei Verdiener, Mutter und Vater. Natürlich wollen die meisten von uns in einem emanzipierten Land nicht zurück in eine Welt, in der nur der Vater arbeitet und die Mutter zu Hause bleibt, auch ich nicht. Der moderne Traum vom Familienglück ist der, dass beide Eltern arbeiten und sich selbst verwirklichen – aber es für ein gutes

Auskommen reicht, wenn beide vielleicht nur 80 Prozent arbeiten. Das gibt es aber viel zu selten. Auch, weil es für viele Familien finanziell nicht funktioniert.

Die Mittelschicht aus dem Vorabendprogramm von ARD und ZDF gibt es nicht mehr. Globalisierung und Digitalisierung haben sie erledigt. Die Auswüchse eines überbordenden Kapitalismus, der in der Sozialen Marktwirtschaft zurzeit viel eher Markt als sozial ist, haben das ihre dazugetan.

Die grundlegende Annahme der Marktwirtschaft – auch der deutschen, in der dieser Markt eigentlich durch soziale Maßnahmen abgefedert werden soll – ist, dass die Gesetze des Marktes für alle Lebensbereiche gelten sollen. Und somit auch für den Arbeitsmarkt. Dieser Logik folgend kann jeder Einzelne seine Arbeitskraft besser verkaufen, indem er sie einfach billiger anbietet, als dies der Wettbewerb tut. Und in einer globalisierten Welt halten es viele Arbeitgeber, zu viele Politiker und sogar viele von uns in unserer Rolle als Konsumenten für unumgänglich, an vielen Stellen sogar billiger zu sein als die Konkurrenz aus dem Ausland. In Wahrheit aber ist dieser unbedingte Glaube an die Gesetze des Marktes gefährlich. Denn er führt uns in die Irre: Wir gewöhnen uns daran, dass Arbeit immer billig sein muss. Und dass wir selbst immer weniger fordern können für das, was wir leisten. Während andererseits die Preise für das, was wir zum Leben brauchen, in teils unkontrollierte Höhen steigen.

Wenn wir uns mit den Beimers vergleichen: Eine Mietwohnung für eine fünfköpfige Familie, mitten in der Münchener Innenstadt? Vom Gehalt eines alleinverdienenden Sozialarbeiters? Wohl kaum.

Mieten ist teuer wie nie, Eltern mit guten Jobs müssen sich abstrampeln, um überhaupt über die Runden zu kommen. Wer nicht an den Stadtrand oder in einen Vorort ausweichen will, drängt sich oft über Jahre hinweg mit seinen Kindern auf viel zu kleinem Raum zusammen. Viele leben in Wohnprovisorien, immer in der Hoffnung, jemand aus der Nachbarschaft möge von jemandem hören, der von jemandem gehört hat, dass vielleicht doch noch irgendwo in der Gegend eine bezahlbare Wohnung frei werden möge, die noch keinem amerikanischen Hedgefonds gehört. Finden sie dann tatsächlich irgendwann einmal eine solche Wohnung, tun sich neue, unerwartete Probleme auf: Die Mutter ist vielleicht Lehrerin, aber in befristetem Beschäftigungsverhältnis. Der Vater womöglich freischaffender Grafikdesigner, der sich von einem Auftrag zum nächsten hangelt. Wer würde einer solchen Familie einen Mietvertrag geben?

Die Miete mag nur ein Beispiel sein, das sich aber in immer mehr Zusammenhängen widerspiegelt. Die Gleichung, man brauche sich nur anzustrengen, dann komme der Erfolg – auch der finanzielle – von allein, geht immer häufiger nicht mehr auf. Zwar strengen die meisten sich mindestens ebenso an wie früher, aber sie kommen mit ihrer Arbeit nicht mehr so leicht auf einen grünen Zweig. Mit dem Ergebnis, dass viele von uns mit einer latenten Abstiegsangst leben anstatt in der Hoffnung, weiter auf der Gesellschaftsleiter aufsteigen zu können.

Willkommen in der neuen Mittelschicht, in der man von seiner Arbeit nicht mehr gut leben kann. Zumindest dann nicht, wenn man auch noch wohnen will und Kinder versorgen muss.

Niedriglohnjobs und erzwungene Flexibilität: Wir verlieren unsere innere Mitte

»Mittelschicht«, das ist ein absolutes Reizwort. Der Begriff triggert uns, er macht uns Deutsche richtig kirre. Sobald irgendwo »Mittelschicht« steht, wollen wir mehr darüber erfahren. Wir wollen wissen, wo wir stehen, wollen uns mit anderen vergleichen, uns einordnen. In der Zeitungsredaktion, in der ich arbeite, der *Welt*, kann man das sogar an Statistiken ablesen: den Leserzahlen. Es gibt wenig andere Themen, die auf dem Nachrichtenportal unserer Zeitung derart häufig angeklickt werden wie all die Fragen, die sich rund um diesen Begriff drehen: Verdiene ich mehr oder weniger als andere? Liege ich mit meinem Jahreseinkommen eher in der mittleren Mittelschicht oder doch in der unteren? Was kann ich mir leisten mit meinem Einkommen?

Wie sehr der Begriff uns anrührt, wie groß die Angst ist, vielleicht schon gar nicht mehr dazuzugehören zu dieser ominösen Mittelschicht, das wurde Ende 2018 richtig deutlich. Auslöser war eine Äußerung von Friedrich Merz, dem nach Jahren in der Versenkung wieder ausgegrabenen CDU-Mann, der sich anschickte, Parteichef zu werden – sich das dann aber unter anderem mit einer äußerst ungeschickten Äußerung verbaute.[8] Merz antwortete in einem Interview mit der *BILD*-Zeitung auf die Frage, ob er Millionär sei: Er liege jedenfalls nicht drunter. Und ergänzte dann: »Ich würde mich zu der gehobenen Mittelschicht in Deutschland zählen.«

Ganz Deutschland kippte Kübel voller Hohn über Merz aus. Ein Millionär, der meint, in der Mittelschicht gehe es den meisten so gut wie ihm – der hat offenbar schon lange die Bodenhaftung verloren. Dabei hatte er es doch nur gut gemeint. Jedenfalls gut für sich selbst. Merz hatte offenbar bescheiden wirken wollen. Er hatte die Bedenken abbügeln wollen, als Finanzexperte bei der internationalen US-Investmentfirma Blackrock wisse er nichts vom gemeinen Volk und seinen Sorgen. Wahrscheinlich hoffte er, die bloße Selbstbetitelung als Mitglied der Mittelschicht werde ihn als bodenständigen Christdemokraten von nebenan erscheinen lassen. Der Versuch ging gründlich schief. Die Wahl zum CDU-Vorsitzenden verlor er gegen Annegret Kramp-Karrenbauer. Auch inhaltlich war Merz' Aussage grundfalsch. Er hat nach eigener Auskunft mehr als eine Million Euro verfügbares Jahreseinkommen. Ganz egal, welche Definition für Mittelschicht man anwendet: Er liegt mit seinen Einkünften sehr deutlich darüber.

Aber wer gehört denn zur Mitte?

Es gibt eine Menge Definitionen dafür, weltweit und auch in Deutschland. Am einfachsten ist die globale Einordnung, die die Weltbank benutzt: Die »Mitte« sind demnach alle Bewohner eines

Landes, die nicht befürchten müssen, in Armut abzurutschen.[9] Die Experten dort meinen damit jene Menschen, die – ausgehend vom Durchschnittseinkommen – um 50 Prozent nach oben oder unten abweichen. Politiker und auch die Medien in Deutschland orientieren sich an einer Definition, die das arbeitgebernahe Institut der Deutschen Wirtschaft (IW) aufgestellt hat. Demnach sind Singles in der Mittelschicht, die nach Steuern zwischen 1444 Euro und 2709 Euro im Monat an Einkommen haben. Familien mit zwei Kindern müssen jeden Monat zwischen 3030 und 5690 Euro zur Verfügung haben. Und dann definiert das IW noch die »obere Mittelschicht«. Bei einer vierköpfigen Familie etwa wären das alle mit einem monatlichen Nettoeinkommen zwischen 5690 und 9480 Euro. Also etwa 70000 bis 115000 Euro pro Jahr.

Das Problem, das viele Menschen im Land derzeit zu spüren bekommen, ist dies: Die Mitte schrumpft.

Es gibt zwar Wirtschaftsforscher, die dies bestreiten. Die Forscher des Instituts der Deutschen Wirtschaft etwa argumentieren, die Mittelschicht sei robust wie eh und je. Das »Schichtgefüge« in Deutschland habe sich in den vergangenen Jahrzehnten kaum verändert. Beleuchtet man allerdings genauer, was sich im letzten Jahrzehnt in Deutschland getan hat, stellt man fest, dass die Realität deutlich weniger rosig aussieht als vom IW beschrieben. Die Zahl der Haushalte, die rund um das mittlere Einkommen im Land verdienen, ist seit 1995 deutlich kleiner geworden: Sie ging von damals 48 Prozent auf 41 Prozent im Jahr 2015 zurück.

Dagegen ist der Anteil jener, die armutsgefährdet sind, im selben Zeitraum deutlich gestiegen, und zwar von 11 auf über 15 Prozent. Unter den Armutsgefährdeten sind nicht nur Rentnerhaushalte oder Menschen, die aus anderen Gründen als wegen ihres Alters nicht arbeiten gehen. Die Zunahme betrifft alle gesellschaftlichen Gruppen. Auch die Berufstätigen.[10]

Unnormale Jobs

Immer mehr Menschen in Deutschland haben Jobs – aber sie verdienen mit ihrer Arbeit eben nicht mehr so viel Geld wie früher.

Denn in unserem Land sind seit Jahren Beschäftigungsverhältnisse auf dem Vormarsch, die denen, die sie ausüben, deutlich weniger Sicherheit bieten als der klassische Vollzeitjob. Wirtschaftsforscher haben ihnen den umständlichen Namen »atypische Beschäftigungsverhältnisse« gegeben, also unnormale Beschäftigung. Gemeint sind damit zum Beispiel Leiharbeit, Minijobs, zeitlich befristete Verträge und Scheinselbstständigkeit. All jene Anstellungsverhältnisse, die Arbeitgeber flexibler machen, sie schneller auf Produktionsschwankungen oder wechselnden Kundenandrang reagieren und sich so insgesamt besser auf die echten oder vermeintlichen Anforderungen der Globalisierung einstellen lassen – während sie ebendiese Flexibilität den Arbeitnehmern aufbürden. Für die Angestellten bringen diese unnormalen Jobs in aller Regel nur Nachteile: Sie wissen nicht, wie viel Geld sie am Monatsende auf dem Konto haben werden, sie sind leicht zu kündigen und können daher nicht sagen, wie lange sie ihre Arbeitsstelle überhaupt haben werden.

Im Jahr 2017, hat das Wirtschafts- und Sozialwissenschaftliche Institut der Hans-Böckler-Stiftung errechnet, arbeiteten vier von zehn Arbeitnehmern in solchen atypischen Beschäftigungsverhältnissen. Oder besser gesagt: in prekären Arbeitsverhältnissen.[11] Kein Wunder, dass so viele Menschen am Arbeitsmarkt Abstiegsängste plagen.

Die Erklärung für die vielen neuen Beschäftigungsmodelle in Deutschland, sind – wie eingangs schon erwähnt – die Arbeitsmarktreformen der 2000er Jahre. Eigentlich hatten die verantwortlichen Politiker der »Agenda 2010« unter SPD-Bundeskanzler Gerhard Schröder damals ganz anderes im Kopf als das Monster, das sie damit schufen. Die Idee hinter dieser Flexibilisierung des Arbeitsmarktes war ursprünglich, die neuen, unsicheren Beschäftigungsformen nur in Ausnahmefällen zuzulassen – als Einstieg für jene in den regulären Arbeitsmarkt, die es auf andere Weise nicht geschafft hätten und ganz ohne Job geblieben wären. Natürlich gab es für die damalige Regierung Schröder sehr gute Gründe, die Agenda 2010 auf den Weg zu bringen. Die Langzeitarbeitslosigkeit stieg damals stetig, und allgemein anerkannt war auch das Problem, dass die Lohnnebenkosten für Festangestellte jahrelang gestiegen waren – und sich mittlerweile auf derart hohem Niveau festgesetzt hatten, dass es viele Arbeitgeber als handfestes Risiko betrachteten, überhaupt noch jemanden neu anzustellen. Es war für Unternehmen extrem schwer, jemanden wieder loszuwerden, wenn die Auftragslage es nicht mehr erlaubte, ihn weiter zu beschäftigen. Diese verkrusteten Strukturen aufzubrechen, war das Grundanliegen der Reformen. Im Grunde genommen war das auch eine sinnvolle Idee.

Das Ganze hatte nur einige Schönheitsfehler: Viele Unternehmen nutzten die neuen Gesetze aus, um dank ihnen Personalkosten zu sparen. Aus Sicht der verantwortlichen Manager und Firmeneigner mag das nachvollziehbar sein. Aber: Die verantwortlichen Arbeitsmarktpolitiker hätten diese Entwicklung voraussehen können. Und sie hätten viel früher gesetzliche Schranken einziehen müssen.

Denn schnell begannen viele Berufsbilder durch die neuen Anstellungsverhältnisse abzurutschen: Verkäuferinnen in Bekleidungsgeschäften, Postzusteller, Altenpflegerinnen, Angestellte in der Industrieproduktion. Zwar entstanden neue Jobs, aber eben »unnormale«, die weniger sicher waren und mit denen man insgesamt weniger Einkommen erzielt, zum Beispiel Minijobs. Es entstanden aber auf diese Weise nicht nur zusätzliche Stellen, sondern Unternehmen ersetzen zum Teil auch herkömmliche Festanstellungen in Vollzeit durch Minijobs, Zeitarbeiter oder befristete Arbeitsverhältnisse.

Das Ergebnis: Von der Jahrtausendwende bis zum Jahr 2011 stiegen fast fünf Millionen Menschen in Deutschland von der Mittel- in die Unterschicht ab.[12] Und seither ist das Armutsrisiko, trotz des Wirtschaftsbooms, sogar noch weiter gestiegen.[13]

Man sieht die Misere zum Beispiel in meiner Heimatstadt Köln. Fast jeder vierte Einwohner fühlt sich mittlerweile von Armut bedroht, wie eine repräsentative Umfrage der Stadtverwaltung im Herbst 2018 ergab.[14] Und das, obwohl derselben Umfrage zufolge mehr Bürger berufstätig sind als je zuvor: 80 Prozent der Kölner zwischen 18 und 80 Jahren gehen demnach einer bezahlten Beschäftigung nach – ein Viertel mehr als vor zehn Jahren. Bei jedem fünften aber reicht das Einkommen nicht aus, um davon dauerhaft auskömmlich leben zu können. 16 Prozent der berufstätigen Kölner, also etwa jeder Sechste, ist demnach »arm trotz Arbeit«. Ein Viertel der Befragten gab an, kein Geld fürs Alter zurücklegen zu können. Und jeder Sechste geht davon aus, dass er später nicht mit seiner Rente auskommen wird. Der Grund, sagten die 64000 Befragten: Die vielen neuen Jobs seien meist keine sogenannten Normalarbeitsverhältnisse, sondern Minijobs, Teilzeitjobs, Leiharbeitsverhältnisse.

Dazu, sagten die befragten Kölner, komme noch das andere Problem: dass die Lebenshaltungskosten viel zu hoch seien im Verhältnis zu dem, was sich mit dieser Arbeit verdienen lasse. Es lässt sich messen, wie sehr sich all die Waren und Dienstleistungen verteuert haben, die wir von unserem Geld bezahlen müssen. Im Jahr 2019, erwartet die Hamburger Personalberatung Compensation Partner, die 420000 Gehaltsdaten analysiert hat, werden die Löhne in Deutschland um 2,9 bis 3,8 Prozent steigen, und zwar nominal. Die Unternehmen geben demnach nur wenig Geld für Gehaltssteigerungen aus, weil die »globale und nationale Gemengelage« sie vorsichtig mache: Brexit, internationale Handelskonflikte, schwache Volksparteien. Die Preise für die Waren und Dienstleistungen werden gleichzeitig um voraussichtlich zwei Prozent steigen. Das bedeutet, dass die Inflation unsere Einkommenssteigerungen nahezu auffrisst.[15]

Eine Folge dieser Entwicklungen ist zum Beispiel diese: Im Jahr 2018 stellten Energiekonzerne laut Auskunft der Bundesregierung rund 350000 Bürgern den Strom ab, weil sie ihre Rechnungen nicht bezahlt hatten. Etwa die Hälfte der Betroffenen waren Empfänger der Grundsicherung – das »Hartz IV der Alten«. Zehntausende aber waren Menschen, die normal arbeiten gehen. Dazu muss man wissen, dass die Strompreise in den vergangenen zehn Jahren um fast 40 Prozent gestiegen sind, eben viel stärker als die Gehälter.

Nicht nur die Unterschicht ist zunehmend von der Wirtschaftsentwicklung im Land abgekoppelt, sondern auch die Mittelschicht.[16] Die Einkommen der wirtschaftlichen Mitte stiegen zuletzt deutlich langsamer als die der Oberschicht – mit der Folge, dass sich bei der Preisentwicklung immer schwerer Schritt halten lässt.

Wohnen wird zur sozialen Frage

Besonders dramatisch zeigt sich das Missverhältnis von Einkommen und Preissteigerungen bei den Mieten – und das, obwohl Wohnen ein menschliches Grundbedürfnis ist. Es gibt mittlerweile gerade in Großstädten viel zu wenig Wohnraum für jene, die nicht zu den Großverdienern gehören. Bundesweit fehlen laut Schätzungen 1,9 Millionen bezahlbare Wohneinheiten, schätzt die Hans-Böckler-Stiftung.[17] Bei Besichtigungsterminen für Wohnungen mit unterdurchschnittlich niedrigen Quadratmetermieten drängeln sich deshalb zum Beispiel in Berlin und Hamburg teils mehrere Hundert Interessenten: Studenten, einfache Arbeiter, Alleinerziehende. Haushalte mit niedrigen, aber auch mit mittleren Einkommen, zahlen mittlerweile oft so viel Miete, dass sie sich dadurch zu überschulden drohen.

Wer nicht überdurchschnittlich viel verdient, wird zunehmend aus den Innenstädten an die Ränder gedrängt oder noch darüber hinaus, ins Umland.[18] Weil gerade Familien mit mittleren Einkommen in die Speckgürtel umsiedeln müssen, ziehen die Immobilienpreise dort ebenfalls an. Im Kölner Umland etwa, ergab die im März 2019 veröffentlichte Studie »Postbank Wohnatlas«, stiegen sie allein in einem Jahr um fast neun Prozent. Auch kaufen anstatt zu mieten wird damit für immer weniger Familien eine Option.

Die empörenden Folgen der Entwicklung lassen sich zum Beispiel in meinem Wohnort Berlin nachvollziehen. Dort müssen immer mehr Menschen, obwohl sie in Vollzeit arbeiten, in Notunterkünften wohnen – weil sie sich ihre Mieten nicht mehr leisten können. Wie verrückt die Entwicklung ist, die sich in unserem Land vollzieht, nahm die Hans-Böckler-Stiftung Ende 2018 in einer Plakatkampagne aufs Korn. Auf einer der Comic-Zeichnungen sieht man einen Bayern in Lederhose, der in Bettlerpose auf dem Boden kniet, den Lodenhut aufgestellt in der Hoffnung, jemand möge Münzen hineinwerfen. Daneben der Text: »Um über die Runden zu kommen, brauchen Vollzeitbeschäftigte in München einen Stundenlohn von mindestens 12,77 Euro.«

Schuld an dem Umstand, dass so viele keine bezahlbaren Wohnungen mehr finden, hat auch das Vermietungsportal Airbnb, durch das in Großstädten viele Wohnungen als Bleiben für Touristen anstatt als Wohnraum genutzt werden. Eine viel größere Rolle aber haben die großen Privatisierungswellen der vergangenen Jahrzehnte im Wohnsektor gespielt. Sie führten dazu, dass heute viele Wohnungen in der Hand von Aktienkonzernen und internationalen Hedgefonds sind – und diese somit zum Teil dafür zuständig sind, bezahlbaren Wohnraum zu schaffen. Was schon vom Konstrukt her nicht funktionieren kann, denn natürlich liegt es im Interesse gewinnorientierter Privatunternehmen, möglichst hohe Renditen zu erzielen, und damit das Wohnen so teuer wie gesetzlich eben gerade erlaubt zu machen. Ein Trick der großen Wohnungsgesellschaften, um die Mieten anheben zu können, sind Sanierungen – bei denen längst nicht immer klar ist, ob sie notwendig oder überhaupt sinnvoll sind. Die großen Wohnkonzerne des Landes, Vonovia, Deutsche Wohnen und LEG Immobilien machen es so, weil sie unter Renditedruck stehen.[19] Gerade die börsennotierten Vermieter besitzen viele Wohnungen, die früher einmal zu kommunalen Beständen gehörten und irgendwann privatisiert wurden. Nicht selten handelt es sich um einfache Bleiben in einfachen Wohnlagen. Die Bewohner gehören nicht gerade zur zahlungskräftigsten Klientel der Republik. Auf der anderen Seite sitzen die Aktionäre, die eine regelmäßige Dividendenrendite und steigende Gewinne erwarten. Seit einiger Zeit kommt auch noch der durch Zuwanderung und steigende Nachfrage angetriebene Preisanstieg hinzu.

Wer übrigens von der steigenden Wohnungsnot profitiert, sind die Vermittlungsportale für Mietwohnungen im Internet. Zum Beispiel Immobilienscout 24. Das Unternehmen bietet Wohnungssuchenden seit kurzem an, sich einen kostenpflichtigen Zugang zuzulegen. Für monatlich »ab 19,95 Euro« können Wohnungssuchende sich dort jetzt gegen die Bewerberflut durchzusetzen versuchen. Der Premiumzugang sorgt unter anderem dafür, dass die zahlenden Kunden immer ganz oben im Postfach des Vermieters stehen – und die Bonitätsauskunft automatisch mitgestaltet wird.

Für die Betroffenen hat die Wohnungsnot noch einen weiteren Effekt: Berufstätige, in Vollzeit beschäftigte Bundesbürger müssen, weil die hohen Preise sie verdrängt haben, immer weitere Strecken zu ihren Arbeitsplätzen zurücklegen. Das wiederum sorgt für immer vollere Autobahnen und Nahverkehrszüge, mehr Pendlerstau, mehr Stress für alle. Zog man früher ins Grüne, weil man es sich leisten konnte, ziehen heute viele aus der Stadt heraus, weil es anders nicht mehr geht. All das ist nichts anderes als soziale Segregation. Stadtviertel ordnen sich neu, Reiche leben mit Reichen zusammen, Arme mit Armen.

Wenn sich aber Menschen mit unteren und mittleren Einkommen, zum Beispiel Krankenschwestern oder Polizisten, das Wohnen in der Stadt nicht mehr leisten können, erzeugt das auch noch ein weiteres soziales Problem für unsere Gesellschaft: Das Leben in den Städten wird unsicherer. Denn wenn weder Pfleger noch Feuerwehrleute innerhalb der Stadtgrenzen leben können, lassen sich dann überhaupt noch genügend von ihnen finden, die dort arbeiten wollen?

Diese Entwicklungen müssten in der Politik alle Alarmglocken schrillen lassen. Denn wenn die räumliche Trennung zwischen sozialen Schichten zunimmt, fördert das Neid und Gewaltbereitschaft bei jenen, die sich das Leben in den reicheren Gegenden nicht leisten können. Alle politischen Versuche, den Mietpreissteigerungen Paroli zu bieten, wie etwa die gesetzliche Mietpreisbremse, haben bisher erschreckend wenig gebracht. Es müsste deshalb bei jenen, die über Wohnungsbau entscheiden, höchste Priorität haben, gegenzusteuern, für bezahlbaren Wohnraum gerade in Hochpreisvierteln zu sorgen – etwa durch eine entschlossene Förderung genossenschaftlicher Wohnungsbauprojekte. Das passiert aber noch kaum.

Die aktuelle Debatte um eine Enteignung von Wohnungsbaukonzernen ist daher nichts anderes als eine nachvollziehbare Folge dieser Not und der Wut vieler. Wie drängend das Problem ist, zeigt die Tatsache, dass mittlerweile einige Politiker der großen Volksparteien bis hin zu Justiz- und Verbraucherschutzministerin Katarina Barley (SPD) diese Enteignungsidee nicht mehr als Blödsinn abtun.

Dabei wäre uns in der Mittelschicht viel mehr geholfen, würden sich die großen Volksparteien nicht an der Enteignungsdebatte beteiligen – sondern stattdessen konstruktive Lösungen schaffen. Gegensteuern, indem der Staat, indem die Kommunen viel Geld in die Hand nähmen und viel entschlossener als bisher den kommunalen Wohnungsbau wieder stärken würden. Indem die Städte und Gemeinden selbst also wieder zum Vermieter würden. Und indem sie genossenschaftliche Bauprojekte stärker fördern würden, bei dem die Bewohner ihre Wohnungen gemeinsam besitzen – und auf diese Weise auch fürs Alter vorsorgen könnten.

Berechtigte Zukunftsangst

Viele Menschen im Land haben das Gefühl, dass unsere Gesellschaft wirtschaftlich auseinanderdriftet. Dass die Friedrich Merze am oberen Ende immer reicher werden, weil sie von Mieteinnahmen und Unternehmensgewinnen profitieren – und dass noch deutlicher die Zahl der Vielen am unteren Rand der Gesellschaft steige, die den zunehmenden Reichtum der Oberschicht finanzieren, während sie selbst niemals die Chance haben werden, an solcher Vermögensbildung teilzuhaben.

Die Sorge ist berechtigt. Denn es gibt eine Nation, in der diese gesellschaftliche Spaltung deutlich weiter fortgeschritten ist – und deren wirtschaftliche Entwicklung schon häufig vorgezeichnet hat, in welche Richtung sich auch andere westliche Demokratien wirtschaftlich entwickeln: die USA.

Uns drohen amerikanische Verhältnisse

Amerika, das Mutterland des kapitalistischen Traums – wer sich nur genug anstrengt, kann alles schaffen –, hat ein Problem: Am unteren Rand der Gesellschaft krebsen immer mehr Menschen, die in einem oder sogar zwei Jobs gleichzeitig arbeiten, sich aber trotzdem am Monatsende mit ihren Familien bei Suppenküchen anstellen müssen, weil das Geld nicht mehr reicht. Ganz oben lebt eine kleine, privilegierte Gruppe, die über einen Großteil des Vermögens verfügt. Das oberste Prozent der Topverdiener besitzt 40 Prozent des gesamten Vermögens im Land, und ihre Einkünfte wachsen dank steigender Aktienkurse derzeit kräftig, während die Löhne der Normalverdiener nur sehr langsam steigen.

Nicht nur den Niedriglöhnern geht es schlecht, auch die amerikanische Mittelschicht schrumpft.[20] Viele US-Bürger in klassischen Middleclass-Jobs führen heute ein Leben, in dem sie sich von einem Gehaltsscheck zum nächsten hangeln. Immer weniger könnten sich das leisten, was das Magazin *Fortune* als vielleicht typischstes Merkmal der Mittelschichtszugehörigkeit bezeichnet: ein eigenes Haus mit zwei Kühlschränken darin, einem brandneuen in der Küche und einem alten in der Garage, in dem man sein Bier aufbewahrt.

Als Ursachen für das Absinken des Lebensstandards so vieler Menschen analysieren die Autoren des Magazins: Die Kosten für Krankenversicherungen und Gesundheitsversorgung seien in den vergangenen Jahren deutlich schneller als die Gehälter gestiegen, die Preise für Häuser in den Großstädten seien kaum zu stemmen, und auch die Lebenshaltungskosten ganz allgemein koppelten sich mehr und mehr von den Einkommen der Berufstätigen ab. »Dabei sind die USA doch ein Land, dessen Bürger sich klassischerweise als Mittelschicht definieren«, schreiben die Autoren des Magazins, das sich vor kurzem in einer Titelgeschichte mit dieser bedenklichen Entwicklung auseinandergesetzt hat. Vieles davon klingt ganz ähnlich wie in Deutschland.

Die Demokraten Bernie Sanders und Alexandria Ocasio-Cortez sind die beiden bekanntesten Gesichter einer Politik, die vor diesem sozialen Auseinanderdriften eindringlich warnen, auf Gegenkurs zu Präsident Donald Trump, der sich rühmt, längst »America great again« gemacht zu haben. Die soziale Spaltung im Land ist mittlerweile ein so drängendes Problem geworden, dass sich sogar die Superreichen mit politischen Appellen zu Wort melden, in denen sie eindringlich fordern, das kapitalistische System mit Nachdruck zu reformieren. Der bekannte Milliardär Howard Marks etwa, Gründer des Finanzinvestors Oaktree, erklärte im Frühjahr 2019 in einem Brief an seine Investoren, Unternehmen müssten nun »alles tun, was in ihrer Macht steht, um den Trend zu stagnierenden und ungleichen Löhnen zu beenden«. Und fast zeitgleich appellierte Ray Dalio, der Chef des weltgrößten Hedgefonds Bridgewater, an die Politik. Sie müsse den Kapitalismus reformieren, um zu verhindern, dass die wachsende Ungleichheit zu »großen Konflikten und einer Form von Revolution« führen könnte.[21] Die beiden liegen damit erstaunlich nah an den Ideen der selbsterklärten »demokratischen Sozialistin« Ocasio-Cortez, die vor dem Weltwirtschaftsgipfel Anfang 2019 in Davos die Debatte mit der Forderung dominierte, Einkommen ab zehn Millionen Dollar mit einem Steuersatz von 70 Prozent zu belegen.

Die reichsten Männer der Welt geben also linken Demokraten recht – und fordern von ihren Politikern, sie höher zu besteuern, weil sie Angst haben, dass die Ungleichheit im Land den sozialen Zusammenhalt sprengen könnte. Es klingt absurd, was in einem der reichsten Länder der Welt gerade passiert.

Soziale Risse

Natürlich ist Deutschland anders als die USA. Aber ich habe überzeugende Gründe, anzunehmen, dass auch bei uns die Bevölkerung wirtschaftlich gesehen auseinanderdriftet.

Die weltweit politisch aktive Hilfsorganisation Oxfam gibt mir dafür einen Anhaltspunkt: Jedes Jahr, immer rechtzeitig vor dem Weltwirtschaftsforum im Schweizer Skiort Davos, wo sich die wichtigsten Wirtschaftsentscheider der Welt treffen, veröffentlicht sie ihren neuen Bericht zur sozialen Ungleichheit weltweit.[22] Laut der aktuellen Version von Januar 2019 wurde die Welt auch im vergangenen Jahr ungleicher: Das Vermögen der knapp 2000 Milliardäre auf der Welt wuchs um zwölf Prozent, während die ärmere Hälfte der Menschheit elf Prozent ihres Vermögens verlor.

Oxfam vergleicht aber auch die Lage innerhalb einzelner Länder – und fand heraus, dass gerade in Deutschland eine beunruhigende Entwicklung zu verzeichnen ist. In fast keinem anderen Industrieland sind demnach die Vermögen so ungleich verteilt. Zwar zweifeln vor allem marktliberale Wirtschaftsforscher die Oxfam-Zahlen immer wieder an, weil ihre globalen Vergleiche zum Teil auf groben Schätzungen basieren. Die Tendenz aber ist einigermaßen unstrittig: Das Leben wird ungleicher, auch bei uns.

Merkwürdigerweise zeichnet eine ebenfalls wichtige Messgröße ein ganz anderes Bild: der sogenannte Gini-Index. Er zeigt an, wie ungleich die Einkommen in Gesellschaften verteilt sind. In Deutschland ist er viel kleiner als in vielen anderen großen und mächtigen Volkswirtschaften, und er hat sich in den vergangenen zehn Jahren auch kaum verändert.[23] Demzufolge dürfte es in Deutschland die aktuelle Debatte um wirtschaftliche Ungerechtigkeiten überhaupt nicht geben. Die Erklärung ist, dass der Gini-Index nichts darüber aussagt, wie groß der Anteil sehr armer und sehr reicher Menschen an der Bevölkerung eines Landes ist.

Eben diese Lücke schließen die Oxfam-Zahlen: Der Anteil der Deutschen, die am unteren Einkommensrand zunehmend abgehängt werden, nimmt zu, während sich ganz oben der Reichtum mehrt. Wenn man die Ungleichheit im Land messen will, kommt es nämlich nicht nur auf die Einkommen an – sondern auch auf die Vermögen. Diese aber driften in Deutschland auseinander, wie die Bundesbank im April 2019 vorrechnete. Im Vergleich zur letzten Erhebung drei Jahre zuvor ist die Kluft zwischen Arm und Reich bei den Vermögen demnach deutlich gestiegen. Die reichsten fünf Prozent im Land haben heute im Schnitt 861 600 Euro auf der hohen Kante, während die ärmsten fünf Prozent im Schnitt Schulden von 2 800 Euro haben.[24]

Es gibt noch eine zweite Erklärung dafür, warum so viele Menschen im Land so unzufrieden sind, aber sich diese Ungleichheit nicht durch den allseits anerkannten Gini-Index messen lässt. Er bildet noch einen weiteren entscheidenden Faktor nicht ab: Dass sich unser Arbeitsleben in den vergangenen Jahren inhaltlich verändert hat. Er zeigt nicht, wie sich die Abläufe in unseren Arbeitsleben beschleunigt haben, wie sich die Arbeit mehr und mehr verdichtet. Viele von uns müssen sich heute deutlich mehr abmühen als noch unsere Elterngeneration, um denselben Status zu erreichen wie sie damals. Es kostet viel mehr Kraft und Anstrengung, einen gewissen finanziellen Status zu erreichen und ihn auch halten zu können.

Der bekannte Wirtschaftsforscher Achim Truger bestätigt diesen Befund. Der 49-Jährige ist Professor für Staatstätigkeiten und Staatsfinanzen an der Universität Duisburg-Essen, und er ist das neueste Mitglied der Wirtschaftsweisen, des Sachverständigenrates zur Begutachtung der gesamtwirtschaftlichen Entwicklung der Bundesregierung. Er gilt als linksgerichtet, die Gewerkschaften haben ihn für den Posten nominiert. Truger sagt: »Viele Menschen im Land fühlen sich, als steckten sie in einem Hamsterrad, in dem sie ständig treten müssen, und das führt zu unheimlich viel Unzufriedenheit – aber darüber sagt der Gini-Koeffizient nichts aus.«

Mehr noch: Dieser Index bildet lediglich ab, wie hoch die verfügbaren Einkommen sind – nicht aber, wie viel man sich von diesem Einkommen kaufen kann. Weil die Lebenshaltungskosten aber nun einmal steigen, deutlich schneller als die Einkommen vieler, und weil so viele Beschäftigungsverhältnisse deutlich instabiler sind als in unserer Elterngeneration, geht es vielen in der Mitte und am unteren Rand eben faktisch deutlich schlechter, als die Messgröße es vermuten lässt. Auch dafür gibt es viele Belege. Ständig kommen neue Schreckensmeldungen, die den Eindruck verhärten, dass hier gerade etwas massiv schiefläuft. Zum Beispiel rutschen kinderreiche Familien heute viel schneller in die Armut als noch vor fünf Jahren, wie der Deutsche Familienverband kürzlich anhand von Zahlenreihen zeigte. Und das betreffe nicht nur klassische »Unterschicht«-Familien, schrieben die Autoren der dazugehörigen Studie, sondern auch die Mittelschicht.[25]

So können die Oxfam-Kritiker und Besänftiger in konservativen Parteien und Wirtschaftsforschungsinstituten eines nicht wegdiskutieren: Das Leben wird ungleicher. Und das ist politischer Sprengstoff. Die Enteignungsdebatte um Wohnungskonzerne, die mittlerweile in den höchsten Rängen der Bundespolitik ernsthaft als realistische Möglichkeit diskutiert wird, zeigt nicht nur, wie groß der soziale Riss in Deutschland längst ist, sondern auch, dass dringender Handlungsbedarf besteht.

Dabei fehlt es der Politik durchaus nicht an Gestaltungsmöglichkeiten – nicht nur durch bessere Arbeitsmarktpolitik, um die es in den folgenden Kapiteln gehen soll, sondern auch durch Steuerpolitik. Das Auseinanderdriften von Reich und Arm ist zu einem großen Teil eben gerade nicht Schicksal, sondern die direkte Folge politischer Entscheidungen. In den reichsten Ländern der Welt sind die Spitzensteuersätze zwischen 1970 und 2013 demnach im Durchschnitt von 62 auf 38 Prozent gefallen.

Gerade bei uns in Deutschland ist die Entwicklung hanebüchen: Der Spitzensteuersatz, also der oberste Grenzsteuersatz, den ein Steuerpflichtiger zu zahlen hat, ist seit 1965 immer weiter gesunken – von damals 65 auf jetzt gerade mal 42 Prozent des Bruttoeinkommens.

Noch absurder erscheint aber, dass den höchsten Steuersatz nicht etwa nur die wirklich Reichen zahlen – sondern schon all jene, die ein jährliches Bruttoeinkommen von derzeit knapp 56 000 Euro erwirtschaften. Jeder Euro, den man ab dieser Grenze zusätzlich verdient, wird mit den 42 Prozent belastet. Die Mittelschicht, zum Beispiel Lehrer und Facharbeiter, wird somit im Verhältnis deutlich stärker in die finanzielle Pflicht genommen als die Oberschicht. Zwar gibt es seit 2007 eine weitere Progressionsstufe, die sogenannte Reichensteuer, bei der auf jeden weiter hinzuverdienten Euro 45 Prozent fällig sind, aber die gilt erst ab einem Jahreseinkommen von mehr als 250 730 Euro für einen Single. Alle, die dazwischenliegen, etwa Alleinstehende mit einem Bruttoeinkommen von 200 000 Euro, sind die Gewinner dieser Steuergesetzgebung. Das lässt sich an Grafiken ablesen, die das Bundesfinanzministerium veröffentlicht. Darauf sieht man, wie viel Steuern die Menschen im Land tatsächlich zahlen. Die Kurven über diese sogenannten Durchschnittssteuersätze zeigen, dass jemand, der im Jahr 200 000 Euro verdient, nur hauchdünn mehr Prozent seines Jahreseinkommens an den Staat abgeben muss als jemand, der 60 000 Euro pro Jahr verdient.

Und nicht nur die Steuergesetzgebung belastet die Mittelschicht über Gebühr. Ähnlich sieht es bei den Kosten für Kinderbetreuung aus. In Köln etwa zahlt eine Familie mit einem jährlichen Haushaltseinkommen von 100 000 Euro den höchsten Satz für die Kinderbetreuung an die Stadt, zum Beispiel für die ganztägige Betreuung eines unter zweijährigen Kindes jeden Monat 638,48 Euro – ebenso viel wie eine Familie mit 150 000 oder 200 000 Euro Haushaltseinkommen pro Jahr.

Solche Ungerechtigkeiten zu beseitigen, in dem man jene mit den höchsten Einkommen im Land stärker belastet – und im Gegenzug die Mitte entlastet –, halte ich nicht für schwierig. Auf diese Weise aber könnte allein schon die Steuergesetzgebung immens dazu beitragen, gerade die finanziellen Abstiegsängste der Mittelschicht ein Stück weit zu lindern.

Einfallstor für Populismus

Bei vielen Bürgern hat sich ein Unmut darüber festgesetzt, dass man sich von seiner Arbeit immer weniger leisten kann. Um auf meine Stadt Köln zurückzukommen: In einer Ende 2018 veröffentlichten Umfrage antworteten die meisten Befragten auf die Frage, was sie als größte Probleme der Stadt empfänden: soziale Ungerechtigkeit.[26] Mehr als jedes fünfte Kind in Köln lebt inzwischen in relativer Armut, also in einer Familie, die monatlich weniger als netto 1780 Euro pro Kopf zur Verfügung hat. Dabei hat das mit Kommunalpolitik nur wenig zu tun. Vielen Bürgern aber scheinen solche Zuordnungen von Zuständigkeiten zunehmend egal zu sein.

Der Frust wächst. Die große Mehrheit der Deutschen empfindet nicht mehr nur niedrige, sondern auch mittlere Einkommen mittlerweile als zu niedrig und als ungerecht. Zwar haben die Bürger offenbar kein Problem damit, dass es teils große Unterschiede in den Einkommen gibt. Was viele aber nicht mehr akzeptieren mögen, ist vielmehr dies: dass es sich oft nicht mehr lohne, sich anzustrengen.[27] Das ist das Ergebnis einer Studie des Deutschen Instituts für Wirtschaftsforschung. Die Autoren fassten zusammen, warum das auch eine Gefahr für die Demokratie bedeutet: »Das Gefühl, dass es insgesamt ungerecht zugeht, ist sowohl für das Engagement am Arbeitsplatz als auch für die politische Teilhabe nicht förderlich.«

Anders ausgedrückt: Wenn sich der wirtschaftliche Fortschritt derart vom sozialen Fortschritt entkoppelt, wenn also die Wirtschaft wächst, und dennoch so viele Leute enttäuscht sind, ist das ein Einfallstor für Populismus. Es liefert einen Teil der Erklärung dafür, warum die AfD im Bundestag sitzt und warum sie auch in so vielen Bundesländern Wahlerfolge feiert. Wer sich nicht mehr darauf verlassen kann, dass er seine Schäfchen im Trockenen hat, wer enttäuscht ist von der Wirtschaftspolitik seines Landes, wer hilflos zusehen muss, dass ihm das Geld durch die Finger rinnt und wer sich abstrampelt, ohne dass es am Ende für einen sicheren Lebensstandard reicht, ist ganz einfach empfänglicher für die Versprechen von Populisten.

Der Wählerzulauf der AfD und anderer Populisten ließe sich nur stoppen, wenn wir es schafften, dass der soziale Zusammenhalt in der Gesellschaft wieder stiege. Momentan aber scheint sich unsere Gesellschaft, angetrieben durch einen zunehmend neoliberalen, an den Bedürfnissen sich globalisierender Unternehmen ausgerichteten Arbeitsmarkt, in die entgegengesetzte Richtung zu bewegen.

Das Rückgrat der Wirtschaft zerfällt

Dieses Gefühl, am Arbeitsmarkt allein gelassen zu sein, und die damit einhergehende Anfälligkeit für Populismus hat auch noch andere Ursachen: In den vergangenen Jahren bauten viele große, bekannte Arbeitgeber Stellen ab – was gewaltig am Grundvertrauen in die deutsche Wirtschaft rüttelte.

Ich will das am Beispiel meiner Heimatstadt Köln erzählen. Sie ist eine der größten Städte im Land. Der Wirtschaft in der Region geht es vergleichsweise gut: Medienstandort, Tourismusdestination, Messewirtschaft – all das sind wichtige Standbeine für den Arbeitsmarkt. Fragt man aber einen Kölner, welcher »der« Arbeitgeber in der Stadt ist, wird wohl jeder Alteingesessene antworten: die Ford-Werke. Der Autobauer versorgt seit Jahrzehnten ganze Stadtteile mit Arbeitsplätzen. Ford ist gewissermaßen die tragende Säule der Kölner Mittelschicht. Die Kölner Autobauer bauen den Fiesta, das Standardmodell für all jene, die moderat verdienen.

Deshalb erschütterte eine Nachricht, die im März 2019 aus der Konzernzentrale kam, die Stadt: Ford kündigte an, 5 000 Stellen in Deutschland zu streichen – und davon 3 800 in Köln. Vor allem in der Produktion fallen die Arbeitsplätze weg, aber auch in der Verwaltung und Produktentwicklung. Den Stellenabbau erklärte das Management so: In ganz Europa schreibe das Unternehmen hohe Verluste. Das wiederum liegt offenbar daran, dass Ford in der Vergangenheit nicht schnell und wendig genug war und somit Trends verschlafen hat. Allen voran jenen zur Elektromobilität. Warum nicht die Produktentwickler in Köln mit Technologien für den Elektroantrieb beauftragt wurden – oder es jetzt noch werden – fragten sich viele der Betroffenen, die nach der Ankündigung vor dem Werksgelände demonstrierten. Sie trugen Transparente, auf denen stand: »Wir sind bereit für neue Technologien« und »Köln elektrifizieren«.

Ford in Köln steht für zwei der großen Probleme, mit denen der deutsche Arbeitsmarkt kämpft – und die vor allem die Mittelschicht trifft. Das erste Problem ist dies: Große Konzerne geraten momentan ins Wanken, von denen man es nie für möglich gehalten hätte. Das sind die großen Autobauer wie Ford, Audi oder VW. Der Autogigant Volkswagen kündigte an, fast jeden dritten Arbeiter an den Standorten Emden und Hannover kündigen zu müssen, rund 7000 Menschen. Und am Stammwerk in Wolfsburg schließt VW eine komplette Schicht in der Golf-Produktion. Oder Bayer. Der Konzern – ebenfalls ein zentraler Arbeitgeber in Köln und Umgebung – gab im April 2019 bekannt, in Deutschland 4500 Stellen streichen zu wollen. Oder die Großbanken, Deutsche Bank und Commerzbank. Allesamt große bekannte Markennamen. Wer hätte es noch vor zehn Jahren für möglich gehalten, dass eine Deutsche Bank, die wie wohl kein zweites Unternehmen für den Wohlstand und die Beständigkeit des Wirtschaftsstandorts Deutschlands steht, bald nicht mehr bestehen könnte? Eine Marke, die gewissermaßen die Kern-DNA des deutschen Mittelstands bildet? Gemeinsam haben die Unternehmen aus der Auto- und der Bankenbranche dies: dass ihr Management folgenschwere Entscheidungen getroffen hat, die sich im Nachhinein als Fehler herausstellten. Während die Autobauer sich selbst ihrer Zukunftsfähigkeit beraubten, indem sie den Umstieg auf umweltfreundliche Technologien verschliefen, nahmen sich die Banken selbst ihre weltweite Wettbewerbsfähigkeit, indem sie, wie die Deutsche Bank, auf Geschäftsfelder wie das Investmentbanking setzten, die ihnen große Schwierigkeiten bereiteten.

Das zweite Problem, dass sich am Beispiel Ford zeigen lässt, ist jenes: Nun, wo die Verantwortlichen im Management der Großkonzerne aufwachen und versuchen, durch Stellenkürzungen und Umstrukturierungen gegenzusteuern, ist es für ihre Angestellten zu spät. Jetzt noch am Standort Köln in die Forschung zu Elektromobilität einzusteigen, trauen die Verantwortlichen der Produktentwicklung offenbar nicht zu. Andere Länder sind deutlich weiter, was die Infrastruktur und die Kenntnisse angeht.

Dass große Traditionsmarken Tausende Stellen abbauen, ist nicht nur auf die beiden Pfeiler der deutschen Wirtschaft, die Banken und den Autobau, beschränkt. Es trifft auch die Mitarbeiter von Großkonzernen wie Bayer und Siemens, die die Reißleine ziehen, um im weltweiten Wettbewerb weiter mithalten zu können. Die Wirtschaftswelt und damit der Arbeitsmarkt stecken derzeit in einer derart grundlegenden Umwälzungsphase wie selten zuvor in der deutschen Geschichte. Ganze Wirtschaftszweige erodieren. Die klassischen Träger des deutschen Wohlstands, seien es Energiekonzerne, Chemieindustrie, Maschinenbau oder Medien, stecken mitten im Strukturwandel. Und ihr Kampf um ihre Position in der neuen globalisierten Welt vollzieht sich in immer kürzeren Zyklen.

Es trifft vor allem jene Berufsbilder, deren Jobs automatisiert oder in andere Länder verlagert werden können. Auch das gilt für Autobauer – und für deren Mitarbeiter in der Produktion, deren Jobs jetzt Roboter machen – ebenso wie Banken, wo das Bargeld in den Filialen nun von Automaten anstatt von Menschen ausgezahlt wird. Aus Sicht der Arbeitgeber ist nachvollziehbar, dass sie durch den Einsatz von Maschinen Personalkosten einsparen wollen. Für den Arbeitsmarkt aber bedeutet es, dass so viele Menschen wie selten zuvor auf einen Schlag »freigesetzt« werden und sich umorientieren müssen. Die Zyklen dieses Umlernens werden immer kürzer.

Die Gesellschaft muss sich hier neuen Herausforderungen stellen – und damit auch die Politik: Wir müssen bereit sein, über die Berufsspanne eines Menschen deutlich höhere Kosten für Aus- und Weiterbildung zu investieren. Das gilt nicht nur für die

Firmen. Schließlich zeigen die Ereignisse der vergangenen Monate überdeutlich, dass sie Mitarbeiter im Zweifelsfall eher abfinden und entlassen, als sie für neue Berufsbilder fortzubilden. Auch die Öffentlichkeit, konkret: die Jobcenter sind herausgefordert, sich immer mehr einfallen lassen zu müssen, immer längerfristiger vorauszuplanen, um dafür zu sorgen, dass heute entlassene, mittelalte Teilnehmer am Arbeitsmarkt auf Berufe umgeschult werden, die in zehn Jahren gebraucht werden könnten.

Und die Allgemeinheit muss bereit sein, all diese Umschulungen, Fortbildungen und Neuorientierungen mitzutragen.

WELCHE MITTELSCHICHTBRANCHEN ABSTÜRZEN

Es gibt Wirtschaftsforscher, die all dies als Teil eines natürlichen Strukturwandels sehen, der sich ständig vollzieht. Sie fragen: Ist es überhaupt ein Problem für den Arbeitsmarkt eines Landes und sein Sozialgefüge, wenn Angestellte nicht mehr gebraucht werden, weil ihre Jobs jetzt billiger von Maschinen gemacht werden?

Vom Grundsatz her ist dieses Argument richtig, auch wenn der Wandel noch nie so rasant geschah wie in den letzten Jahren: Wenn die Wirtschaftswelt sich umbaut, fallen zwar Arbeitsplätze an einer Stelle weg – etwa in den Fertigungshallen von Autobauern – aber anderswo entstehen neue. Etwa in der Dienstleistungsgesellschaft. Altenpfleger sind das klassische Beispiel: Sie werden am Arbeitsmarkt dringend gebraucht, wir können auf sie nicht verzichten.

In der Theorie kann es tatsächlich gelingen, dass die Autobauer von heute zu den Pflegern von morgen werden. Allerdings nur, wenn die Politik Umschulungen ermöglicht und gleichzeitig sicherstellt, dass diese neuen, langlebigen Berufe fair entlohnt werden.

Die Realität am Arbeitsmarkt sieht aber heute leider anders aus. Anstatt fair bezahlter, gut abgesicherter neuer Berufsbilder entstehen vielerorts prekäre Arbeitsverhältnisse. Sie fangen viele auf, die bisher zur Mittelschicht gehörten und jetzt schlimmstenfalls in Richtung Unterschicht abrutschen. Und es handelt sich nicht um Einzelfälle. Wo überall dies geschieht, lässt sich an vielen Berufsbildern durchdeklinieren. Die Beispiele, die mir bei meinen

Recherchen in den vergangenen Jahren begegnet sind, sind teils haarsträubend.

Ich möchte mit jener Branche beginnen, die stärker für dieses Abrutschen steht als alle anderen. Jenem Wirtschaftszweig, dessen Angestellte in den vergangenen zehn Jahren härter durch erzwungene Flexibilität und die sinkenden Standards bei den Arbeitsverträgen getroffen wurden als in allen anderen Bereichen des Arbeitsmarkts – und deren Sozialstatus damit wohl am merklichsten abgesunken ist: dem Einzelhandel.

Abgehandelt im Einzelhandel

Es ist heute nur noch schwer vorstellbar, aber: Es gab mal eine Zeit, da war es gut angesehen, Fachverkäufer zu sein. Im Warenhaus oder Elektrohandel zu stehen, Kundinnen zu beraten, mit seiner Kenntnis das beste Produkt herauszusuchen. Abends ging man mit dem guten Gefühl nach Hause, nach bestem Wissen und Gewissen seine Arbeit erledigt zu haben. Und man wurde auch noch gut dafür bezahlt. Es gab damals allgemeinverbindliche Tarifverträge für den Einzelhandel. Das heißt: Alle Unternehmen mussten sich daran halten. Somit konnte sich keine Firma einen Wettbewerbsvorteil verschaffen, indem sie ihren Mitarbeitern Dumpinglöhne bezahlte.

Diese soliden Zeiten sind vorbei. Denn die allgemeinverbindlichen Tarifverträge liefen um die Jahrtausendwende aus und wurden seither nicht mehr erneuert. Sie passten wohl einfach nicht in die Ära der Agenda 2010, in der es den Arbeitgebern möglichst leicht gemacht werden sollte, neue Mitarbeiter einzustellen, ohne sich dabei mit ihnen auf Lebenszeit zu verheiraten. Stattdessen wollte die Politik nun dafür sorgen, dass Arbeitsverhältnisse mehr Affären glichen als Ehen: Jene Seite, die das Geld hat, sollte die andere, von ihr abhängige Seite ab jetzt leichter wieder loswerden können, wenn es zwischen beiden nicht mehr klappte.

Seither hat sich im Einzelhandel einiges getan: Die Umsatzzahlen in der Branche erzielen von Jahr zu Jahr neue Höhen, seit der Jahrtausendwende legten sie um ein Viertel zu. Was dagegen nicht floriert, sind die Gehälter der Angestellten. Eine gelernte Verkäuferin, eine Fachkraft wohlgemerkt, verdient etwa im Hochlohnbundesland Baden-Württemberg derzeit zwischen 1777 und 2 528 Euro brutto im Monat, wenn sie in Vollzeit arbeitet – und wenn ihr Arbeitgeber überhaupt Tariflohn zahlt.[28] Denn das müssen die Firmen nicht mehr, seit es keine Allgemeinverbindlichkeit mehr gibt. Weniger als jedes dritte Unternehmen im Einzelhandel zahlt heute noch Tariflohn. Zu dieser Minderheit gehören die großen Discounter, also Aldi, Lidl, Netto und Penny.

Mehr als 70 Prozent der Firmen zahlen also ihren Angestellten weniger als die durchschnittlich rund 2 200 Euro Monatsgehalt für einen ausgebildeten Einzelhandelskaufmann, die der Tarif vorsieht. Kein Wunder, dass mir und fast allen Wirtschaftsforschern, mit denen ich für dieses Buch über den Abstieg typischer Mittelschichtberufe gesprochen habe, als Erstes der Einzelhandel einfiel.

Die Supermarktkette Real ist ein gutes Beispiel für einen Arbeitgeber, der am Abstieg des Berufsbildes Verkäufer mitwirkt. 2015 stieg Real aus der Tarifbindung aus. Neu eingestellte Mitarbeiter verdienen nun laut ver.di bis zu einem Viertel weniger als ihre Kollegen, die schon länger für das Unternehmen arbeiten. Oder Karstadt und Kaufhof. Die beiden Kaufhausketten, die vielleicht mehr als alle anderen für das Bild des klassischen, gehobenen mittelständischen Einzelhandels standen, fusionieren derzeit zu einem Warenhausriesen. Die Unternehmensführung entlässt im Zuge dieses Zusammenschlusses 2 600 Angestellte – und steigt aus der Tarifbindung aus, um, wie das Management erklärt, Kaufhof überhaupt lebensfähig zu erhalten.

Diese Argumentation ist der Standard: Die Verantwortlichen an den Spitzen der Unternehmen erklären ihre rigide Gehaltspolitik in der Regel damit, dass der Wettbewerb im Einzelhandel so hart sei: Die Kunden bestellten heute lieber bei Amazon oder anderswo im Internet.

Aber das Argument stimmt nicht: Zwar verzeichnet der Onlinehandel in Deutschland deutlich stärkere Zuwächse – in diesem Jahr wird er laut Handelsverband HDE ein Umsatzplus von gut neun Prozent machen. Doch der stationäre Einzelhandel schrumpft im Gegenzug nicht, sondern wird in diesem Jahr um voraussichtlich 1,2 Prozent beim Umsatz wachsen. Es gibt also eigentlich keinen Grund, den Mitarbeitern die Löhne zu kürzen.

Dass sich Firmen aus der Tarifbindung verabschieden, ist übrigens nur das erste Problem in der Branche. Das zweite ist die Art von Arbeitsverträgen, die Mitarbeiter heute im Einzelhandel bekommen. Denn selbst in Firmen mit Tarifbindung erhalten das Durchschnittseinkommen von 2200 Euro schließlich nur jene, die fest angestellt in Vollzeit arbeiten. Davon aber gibt es immer weniger. Stattdessen sind Teilzeitverträge und alle erdenklichen Formen atypischer Beschäftigung an der Tagesordnung. Was übrigens dazu führte, dass heute deutlich weniger Männer und dafür mehr Frauen im stationären Einzelhandel arbeiten als noch vor 20 Jahren. Unter Arbeitsmarktforschern gilt die Daumenregel: Je unattraktiver eine Branche in ihren Verdienstmöglichkeiten wird, umso stärker steigt der Frauenanteil.

Mittlerweile ist der Einzelhandel, diese ehemals stolze Branche, derjenige Wirtschaftssektor, in dem die meisten Mitarbeiter nicht mehr allein von ihren Einkommen leben können, sondern staatliche Zuschüsse brauchen, um über die Runden zu kommen. Ver.di hat berechnet, dass der Steuerzahler mit 1,5 bis 1,6 Milliarden Euro jährlich Einzelhandelsangestellten unter die Arme greifen muss, die zum Beispiel sogenannte Aufstockerleistungen vom Staat brauchen, weil sie von ihren Einkommen nicht leben können. Aufstockerleistungen sind Zuschüsse vom Jobcenter für Berufstätige, deren Gehalt zum Leben nicht reicht. Über alle Branchen hinweg sind in Deutschland mehr als 200000 Menschen auf diese Leistungen angewiesen.

Es gibt hier also eine haarsträubende Wirkungskette, die wir Konsumenten nicht durchblicken: Wenn wir einkaufen gehen und Fernseher, Klamotten und Kühlschränke zu Tiefstpreisen erstehen, sparen wir nur auf kurze Sicht. Langfristig zahlen wir als Steuerzahler den Preis dafür – weil wir die staatliche Unterstützung für die vielen Niedrigverdiener im den Länden finanzieren müssen. Es gibt auch kaum eine andere Branche, deren Mitarbeiter derart stark von Altersarmut bedroht sind.

An den Menschen, die in der Branche arbeiten, geht all das natürlich nicht spurlos vorbei – es drückt immens auf ihr Selbstwertgefühl. »Wenn man heute in einen Laden kommt, spürt man die Veränderung«, beobachtet etwa der Handelsexperte der Gewerkschaft in Nordrhein-Westfalen, Nils Böhlke. »Der ganze Habitus hat sich verändert. Früher strahlten die Fachverkäufer Stolz und Erhabenheit aus. Heute wirken viele geduckt.«

Das liegt wohl auch daran, dass das Konzept der fachlichen Beratung in vielen Bereichen des Einzelhandels längst nicht mehr so gefragt ist wie früher. Die großen Textilketten wie Zara oder H&M setzen auf schnellen Warenumschlag, auf Kundinnen, die sich die Einkaufstaschen vollmachen mit billigen Klamotten. Die Zuständigkeit des Personals beschränkt sich weitgehend darauf, die Kleiderständer aufzufüllen. Dafür aber braucht man keine Fachkräfte. Sie werden zunehmend überflüssig in den Läden. Doch selbst dort, wo noch Fachkräfte eingesetzt werden, werden sie längst nicht mehr fair angestellt – wie der folgende Abschnitt zeigt.

Rattenrennen um die Kunden

Der Einzelhandel ist extrem anfällig für alle möglichen unangenehmen Spielarten an Anstellungsformen. Wahrscheinlich hängt das damit zusammen, dass die verantwortlichen Manager in dieser Branche besonders glaubhaft vermitteln können, sie müssten Personalkosten einsparen, um wettbewerbsfähig zu bleiben – der Name Amazon besitzt eben hohe Drohkraft.

Eines dieser neuen Arbeitsmodelle, die sich mehr und mehr ausbreiten, ist, die Angestellten zum Teil in Naturalien zu bezahlen. Zum Beispiel erhalten sie Gutscheine für die Kleidung, die der eigene Laden verkauft. Auf diese Weise schlägt das Unternehmen gleich zwei Fliegen mit einer Klappe, es kurbelt seinen Absatz an und spart bares Geld. Dies ist in Deutschland legal: Die Gewerbeordnung lässt eine anteilige Bezahlung in Naturalien zu. Es wäre ein relativ einfacher, aber wirksamer Schritt für die Politik, das Gesetz zu ändern und solche Bezahlmodelle zu verbieten.

Auch bei einem anderen relativ neuen und für Arbeitgeber attraktiven Vertragsmodell fragt man sich, warum die Politik dies nicht längst besser reglementiert und so die Position der Beschäftigten stärkt: den sogenannten provisionsbasierten Vergütungen. Ein meist bescheidenes Basisgehalt muss mit Provisionen für erfolgreiche Verkäufe aufgebessert werden. Das Modell zielt unter anderem darauf ab, Kollegen zur Konkurrenz untereinander zu animieren: Wer verkauft mehr, wer bekommt die höchsten Provisionen, wer hat am Monatsende die Krone als erfolgreichster Mitarbeiter auf? Dass Einzelhandelsfirmen ihre Anstellungsverhältnisse gerne auf diese Weise konstruieren, kann man aus ihrer Sicht durchaus verstehen. Schließlich sorgt man so für niedrige Fixkosten und verhindert nebenbei, dass Angestellte faul herumstehen oder sich verkrümeln, wenn Kunden nahen.

Man kann es aber auch ethisch fragwürdig finden. Denn solche Provisionsmodelle haben eklatante Folgen.

Anfang 2019 machte die Schilderung einer Gewerkschaftsmitarbeiterin beim Kurznachrichtendienst Twitter die große Runde. Die Frau hatte sich in einem Elektromarkt einen Fön gekauft und schilderte empört, was ihr die Verkäuferin erzählt hatte. Die beiden kamen ins Gespräch, weil die Verkäuferin die Kundin bat, an der Kasse ihren Namen anzugeben. Nur dann, erklärte sie, bekäme sie Provision für das erfolgte Beratungsgespräch über die Vorzüge verschiedener Haartrocknermodelle. Diese Provisionen seien extrem wichtig für sie, um über die Runden zu kommen. Ihr Grundgehalt sei sehr niedrig, und der Umstand, dass sie einen Teil ihrer Entlohnung in Form von Beraterprovisionen erhalte, führe zu einer äußerst unguten Dynamik in ihrem Team. Sie und die anderen Beraterinnen bei den Elektrokleingeräten seien sich gegenseitig nicht mehr grün, weil sie um Kunden geradezu kämpfen müssten. Eine echte Teamstimmung gebe es schon lange nicht mehr.

Und als weibliche Verkaufskraft, sagte sie noch, werde man von der Marktleitung tendenziell in die Abteilung mit den günstigen Kleingeräten gesteckt, während die männlichen Kollegen die lukrativeren Beratungen für Fernseher, Laptops und Handys machen dürften.

Eine Pressesprecherin von MediaMarktSaturn antwortete mir auf die Frage, ob sich die Szene wohl in einem ihrer Märkte abgespielt habe: Das sei auf keinen Fall möglich. Die Mitarbeiter in den Filialen würden nach Tarif bezahlt, mit Festgehalt. Auf meine weiteren Nachfragen hin schrieb sie dann aber noch etwas anderes: Es gebe tatsächlich Provisionsverkäufer in den Läden. Bloß seien die nicht bei MediaMarktSaturn angestellt. Sondern es handele sich um sogenannte Promotionkräfte, wie sie überall im Handel, »unabhängig von der Branche anzutreffen« seien. Der Einsatz der Promotion-Leute werde in der Regel vor Ort von den Marktleitern organisiert.

Weil ich die andere Seite hören wollte, sprach ich mit einem Mann, der als Promotionkraft in einem MediaMarktSaturn gearbeitet hat. Er war drei Jahre lang in einer Filiale des Elektronikhändlers in einer Großstadt im Einsatz. Weil er in seinem Arbeitsvertrag eine Verschwiegenheitsklausel unterschreiben musste, soll er hier anonym bleiben. Er erzählte mir, wie sein Anstellungsverhältnis funktioniert habe: Eine Agentur hatte ihn zunächst an MediaMarktSaturn vermittelt. Dort habe er dann als Selbstständiger Handy- und Festnetzverträge an die Kunden verkauft. Das Unternehmen habe, soweit er wisse, mit mindestens sechs solcher Agenturen zusammengearbeitet. Von morgens bis abends, sechs Tage die Woche, habe er in der Filiale gestanden. Es habe dafür ein Basisgehalt von 50 bis 80 Euro pro Tag gegeben – je nach Wochentag. Das klingt nach deutlich mehr, als es ist: Schließlich muss man davon als Selbstständiger Umsatzsteuer abführen. Trotzdem, sagt er, habe er dank seiner Provisionen ganz ordentlich verdient. Am Monatsende sei er auf 2 500 Euro brutto oder mehr gekommen. Er habe aber viele Kollegen erlebt, bei denen es ganz anders aussah. »Da waren viele, die nur mit den 50 bis 80 Euro Basisgehalt nach

Hause gegangen sind, weil sie den ganzen Tag keinen einzigen Vertrag verkauft haben. Und das hat die richtig krank gemacht.«

Das Beispiel zeigt, dass es auch hier schärfere Vorgaben für die Einzelhandelsfirmen bräuchte, wenn man ethische Maßstäbe ansetzt. Sinnvoll wäre es, gesetzlich vorzuschreiben, dass die Angestellten allein mit dem Basislohn auf Mindestlohnniveau kommen – und durch die Provisionen ihr Gehalt lediglich noch aufbessern müssen, sie aber nicht unbedingt brauchen, um überhaupt von ihren Einkommen leben zu können.

Im deutschen Einzelhandel arbeiten 3,1 Millionen Menschen. Wie viele von ihnen Provisionsverträge welcher Art haben, weiß niemand. Bei ver.di geht man davon aus, dass die Zahl solcher Verträge steigt. Einfach, weil sie günstiger für die Arbeitgeber sind. Den Erfahrungen der Gewerkschafter zufolge sind sie vor allem dort verbreitet, wo teure, beratungsintensive Waren erkauft werden: bei sogenannter weißer Ware, also Kühlschränken, Waschmaschinen und dergleichen; bei Betten- und Matratzenhändlern – und bei gehobenen Bekleidungsausstattern wie der Kette Peek & Cloppenburg mit Sitz in Düsseldorf.

Dieser Bekleidungshändler, heißt es bei ver.di, sei für diese Vertragsart bekannt. Also mache ich im Januar 2019 einen Testbesuch, und zwar in einer Filiale in Frankfurt am Main, auf der Einkaufsstraße Zeil. Ich probiere Jeans an und komme dabei mit der Verkäuferin ins Gespräch. Ich frage sie, ob sie eine Provision bekomme, wenn ich nachher an der Kasse ihren Namen angebe. Sie sagt: »Ja, ich klebe gleich meinen Aufkleber aufs Etikett, da ist ein Barcode drauf, der wird dann eingescannt.« Ich frage weiter: Ob die Provision denn viel an ihrem Gehalt ausmache? Sie runzelt die Stirn und sagt: »Das ist schon ziemlich viel, ja. Ich verstehe auch ehrlich gesagt nicht, warum Peek & Cloppenburg es so macht, die anderen Klamottenläden, die ich kenne, machen es nicht so.« Was passiere, wenn sie krank werde? »Das sollte man sich hier besser nicht erlauben«, sagt sie.

Ich schreibe an die Firmenzentrale der Peek & Cloppenburg KG in Düsseldorf. Dort teilt man mir per E-Mail mit, von den 9000 Mitarbeitern des Unternehmens in seinen 69 Filialen arbeiteten zwei Drittel – also etwa 6 000 – mit Provisionsverträgen, Festangestellte und Aushilfen. Dieses Vertragsmodell, erklärt man mir, sei zumindest bei P&C aber kein Nachteil: Gerade weil es zusätzlich zum Basisgehalt Provisionen gebe, liege man mit den gezahlten Gehältern »in der Regel über dem Branchendurchschnitt«. Konkrete Zahlen, um diese Aussage zu belegen, liefert das Unternehmen allerdings nicht.

Ich recherchiere weiter, spreche mit weiteren Gewerkschaftern. Mehr als überall sonst im Einzelhandel, erzählt man mir bei ver.di, seien solche Provisionsverträge in Möbelhäusern verbreitet. Bundesweit arbeiten laut Statistischem Bundesamt etwas mehr als 180 000 Menschen in der Möbelbranche, Tendenz steigend. Außer Marktführer Ikea, weiß man bei ver.di, beschäftigen mittlerweile fast alle großen Anbieter ihre Verkäufer auf Provisionsbasis: XXXLutz, Höffner, Porta, Segmüller und viele andere. Was wohl unter anderem daran liegt, dass diese Branche in den vergangenen Jahren mit ihren hochpreisigen Produkten sehr unter der Konkurrenz aus dem Internet gelitten hat. Durch das Provisions- und Prämienmodell verlagern die Firmen nicht nur das Risiko des Umsatzschwunds, sondern auch das Risiko konjunktureller Schwankungen auf die Angestellten. Aus Sicht der Unternehmensführungen ist die Lage die: Entweder man wird billiger – bei den Lohnkosten wie in allen anderen Bereichen auch – oder der Onlinehandel frisst einen auf. Und dann, so das Argument, das ja auch nicht ganz von der Hand zu weisen ist, gäbe es die Arbeitsplätze in den Möbelhäusern vielleicht bald gar nicht mehr.

Nach ein paar Tagen weiterer Recherche finde ich einen Möbelverkäufer, der seit vielen Jahren bei einem der Schwergewichte der Branche arbeitet: Porta. Er sagt, auch sein Name dürfe nicht veröffentlicht werden, weil er sich schon häufiger über die Arbeitsbedingungen beschwert habe und dadurch unangenehm bei der Geschäftsleitung aufgefallen sei. Er arbeitet in der Abteilung Wohnzimmer – wo sich die Auswirkungen der Konkurrenz aus dem Internethandel noch deutlicher spüren ließen als anderswo.

Der »Durchschnitts-Bon«, wie er sagt, also der durchschnittliche Umsatz pro Kunde, der einen Vertrag abschließt, sei innerhalb der letzten zehn Jahre um mindestens ein Viertel gesunken. »Die Kunden lassen sich zwar bei uns beraten, aber bestellen dann im Netz – oder handeln uns entsprechend im Preis herunter, und das drückt natürlich auch auf unsere Provisionen.« In anderen Abteilungen, etwa bei den Küchen, ergehe es den Verkäufern im Vergleich dazu noch besser – weil, wie jeder weiß, der sich schon einmal eine Küche hat planen lassen, sie die Küchen individuell auf die Kundenwünsche zugeschnitten am Computer erstellen und sich dadurch das am Ende unterbreitete Angebot nur schwer mit dem des nächsten Möbelhauses vergleichen lässt.

Der Porta-Verkäufer berichtet, er selbst verdiene pro Monat ein Brutto-Basisgehalt von 1976 Euro, das sind pro Stunde 11,42 Euro, also auch nicht sehr viel mehr als der Mindestlohn. Bei jüngeren Kollegen mit neueren Verträgen sind es sogar nur 1800 Euro oder 10,42 Euro pro Stunde. Das Problem bei Porta – wie bei vielen Einzelhändlern – ist nun dies: Jeder Mitarbeiter muss sich jeden Monat mit den Waren, die er verkauft, erst einmal dieses Grundgehalt erarbeiten. Seine Provision wird nach einem komplizierten Schlüssel errechnet. Für ein Rolf-Benz-Sofa im Wert von 6000 Euro etwa, sagt er, erhalte er auf seinem virtuellen Provisionskonto um die 120 Euro gutgeschrieben. Das Perfide ist nun dies: Erst, wenn er mit seinen Verkäufen sein eigenes Gehalt nach dieser Rechenweise erarbeitet hat, bekommt er den Überschuss ausgezahlt. Diese Schwelle aber zu überschreiten, werde angesichts der zunehmenden Probleme im Möbelhandel immer schwieriger. Bleibe man darunter, sagt er, dann bekomme man ein Problem mit der Marktleitung. »Dann muss man zum Gespräch, und da wird man dann gefragt: Wie kann es sein, dass du so wenig verkaufst? Es gab auch schon einige Fälle bei uns, bei denen jemand wegen Minderleistung in eine andere Abteilung ›umgesetzt‹ wurde. ›Strafversetzt‹ dürfte die Marktleitung es aus arbeitsrechtlichen Gründen ja nicht nennen«, sagt er.

Oft übrigens zahlen die Arbeitgeber die Provisionen an ihre

Mitarbeiter erst im nächsten Monat aus – damit Umtausch und Rückgaben wieder abgezogen werden können. In welche wirtschaftlichen Nöte solche Vertragskonstrukte zuweilen die Betroffenen stürzt, zeigt ein kurioser Fall aus Erfurt. 2016 versuchten dort die Angestellten eines Möbelhauses, sich gegen die im Bundesland geltenden Gesetze zur Ladenöffnungszeit zu wehren. In Thüringen dürfen Arbeitnehmer nur an zwei Samstagen im Monat eingesetzt werden. Die Regelung dient dazu, die Vereinbarkeit von Familie und Beruf und die Teilhabe am gesellschaftlichen Leben zu stärken, so steht es im Gesetzestext. Nun ist der Samstag allerdings der umsatzstärkste Tag für Möbelhäuser – weshalb laut einer »Kleinen Anfrage« der CDU-Fraktion im Landtag die Beschäftigten eines Möbelhauses ein »hohes Eigeninteresse« hatten, an allen Samstagen des Monats zu arbeiten. 60 Mitarbeiter des Geschäfts unterzeichneten einen offenen Brief, in dem sie von der Landesregierung forderten, mehr arbeiten zu dürfen. Kurioserweise ging es in der Debatte, die sich daraufhin entfaltete, offenbar überhaupt nicht um die Frage, ob vielleicht nicht die fehlenden Samstage das Problem sind, sondern die Anstellungsverhältnisse.

Natürlich müssen provisionsbasierte Bezahlungen nicht grundsätzlich schlecht für die Angestellten sein. Es gibt durchaus Modelle, in denen solche Anstellungsverhältnisse für die Betroffenen von Vorteil sind: im Autohandel, bei Versicherungen oder anderen Finanzprodukten oder bei Luxusartikeln wie Elektrogeräten für Tausende Euro können begabte Verkäufer auf diese Weise deutlich mehr Geld verdienen als mit festen Stundenlöhnen. Es kommt, wie bei vielen Arbeitsvertragsmodellen, eben darauf an, wie sie in der Praxis angewandt werden: Wie hoch ist der Grundlohn? Sind genug Umsätze für alle Verkäufer zu erwarten – oder stehen sie sich gegenseitig auf den Füßen? Muss einer dem anderen die Kunden wegnehmen, um auf einen fairen Stundenlohn zu kommen?

Es gibt auch noch ein anderes generelles Problem bei dieser Art der Anstellung: Wird der Angestellte krank, fällt er auf das Basisgehalt zurück, das der Arbeitsvertrag vorsieht. Das aber reicht oft nicht, um damit sich selbst oder eine Familie zu versorgen. Dazu wäre aber ein Gesetz nötig, das einen höheren Grundlohn festschriebe.

Wohlgemerkt: Betroffen sind hier Angehörige der Mittelschicht. Fachkräfte, die eine mehrjährige Ausbildung durchlaufen haben und die sich noch vor einer Generation mit ihrem konstanten Monatsgehalt, Urlaubs- und Weihnachtsgeld ein gutes Leben leisten konnten. Heute dagegen wissen diese Fachkräfte nicht mehr, wie viel Geld sie am Monatsende auf dem Konto haben werden.

Darf's ein bisschen mehr sein?

Solche Provisionsmodelle setzen übrigens nicht nur Mitarbeiter unter Druck. Sie führen manchmal auch dazu, dass sich diese Mitarbeiter den Kunden gegenüber fragwürdig verhalten. Mir begegnete ein solches Beispiel Ende 2017.[29] Es begann damit, dass kurz vor Weihnachten ein Sanitäter vor meiner Haustür stand. Zumindest dachte ich, es sei ein Sanitäter, weil er eine rote Jacke mit weißen Leuchtstreifen und dazu weiße Hose trug. Ich öffnete, weil ich annahm, vor der Tür sei ein Unfall passiert. Tatsächlich aber wollte der junge Mann, der sich als Mitarbeiter des Deutschen Roten Kreuzes vorstellte, mich als DRK-Spendenmitglied werben, und schon nach wenigen Sekunden stand sein Fuß in der Tür. Auf mein Angebot hin, mir das Beitrittsformular dazulassen, damit ich es mir später in Ruhe durchlesen könne, reagierte er energisch: Ich müsse sofort unterschreiben, sagte er, denn die Formulare seien »durchnummeriert«.

Es stellte sich mit ein paar Anrufen schnell heraus, dass der vermeintliche Sanitäter gar kein Mitarbeiter des Deutschen Roten Kreuzes, sondern ein Mitarbeiter einer Fundraising-Agentur war. Ich recherchierte noch weiter und stellte zweierlei fest: Fast alle wohltätigen Organisationen arbeiten mit solchen Agenturen – was bedeutet, dass ich, wäre ich tatsächlich Spendenmitglied geworden, meinen ersten Jahresbeitrag nur für das Honorar dieser Agentur ausgegeben hätte. Die Spendeneinwerber aber sind fast immer Honorarkräfte und werden in der Regel komplett auf Provisionsbasis bezahlt. Je mehr Vertragsabschlüsse, umso mehr Stundenlohn. Fixgehalt: Fehlanzeige. Und das, obwohl das Mindestlohngesetz so etwas gar nicht erlaubt. Ein solches Konstrukt fordert ein aggressiveres Verkaufsverhalten geradezu heraus. Nicht umsonst wohl tauchen in den Medien immer wieder Fälle auf, in denen Spendensammelprofis im Auftrag wohltätiger Organisationen Drückermethoden angewandt haben sollen. Der SWR stieß sogar bei den Johannitern auf Klinkenputzer, die Angst verbreiteten: Ohne Unterstützung werde vielleicht bald der Rettungsdienst nicht mehr gewährleistet sein, warnten sie.

Allerdings: Wer wollte den armen Teufeln, die auf Provisionsbasis Klinken putzen müssen, solche halbseidenen Verkaufspraktiken verübeln?

Im Grunde sind Provisionsverträge im Einzelhandel ja nur ein Symbol für eine Entwicklung, die sich gerade in vielen Branchen abspielt – bloß geschieht dies in unterschiedlichen Variationen: Der Einzelne muss von Jahr zu Jahr mehr tun, sich mehr abmühen, um am Monatsende dasselbe Geld auf dem Konto zu haben. Am Einkommen sieht man es zwar nicht, weil es genauso hoch ist wie früher – aber: Das Hamsterrad dreht sich schneller.

Die Tiefflieger

Ein bedenkliches Phänomen, das sich am Arbeitsmarkt mehr und mehr auszubreiten scheint, ist auch dies: dass man heute von seinem Arbeitgeber deutlich schneller aussortiert wird als früher. Zum Beispiel, wenn man krank wird. Natürlich, es gibt Arbeitsschutzgesetze, die eigentlich verhindern müssten, dass jemand aufgrund von Krankheit seinen Job gekündigt bekommt. Eigentlich. Denn faktisch gibt es Firmen, die am deutschen Arbeitsmarkt agieren und sich an solche Gesetze nicht halten. Sie argumentieren, sie müssten das nicht, weil sie keine deutschen Firmen seien.

Die Fluggesellschaft Ryanair ist das wahrscheinlich bekannteste Beispiel dafür.

Marco Witterling zum Beispiel, der Ryanair-Pilot vom Anfang dieses Buchs, erzählte dies: dass die Billigairline von ihm und seinen Kollegen in den Cockpits erwartete, sich zu erklären, wenn sie krank würden. »Es reichte nicht, in seine Krankmeldung einzutragen, man habe eine Grippe«, sagte er. »Das wurde immer genau hinterfragt.« Einige seiner Kollegen seien zu sogenannten »Sick Meetings« in die Firmenzentrale in Dublin geladen worden. Dort seien dann Gespräche geführt worden, in denen sich die Piloten hätten rechtfertigen müssen: »Wenn man sich zum Beispiel ein Gelenk verletzt hatte, das Knie verdreht, dann musste man dort vormachen, wie ein Schauspieler, wie genau das passiert ist.« Manchen, sagt Witterling, sei auch gesagt worden: Das glaube ich Ihnen nicht, dass das wirklich so passiert ist. Damit aber noch nicht genug: Kollegen sei in solchen Meetings auch schon vorgehalten worden, sie schadeten der Firma, wenn sie sich krankmelden. »Und so etwas führt dazu, dass Kollegen sich nicht krankmelden, sondern auch fliegen, wenn es ihnen nicht gut geht.« So wie er selbst, der im Cockpit das Ohrensausen erlebte.

Das Perverse an solchen Arbeitsverträgen ist, dass sie die Verantwortung für die Sicherheit der Passagiere, die eigentlich bei den Arbeitgebern liegen müsste, ein gutes Stück weit auf die Piloten verschieben. Das sagt auch Witterling. »Auf der einen Seite muss man unterschreiben, dass man niemals krank fliegt, um die Flugsicherheit nicht zu gefährden. Auf der anderen Seite herrscht aber dieser psychische Druck.«

Ryanair ist in Europa Marktführer für Billigflüge, und wahrscheinlich ist das Unternehmen wegen genau solchen Geschäftsgebarens dazu geworden. Indem es an der Fürsorge für seine Mitarbeiter sparte. Noch schlimmer als den Piloten erging es dort in den vergangenen Jahren offenbar den Co-Piloten, denn sie verdienen noch weniger Geld. Es heißt in der Branche, manche von ihnen sparten sich bei Auslandsflügen mit Übernachtung aufgrund von Geldmangel das Hotelzimmer und schliefen stattdessen im günstigsten Fall bei Bekannten auf dem Sofa – und schlimmstenfalls schon mal auf einer Pritsche irgendwo im Flughafen. Und dass andere nur dank Zweitjob auf einen Verdienst kommen, mit dem sie eine Familie über Wasser halten können, zum Beispiel als Thekenkraft bei Starbucks im Flughafengebäude. In den vergangenen Monaten ist der Druck auf Ryanair gestiegen. Die Piloten haben sich nun besser organisiert und werden als Verhandlungsgegner zumindest ernster genommen. Zuletzt zeigte Ryanair sogar Bereitschaft, ihnen bessere Arbeitsbedingungen zu verschaffen.

Das heißt aber nicht, dass Ryanair sich jetzt zum vorbildlichen Arbeitgeber wandeln würde, ganz und gar nicht. Denn noch viel mieser als für die Piloten und die Co-Piloten sind die Beschäftigungsbedingungen für die rund 1000 Flugbegleiter, die nach Schätzungen der Gewerkschaft UFO derzeit in Deutschland für die Airline arbeiten sollen. Ryanair selbst kommentiert diese Schätzung nicht. Sie haben teils enorme Probleme, mit ihrem Einkommen ihr Leben zu finanzieren. Zum Beispiel der Italiener Enrico Ursi, über dessen Anstellungsverhältnisse ich 2017 gemeinsam mit dem ZDF-Magazin *Frontal 21* berichtete.

Ursi war damals im deutschen Baden-Baden stationiert. Er erzählte uns von einer Begebenheit in seinem Leben, bei der ihm klar wurde, dass es so nicht mehr weitergehen konnte. Die Szene spielte sich Ende 2017 in der Stadtsparkasse Baden-Baden ab. Der Mittdreißiger, Vater von zwei kleinen Kindern, saß erwartungsvoll dem Bankberater gegenüber. Er wollte die Konditionen für einen Kleinkredit besprechen – die Familie brauchte dringend Ersatz für ihre alte Einbauküche. Der Berater aber eröffnete ihm lapidar, einen Kredit gebe es für ihn nicht: nicht genügend Sicherheiten, da kein geregeltes Einkommen in Deutschland. Basta.

Wie kann das sein, fragte er sich? Er lebte und arbeitete in Süddeutschland, in Vollzeit, festangestellt und somit eigentlich kreditwürdig. Sogar in seinem Arbeitsvertrag stand als Dienstort Baden-Baden. Das Problem aber war, dass er für seinen Arbeitgeber Ryanair offiziell gar nicht in Deutschland arbeitete, sondern in Irland. Die Flugbegleiter besteigen zwar von hier aus die Flugzeuge der Billigairline. Doch ihre Arbeitsverträge sagten etwas anderes aus: Nämlich, dass sie in Irland tätig seien, weil sie in der Luft arbeiteten, in irischen Flugzeugen.

Auch Ursi unterschrieb so einen Vertrag. Er musste ein Konto in Irland eröffnen, auf das Ryanair sein Gehalt überwies. Ein ziemlich karges Gehalt übrigens. In seinem Vertrag stand ein Jahresgehalt von 10 900 Euro – in dem Überstunden und Sonn- und Feiertagsarbeit schon abgegolten waren. Inklusive Zulagen kam er monatlich im Schnitt auf gerade mal 1 200 Euro. Im Gegensatz zu Flugbegleitern etwa bei Eurowings, die laut Gewerkschaftsschätzung inklusive aller Zulagen um die 2 000 Euro im Monat verdienen, kam er nur über die Runden, indem er durch Bordverkäufe sein Gehalt aufbesserte.

Generell gilt: Wer Flugbegleiter bei Ryanair ist, muss sich nicht nur mit den Sicherheitsregeln an Bord gut auskennen, sondern auch Verkaufstalent haben. Denn das Unternehmen verlangt von seinem Bordpersonal strikte Mindestumsätze: Wie aus einem Brief hervorgeht, den Ryanair seinen Mitarbeitern am Standort London-Stansted im März 2017 geschickt hat, sollen diese den Passagieren an Bord möglichst viele Sandwiches, Getränke, Parfum und Ähnliches verkaufen. Wer nicht liefert, bekommt Ärger. »Bitte denken Sie daran, dass jeder von Ihnen jeden Tag Folgendes verkaufen muss«, hieß es in dem Schreiben: ein Parfum, ein frisches Essen, ein weiterer frischer Artikel, und Rubbellose, »acht Stück pro Crew-Mitglied«. Die Verkaufszahlen, heißt es weiter, würden »streng überwacht«, Mitarbeiter, die diese nicht erreichten, müssten sich erklären. Und wer auf Dauer nicht liefere, müsse mit »weiteren Maßnahmen« rechnen. Unterschrieben war der Brief von der Leiterin des Standorts Stansted.

Enrico Ursi erzählte uns, dass sein unklarer Status, das Leben mit wenig Geld in Deutschland, aber angestellt in Irland, seiner Familie und ihm immer wieder handfeste Probleme verursacht habe. »Es hat zum Beispiel Monate gebraucht und viele Nerven gekostet, bis wir für unsere Kinder Kindergeld bekommen haben.« Das war aber längst nicht das einzige Problem. Da er und seine

Kollegen offiziell in Irland arbeiteten, galt für sie, zumindest nach Ryanairs Sichtweise, irisches Arbeitsrecht. So konnten die Angestellten ohne Angabe von Gründen jederzeit gekündigt werden. Dazu mussten sie sich bereit erklären, jederzeit in unbezahlten Zwangsurlaub geschickt zu werden. In Paragraf 23 von Ursis Arbeitsvertrag hieß es auf Englisch: »Um Zweifel zu vermeiden: Sie sind während der zwangsmäßigen unbezahlten Abwesenheit zu keinerlei Zahlung durch die Firma berechtigt.«

Genau wie bei den Piloten müssen auch die Ryanair-Flugbegleiter dem Unternehmen gegenüber offenlegen, unter welchen Krankheiten sie denn genau leiden. Enrico Ursi passierte genau dies, er musste während unserer Recherche zu einem solchen »Sick Meeting« nach Dublin. Für ihn war die Reise eine Strapaze: Seine Frau, ebenfalls Flugbegleiterin beim Billigflieger, musste einen teuren Babysitter organisieren, weil Enrico fast zwei Tage unterwegs war. Von seinem Standort Baden-Baden aus musste er jeweils über Italien fliegen.

Ein weiteres Detail, das bei den Beschäftigten Druck erzeugt: Um bei Ryanair Flugbegleiter werden zu können, muss man erst einmal 3000 Euro investieren. So viel Geld kostet der verpflichtende Workshop. Bei Ursi etwa fand er in einer ehemaligen Kaserne am Flughafen Frankfurt-Hahn statt. Innerhalb weniger Wochen wird man zum Flugbegleiter geschult. All das führt dazu, dass diese Jobs bei Ryanair nicht die beliebtesten sind. Fast das gesamte Kabinenpersonal, heißt es bei der Gewerkschaft UFO, stamme aus Süd- oder Südosteuropa. Viele Ungelernte aus diesen Ländern hoffen durch die Investition auf ein besseres Leben. 2000 von den 3000 Euro an Ausbildungskosten können sie beim Personaldienstleister Crewlink als Kredit aufnehmen. Dieses Geld müssen sie dann, wie aus Ursis Gehaltsabrechnungen hervorgeht, von ihrem Jahresgehalt abstottern. Das wiederum bindet die Flugbegleiter erst einmal an ihre Jobs. Spätestens nach der Investition in die Ausbildung also haben die Flugbegleiter keine andere Wahl, als sich mit den fragwürdigen Beschäftigungsbedingungen erst einmal abzufinden.

Nach der Veröffentlichung unserer Berichte kündigte das Unternehmen Ursi seinen Arbeitsvertrag, mit der Begründung, dass er sich durch die Gespräche mit uns illoyal dem Unternehmen gegenüber verhalten habe. Er sagte, es sei für ihn in Ordnung, er hatte schon damit gerechnet. Auf lange Sicht bei Ryanair weiterzuarbeiten, sagte er, hätte für ihn und seine Familie ohnehin nicht funktioniert.

Solche Arbeitsverträge – irisches Arbeitsrecht, das für Angestellte in Deutschland gilt – sind nicht nur moralisch höchst fragwürdig. Sie sind sogar rechtlich sehr problematisch. Das bestätigt mir der bekannte Arbeitsrechtler Peter Schüren, Professor an der Universität Münster. »Die Rechtslage ist eindeutig«, sagt er. »Wer dauerhaft in Deutschland arbeitet, für den kann kein ausländisches Arbeitsrecht im Arbeitsvertrag vereinbart werden, das den zwingenden Arbeitnehmerschutz nach deutschem Recht unterläuft. Das ist europäisches Recht.« Er sagt auch: Im Streitfall wären die deutschen Arbeitsgerichte zuständig, denn dies habe der Europäische Gerichtshof (EuGH) 2017 zu solchen Ryanair-Arbeitsverträgen in Belgien entschieden.

Der eigentliche Skandal aber ist der: Obwohl die deutschen Behörden und sogar die Bundesregierung von diesen Anstellungsverhältnissen wissen, geht bisher keine Behörde dagegen vor. Dabei ist das noch nicht alles.

Persilschein von der Bundesregierung

Von den rund 1 000 Ryanair-Flugbegleitern in Deutschland sind laut UFO-Schätzung etwa 700 noch nicht einmal beim Unternehmen selbst angestellt, sondern von zwei irischen Leiharbeitsfirmen ausgeliehen. Auch Enrico Ursi arbeitete, bevor er die Stelle bei Ryanair direkt ergatterte, bei einer dieser Firmen: »Crewlink Ireland Ltd.«. Das ist noch billiger, als die Flugbegleiter direkt anzustellen, denn auf diese Weise spart sich Ryanair Sozialversicherungsbeiträge und Bonuszahlungen, die fest angestellte Mitarbeiter erhalten.

Enrico Ursi erzählte uns, dass er zu Crewlink-Zeiten tatsächlich noch schlechter verdiente als bei Ryanair.

Weil nun aber die beiden Leiharbeitsfirmen die Flugbegleiter ebenfalls nicht zu deutschen, sondern zu den für die Beschäftigten deutlich ungünstigeren irischen Konditionen anstellten, besaßen diese Firmen bis vor kurzem überhaupt keine offizielle Erlaubnis, in Deutschland Leiharbeiter vermitteln zu dürfen. Das bedeutet also im Klartext: Ryanair mietete sich das Personal illegal. Die Ausleihe der Flugbegleiter war ein klarer Verstoß gegen das Arbeitnehmerüberlassungsgesetz.

Spannend ist, dass Ryanair es in Italien in den vergangenen Jahren genauso machte: Auch dort lieh die Airline sich von den Leiharbeitsdienstleistern die Flugbegleiter aus, obwohl diese die erforderliche Zulassung nicht besaßen. Der entscheidende Unterschied: Im Frühjahr 2019 verhängte die italienische Arbeitsaufsichtsbehörde eine saftige Nachzahlung für vorenthaltene Sozialbeiträge: 9,2 Millionen Euro.

In Deutschland dagegen passiert: nichts. Dabei hätte auch hier die zuständige Finanzkontrolle Schwarzarbeit beim Zoll eigentlich gegen Ryanair ermitteln müssen. Das tat sie aber nicht. Sie blieb mutwillig untätig.

Stattdessen griffen die deutschen Behörden Ryanair sogar unter die Arme. Sie sorgten dafür, dass das umstrittene Beschäftigungsmodell für die Flugbegleiter heute auf legalen Füßen steht. Irgendwann zwischen Herbst 2018 und Frühjahr 2019 trafen sich Vertreter der Düsseldorfer Agentur für Arbeit – sie ist dafür zuständig, irische Firmen für den deutschen Arbeitsmarkt zuzulassen – mit Rechtsanwälten der Firma Crewlink. Bei diesem Treffen war noch jemand anwesend: ein Vertreter des Bundesarbeitsministeriums. Vor und nach dem Termin telefonierte man zudem sechs Mal miteinander. Bei dem Treffen im Oktober ging es laut offizieller Auskunft des Bundesarbeitsministeriums um die »Erteilung einer Erlaubnis zur Arbeitnehmerüberlassung« für Crewlink. Kurzum: die Genehmigung, hierzulande als Leiharbeitsfirma tätig zu sein. Dass die Gespräche fruchteten, lässt sich auf einer öffentlichen

Liste der Bundesagentur für Arbeit nachlesen. Dort stehen alle Firmen, die in Deutschland Arbeitskräfte ausleihen dürfen. Noch im Oktober 2018 stand Crewlink nicht drauf, im Frühjahr 2019 plötzlich schon.

Dass Ryanair plötzlich Schützenhilfe von der deutschen Administration erhielt, ist überraschend. Denn noch im Herbst 2018 hatte Bundesarbeitsminister Hubertus Heil streikende Ryanair-Flugbegleiter am Flughafen Schönefeld besucht, um sie moralisch zu unterstützen. Wenig später sagte er im Bundestag: »Wer Ausbeutung missbraucht, wie das bei Ryanair der Fall ist, muss unseren entschiedenen Widerstand erfahren.«

Warum also wurde die illegale Beschäftigung nicht geahndet, sondern das umstrittene Arbeitsmodell sogar legalisiert? Das Bundesarbeitsministerium teilt dazu ausweichend mit, die nun erteilte Erlaubnis gelte »nur für die Zukunft« und sage nichts über mögliche Rechtsverstöße in der Vergangenheit aus. Eine ausländische Leiharbeitsfirma müsse man auf deren Antrag hin generell zulassen, wenn sie glaubhaft mache, dass sie »voraussichtlich deutsches Recht einhalten« werde.

Auch, wenn es bei den Verantwortlichen in Ministerium und Behörden wohl niemand so sagen würde: Es wirkt, als habe die größte europäische Billigfluglinie hier ihre Wirkmacht gegenüber den Behörden ausgespielt. Zieht man Schlüsse aus dem bisherigen Verhandlungsverhalten Ryanairs, erscheint es nicht als unwahrscheinlich, dass die Vertreter signalisiert haben könnten: Ohne die günstige Leiharbeit lohnt sich das Geschäft für uns in Deutschland nicht mehr – dann schließen wir eben unsere Standorte. Vermutlich entfaltete das bei den Behörden und den Verantwortlichen im Arbeitsministerium Drohkraft – schließlich musste erst kürzlich eine andere Billigairline, Air Berlin, die Flügel strecken.

Wenn sich aber die Aufsichtsbehörden und die Politik derart von großen Unternehmen einschüchtern lassen, und gerade solchen den Weg ebnen, die auf so fragwürdige Weise ihre Mitarbeiter beschäftigen – dann ist es doch kein Wunder, wenn die Wertschätzung für Arbeitskraft sinkt. Wer, wenn nicht die Bundesagentur für Arbeit und das Bundesarbeitsministerium sollte sonst ein Exempel setzen und zeigen, dass man in Deutschland nicht auf diese Weise mit Arbeitnehmern umgehen darf?

Zur Wahrheit gehört natürlich, dass auch anderswo in der Flugbranche die Arbeitsbedingungen teilweise mies sind. Die europäische Fluggewerkschaft ECA hat kürzlich hochgerechnet, dass bereits jeder zehnte Pilot in Europa zu solch prekären Bedingungen arbeitet wie Marco Witterling. Auf eigene Rechnung, eigenes Risiko.

Und was die Flugbegleiter angeht, läuft es zum Beispiel auch bei Konkurrent Eurowings derzeit alles andere als optimal. Die deutsche Billigflugtochter der Lufthansa hat sich für ihre Langstreckenflüge den Dienstleister SunExpress engagiert, eine Tochterfirma eines gleichnamigen türkischen Unternehmens. Nach außen hin haben die Flüge also Lufthansa-Anschein und werden zu Lufthansa-Preisen verkauft. Das auf den Flügen eingesetzte Personal aber ist beim günstigeren Subunternehmer angestellt. Eine Zwei-Klassen-Gesellschaft innerhalb eines Konzerns. Für Lufthansa hat das Konstrukt – durch die eingesparten Personalkosten – diesen Vorteil: Weil sich auf diese Weise alle Marktsegmente, vom Premium- bis zum Niedrigpreis, abdecken lassen, kann der Konzern darauf hoffen, Konkurrenten wie den Ferienflieger Condor zu verdrängen.

Ryanair mag das sichtbarste Beispiel dafür sein, dass der Beruf des Flugbegleiters längst nicht mehr der begehrenswerte Mittelschichtjob ist, der er einmal war. Doch der Rest der Branche schließt auf.

Der Flugverkehr steht auch exemplarisch dafür, warum unsere Gesellschaft solche großen Zukunftsängste plagen. Viele von uns sind in einer Zeit aufgewachsen, in der Fliegen die Ausnahme war. Man leistete es sich höchstens ab und an, um in den Urlaub zu fliegen. Inlandsflüge waren unerschwinglich und den Chefs in den Vorstandsetagen großer Firmen vorbehalten. Dann plötzlich, ich war 19 oder 20 Jahre alt, passierte etwas, das wir Jugendlichen damals wahnsinnig aufregend fanden: Es gab plötzlich Flüge zu Billigpreisen, 20 Mark manchmal nur! Zuerst war da nur Ryanair, dann gab es Easyjet, irgendwann Germanwings, und überall in Europa schossen innerhalb kürzester Zeit Billigairlines wie Pilze aus dem Boden. Weil man die Flugpreise plötzlich als Kunde im Internet miteinander vergleichen und die Flüge innerhalb von Minuten selbst buchen konnte, drückten sich die Anbieter gegenseitig im Preis. Die Tatsache, dass das Fliegen so billig geworden ist, hat unser Leben innerhalb der letzten Generation bereichert, hat es beschleunigt, es weltoffener gemacht. Aber natürlich hat diese Entwicklung Nachteile. Das Vielfliegen schadet der Umwelt und dem Wert der Arbeit. Zwar ist mit den Billigairlines eine neue Branche gewachsen, die es vorher nicht gab. Die Arbeitsplätze, die dort entstanden sind, zählen allerdings eher zur Unter- denn zur Mittelschicht.

Ein kleiner Lichtblick immerhin ist, dass das Bewusstsein für diese Zusammenhänge offenbar steigt. Laut einer im März 2019 veröffentlichten Umfrage des Meinungsforschungsinstituts Forsa halten 55 Prozent der Deutschen das Fliegen mittlerweile für zu billig.

Aber warum machen wir das Fliegen dann nicht einfach teurer? Warum reagieren die verantwortlichen Politiker in unserem Land nicht auf Missstände wie die bei den Ryanair-Piloten und -Flugbegleitern, in denen sie Sanktionen verhängen? Warum helfen sie ihnen sogar noch?

Politische Vorschläge gibt es durchaus, es unfairen Arbeitgebern wie Ryanair schwerer zu machen. Und sie erscheinen logisch und gar nicht so schwer umsetzbar. Der Spitzenpolitiker der Linken Klaus Ernst zum Beispiel machte schon 2017 einen gangbaren Vorschlag: die Start- und Landeerlaubnisse für Flugzeuge einfach an die Bedingung knüpfen, dass deren Fluggesellschaften sich an soziale Beschäftigungsstandards halten.

Lehrer, ein Beruf für Arme

Um zu verstehen, warum der deutsche Arbeitsmarkt diese Richtung eingeschlagen hat, mal abgesehen von den offensichtlichen äußeren Faktoren wie Globalisierung und Digitalisierung – muss man vielleicht einen etwas tieferen Blick in die Volksseele werfen. Dabei fängt man am besten mit der Werbeagentur Jung von Matt an. Im Jahr 2002 entwarf sie für ihren Kunden Saturn, die Elektronikkette, den furchtbaren Slogan »Geiz ist geil«. Wie dauerhaft sich der Slogan halten würde, ahnten die Macher vermutlich nicht – und wohl auch nicht, dass er fortan dafür würde herhalten müssen, jegliche Ausprägung moralisch bedenklicher Sparwut in der Bevölkerung anzuprangern. Spricht jemand von der »Geiz ist geil«-Mentalität der Deutschen, weiß sofort jeder, was damit gemeint ist. Dass nämlich die biblische Todsünde Geiz – die übersteigerte, krankhafte Form der Sparsamkeit – immer Verlierer produziert.

Natürlich haben die Macher der Kampagne diese Mentalität nicht erfunden, sondern lediglich eine Stimmung aufgegriffen, die damals schon in der Luft lag: Wer mehr zahlt als den absolut niedrigsten möglichen Preis, ist dumm. Und dass man getrost die Augen vor den Folgen verschließen könne.

In der Privatwirtschaft sind die Folgen offensichtlich. Wir haben gesehen, wie der Geiz der Konsumenten auf Branchen wie den Einzelhandel und die Luftfahrt wirkt. Aber: Der Geiz, den wir heute sehen, geht viel weiter. Er spielt auch in unserem Steuersystem und unseren Sozialsystemen eine immer größere Rolle. Niemand möchte mehr Steuern bezahlen als unbedingt nötig, und auch die Sozialabgaben sollen bitte möglichst niedrig sein. Das ist der Konsens zwischen Unternehmen, die wenig an den Staat abgeben wollen, um global wettbewerbsfähig zu sein, Privatleuten, die möglichst viel Netto vom Brutto übrig behalten wollen und dem Staat, der sich immer schlanker aufstellen will, um seine Steuerzahler nicht unnötig zu belasten. Bis zu einem gewissen Grad ist das vernünftig, niemand will einen Verwaltungsapparat finanzieren, in dem Beamte untätig herumsitzen. Effizienz ist sinnvoll, und regelmäßige Überprüfungen von Behörden sind es ebenso.

Der Wille zum schlanken, effizienten und günstigen Staat aber hat an vielen Stellen in unserem Verwaltungs- und Erziehungssystem zu einer Situation geführt, in der es heute vielen unserer Staatsdiener deutlich schlechter geht, als wir es uns eigentlich leisten könnten. Ich zeige das zunächst an einem Beispiel, das uns alle betrifft, weil es um die Zukunft unseres Landes geht: Lehrer.

Ein Mann, der mir für dieses Buch seine Geschichte erzählt hat, die für viele steht, ist Michael Golla. Er arbeitet an einer Realschule in Augsburg, unterrichtet dort Sport und Wirtschaft. Eigentlich sollte er gar nicht mehr dort sein, ginge es nach der Landesregierung. Seine Anstellung wäre regulär im September 2018 ausgelaufen. Doch Golla klagte gegen den Staat Bayern, und gewann – wegen eines Formfehlers der Landesregierung. Er ist jetzt erst einmal sicher und noch immer an der Schule tätig. Der Grund, warum Golla klagte: Er hatte es satt, immer wieder nur auf Zeit angestellt zu sein.

Golla hatte seit sieben Jahren immer wieder nur befristete Verträge. Mal zehn Monate, mal ein Jahr, mal sechs Monate. Warum gerade er betroffen ist, während andere, gleichaltrige Kollegen den Sprung in die Verbeamtung geschafft hätten, können weder er noch befreundete Kollegen sich erklären. Er sei ein super Lehrer, sagt einer von ihnen. Und eine Kollegin ergänzt: Golla mache doch denselben Job wie sie selbst – warum stehe gerade bei ihm am Monatsende deutlich weniger Geld auf dem Lohnzettel?[30]

Eine Zwei-Klassen-Gesellschaft in einem Kollegium, an ein und derselben Schule. Solche Konstellationen gibt es immer häufiger. Allein in Bayern waren laut Gewerkschaft Erziehung und Wissenschaft 2018 rund 3000 Lehrerverträge befristet, 1000 mehr als 2012. Die Befristungen, sagt Golla, wirkten auf die Psyche. »Es ist wirklich unglaublich schlecht. Man weiß nicht: Wo ist man nächstes Jahr? Hat man überhaupt noch einen Job? Da gehen Beziehungen dran kaputt. Bei mir war es definitiv so.« Denn wenn man nicht wisse, wo man im nächsten Jahr arbeite – vielleicht in einer anderen Stadt? – wie solle man sich dann eine gemeinsame Zukunft mit einer Partnerin aufbauen? Gollas Anwalt Florian Gottlieb sagt, er beobachte unter seinen Klienten – meist Menschen mit befristeten Arbeitsverträgen – häufig, dass die Psyche Schaden nehme: Angststörungen, Depressionen, Burn-out. Und meistens, sagt Gottlieb, seien die Betroffenen Lehrer oder andere Angestellte im öffentlichen Dienst.

Befristete Lehrerverträge sind keine Ausnahmeerscheinung. Fast jeder sechste Lehrer bundesweit arbeitet in einem solchen Anstellungsverhältnis.[31] Die Zahl erscheint so frappierend, weil doch Lehrer einmal der Mittelschichtberuf schlechthin war. In meiner Jugend hatte ich mehrere Schulfreunde, deren Mutter oder Vater Lehrerin oder Lehrer war – und das waren meistens die Familien, die stabiler schienen als fast alle anderen. Die teils, so zumindest meine Erinnerung, nicht nur in geräumigen Wohnungen lebten, sondern zusätzlich sogar noch eine Finca auf Mallorca besaßen.

Wie kann es also sein, dass sich der Sozialstatus so vieler Lehrer – zumindest, was ihre Planungssicherheit angeht – derart verschlechtert hat?

Die lapidare Erklärung ist: Es liegt daran, dass das deutsche Recht dieses Abrutschen erlaubt. Zunächst mal ist schon lange nicht mehr jeder Lehrer verbeamtet. In Nordrhein-Westfalen zum Beispiel haben von 200 000 Lehrern rund 40 000 nur einen Anstellungsvertrag. Finanziell sind sie deutlich schlechter gestellt als ihre verbeamteten Kollegen.

Angestellte Lehrer aber sind oft auch befristet angestellte Lehrer. In Deutschland regelt das sogenannte Teilzeit- und Befristungsgesetz – zunächst unabhängig von der Branche und unabhängig davon, ob es um Mitarbeiter des Staats oder der Privatwirtschaft geht – wann und warum Arbeitgeber ihre Verträge befristen dürfen. Es gibt eine ganze Reihe von Gründen, die dies rechtfertigen: als Elternzeitvertretung, für Projektarbeit oder als Einstieg für frisch Ausgebildete.

Besonders fragwürdig ist nun aber dies: Die öffentliche Hand gönnt sich selbst noch einen vierten Rechtfertigungsgrund: Befristungen aufgrund von Haushaltsgeldern. Die aber sind bekanntlich immer knapp. Es ist also äußerst einfach für eine Landesregierung, die Bundesregierung oder eine Kommune, Mitarbeitern nur Zeitverträge zu geben. Mit klammer Finanzlage kann man eigentlich immer argumentieren.

Eine haarsträubende Folge ist die: Der Freistaat Bayern, aber auch die Landesregierungen von Baden-Württemberg, Rheinland-Pfalz, Niedersachsen und Hamburg, nutzen seit ein paar Jahren eine noch perfidere Variante der Befristung: Sie lassen die Verträge der betroffenen Lehrer pünktlich zu den Sommerferien auslaufen und stellen erst zum Beginn des neuen Schuljahres im Herbst neu ein.[32] Allein in Baden-Württemberg waren 2018 rund 3 300 Lehrkräfte betroffen. Die Landesregierung sparte dadurch 12,5 Millionen Euro an Gehältern ein. Für die betroffenen Lehrer bedeutet dies, dass für sie die Sommerferien mit dem Gang zur Arbeitsagentur beginnen.

Das Verrückte ist: Die Rechnung geht gar nicht wirklich auf, zumindest nicht gesamtwirtschaftlich betrachtet. Zwar spart die Landesregierung Geld, weil sie für die sechs Wochen Sommerferien die Lehrer von ihrer Payroll gestrichen hat. Die Lehrer aber, die sich arbeitslos melden, bekommen in dieser Zeit natürlich Arbeitslosengeld 1. Und das bezahlt – Sie ahnen es – die Allgemeinheit. Diese Sommerferienkündigungen funktionieren somit im Grunde genommen wie die Aufstockerleistungen, die Niedrigverdiener im Einzelhandel bekommen: Aus Kurzsichtperspektive erscheint es, als würden durch sie Einsparungen erzielt, die den Menschen im Land zugutekommen. In Wahrheit aber, betrachtet man das große Bild, werden dadurch nur Kosten verschoben. Die Einzigen, denen diese Kündigungen nutzen, sind die Kultusminister der Länder, die auf diesem Wege darauf verweisen können, wie sie den Personaletat ihrer Schulen schön günstig halten.

Neben den Anstellungsverhältnissen vieler Lehrer haben sich auch deren Arbeitsbedingungen im Durchschnitt verschlechtert.

Vielerorts sind die Haushaltsmittel so knapp, dass Arbeitsmaterialien fehlen. Das frustriert viele Lehrer ungemein. Eine im September 2018 veröffentlichte Studie des Verbands Bildung und Erziehung NRW ergab, dass »dauernde Belastungsphasen kombiniert mit ständigem Frust über die unzureichende Ausstattung« die Lehrer krank machen.[33] Außerdem müssen Lehrer die Megaaufgabe Inklusion bewältigen, gleichzeitig geflüchtete Schüler integrieren – und bei alledem noch den gestiegenen Anforderungen von Eltern gerecht werden. Kein Wunder, wenn das vielen keinen Spaß mehr macht. Wenn der Beruf auch noch schlechter abgesichert ist als früher – und dadurch auch im Ansehen abrutscht –, ist das für den Bildungsstandort Deutschland ein ernstzunehmendes Problem.

Das größte Problem ist aber, dass es in Deutschland gar nicht mehr genügend Lehrer gibt – was natürlich auch wiederum die Arbeitsbelastung für all jene, die an den Schulen arbeiten, weiter steigen lässt. Der Deutsche Lehrerverband schätzt, dass fast 40 000 Pädagogen bundesweit fehlen, die meisten an Grund- und Förderschulen. Derzeit werden die Löcher mit Lehrern gestopft, die eigentlich schon in Pension sind, sowie mit Quereinsteigern – Leuten also, die den Beruf überhaupt nicht gelernt haben. Es lässt sich annehmen, dass dieser Trend dem Bildungsstandort Deutschland nicht gerade guttut. Und der Lehrermangel verschärft die sozialen Ungleichheiten im Land, denn die meisten Lehrer fehlen in Brennpunktvierteln. Gerade dort, wo es gute Pädagogen bräuchte, gibt es keine.

Es klingt deshalb umso bizarrer, dass Lehrer überhaupt befristet eingestellt werden. Die Bundesländer müssten doch froh und dankbar sein über jede Fachkraft, die sie bekommen können, und ihr attraktive Konditionen bieten. Bei den Lehrerverbänden hofft man darauf, dass das geringe Angebot am Markt für Lehrer Druck auf die Bundesländer entfalten wird. Aber ist das wirklich zu erwarten? Solange die Landeshaushalte nicht genügend Geld zur Verfügung stellen, um für alle Lehrer angemessene Arbeitsverträge zu finanzieren, kann der Lehrermangel nicht behoben werden.

In der Landespolitik heißt es standardmäßig: Man müsse einen Teil der Lehrerverträge befristen, weil sich ja von einem Jahrgang zum nächsten die Schülerzahlen veränderten. Somit schwanke auch der Bedarf an Pädagogen. Also müsse man einen Teil von ihnen schnell und unbürokratisch wieder loswerden können, wenn gerade ein Jahrgang mit niedrigen Schülerzahlen an der Reihe ist.

Das klingt erst einmal logisch – aber wenn man darüber nachdenkt, ist es kein valides Argument. Denn es gäbe durchaus eine Alternative: Jedes Bundesland könnte sich einen Pool an Vertretungskräften aufbauen, die je nach Bedarf von einem Schuljahr zum nächsten an anderen Schulen im Landkreis oder in ihrer jeweiligen Stadt eingesetzt würden. Dann stünde dem nichts im Wege, diese Lehrer trotzdem unbefristet zu beschäftigen oder sogar zu verbeamten.

Billige Beamte

Dass der Staat seine Beschäftigten nicht mehr so gut versorgt wie noch in unserer Elterngeneration, gilt längst nicht mehr nur für die Lehrer. Es betrifft den gesamten öffentlichen Dienst. Früher galt einmal, dass man dort zwar nicht so viel verdienen konnte wie in der freien Wirtschaft, dafür aber hatte man einen sicheren Job bis zur Rente.

Noch in den Siebziger- und Achtzigerjahren gab es mächtige Vertreter der Beschäftigten im öffentlichen Dienst, und die Politik nahm sie ernst. Der Gewerkschafter Heinz Kluncker zum Beispiel, der bekannteste und der mächtigste Vorsitzende der Gewerkschaft ÖTV, öffentliche Dienste, Transport und Verkehr. Kluncker war fast zwei Meter groß und 135 Kilo schwer. Wenn er damals in zähen, stundenlangen Tarifverhandlungen saß, dann wurde es ihm manchmal zu viel. Dann stemmte er seinen schweren Körper vom Stuhl hoch und ließ seinen Bass so laut dröhnen, dass man ihn – darauf zumindest schwören Gewerkschafter, die es noch persönlich erlebt haben, Stein und Bein – durch die Mauern hindurch draußen vor der Tür hören konnte. Sein damaliger Verhandlungsgegner Hans-Dietrich Genscher erzählte einmal, er habe Kluncker manchmal vor Gesprächsrunden gefragt: »Werden Sie heute wieder röhren?«

Kluncker, den viele einfach »der Dicke« nannten, führte den größten und wichtigsten Streik der bundesdeutschen Geschichte an. 1974 war das. Damals war Willy Brandt Bundeskanzler, Ölpreisschock und Wachstumsknick markierten das Ende des Wirtschaftswunders. Die Staatskassen waren strapaziert – und trotzdem forderte Kluncker für die Leute im öffentlichen Dienst Lohnerhöhungen in zweistelliger Höhe. Die Gemüter der Republik waren erhitzt.[34] Innerhalb von nur drei Tagen mobilisierte der mächtige Arbeiterführer mit seiner Gewerkschaft damals 200000 Staatsangestellte und legte die Republik lahm. Der Müll blieb liegen, das öffentliche Leben stand still. Erboste Bürger schütteten ihre liegen gebliebenen Müllsäcke in Klunckers Stuttgarter Reihenhausvorgarten aus. Doch am Ende siegte er: Er errang die enorme Lohnsteigerung von elf Prozent, dazu die 40-Stunden-Woche und das 13. Monatsgehalt.

Der dicke Heinz Kluncker schaffte also das, wovon heutige Gewerkschaftsvertreter der Beschäftigten im öffentlichen Dienst nur träumen können: Er und seine Leute setzten faire Arbeitsbedingungen trotz einer schwierigen Wirtschaftslage durch.

Heute sieht die Realität der Beschäftigten im öffentlichen Dienst deutlich anders aus. Das Mantra vom »schlanken Staat« hat den alten Grundsatz, im öffentlichen Dienst sei man auf lange Sicht abgesichert, ein großes Stück weit aufgelöst. Auch der Staat als Arbeitgeber befristet seine Angestellten immer häufiger. Sogar Bundesministerien – jene also, die den untergeordneten Behörden und natürlich auch der Privatwirtschaft – mit dem besten Beispiel vorausgehen müssten, sind vorne mit dabei. Allen voran das Landwirtschaftsministerium: Dort waren zuletzt 28,5 Prozent aller Arbeitsverträge befristet. Auf den Negativplätzen zwei und drei folgen das Familien- und das Wirtschaftsministerium.

Die Befristungen werden von den Verantwortlichen häufig damit begründet, dass die jeweiligen Mitarbeiter lediglich für spezielle

Projekte angestellt und somit anschließend nicht mehr gebraucht würden. Auch hier zeigt sich, dass die Gesetzeslage unzureichend ist. Sie lässt den Personalverantwortlichen im öffentlichen Dienst weitgehend freie Hand. Ämter, Behörden und Ministerien bedienen sich immer mehr, immer kreativerer Spielarten dessen, was als »Projekt« gilt und somit befristet wird. Und es gibt noch viel mehr gesetzliche Möglichkeiten, um Behörden Einstellungen auf Zeit zu ermöglichen: Befristungen sind aus Vertretungsgründen erlaubt – Schwangerschaft, Elternzeit und so weiter – und sogar »sachgrundlos«, also ohne einen für die Betroffenen nachvollziehbaren Anlass. Die Rechtslage erlaubt diese Form der Befristung sogar drei Mal in Folge, jeweils für einen Zeitraum von zwei Jahren. Sechs Jahre also für einen Mitarbeiter, eine lange Zeit.

Einer anderen Variante der befristeten Anstellung von Hochqualifizierten bedienen sich übrigens seit einiger Zeit die Hochschulen. Dort hangeln sich Wissenschaftler, oft promovierte Forscher, teils über Jahre hinweg von einem zum nächsten Zeitvertrag. Immerhin geht das seit dem Jahr 2016 nicht mehr unbegrenzt. Seither ist, relativ schwammig, gesetzlich vorgeschrieben, dass solche Zeitverträge nur so lange laufen dürfen, wie sie für die »angestrebte Qualifizierung« der Betroffenen notwendig sind. Zum Beispiel also: so lange, wie sie an ihrer Doktorarbeit forschen. Bei der Grünen-Bundestagsfraktion und der zuständigen Gewerkschaft GEW formulierte man gleich nach dem Erlass des neuen Gesetzes die Befürchtung, es sei so wachsweich gehalten, dass findige Personaler jede Menge Schlupflöcher finden könnten.[35] Das neue Gesetz lässt den Geschäftsleitungen tatsächlich sehr viel Spielraum: Noch nach Abschluss einer Doktorarbeit dürfen Akademiker bis zu sechs Jahre befristet beschäftigt werden.

Was heißt das für die jungen Akademiker, wie wirkt es sich auf ihre Leben aus? Im Jahr 2018 konnte man das auf dem Kurznachrichtendienst Twitter nachlesen. Unter #unbezahlt schrieben wissenschaftliche Mitarbeitern von Hochschulen, warum ihre Leben – trotz neuer Gesetzeslage – vielfach prekär ablaufen. Zum Beispiel: dass viele von ihnen ständig unbezahlte Arbeit leisten würden. Eine der wissenschaftlichen Mitarbeiterinnen schilderte, dass sie extrem viele unbezahlte Überstunden schieben müsse. Sie habe sich deshalb hilfesuchend an ihren Professor gewandt, ob sie vielleicht künftig nur noch die vertraglich vereinbarten – und bezahlten – Wochenstunden ihrer Halbtagsstelle arbeiten dürfe? Daraufhin habe dieser geantwortet, mit dieser Einstellung verletze sie den »wissenschaftlichen Imperativ«. Ein anderer wissenschaftlicher Mitarbeiter beschrieb, dass er 40 bis 60 Wochenstunden arbeite, obwohl er nur für 20 Prozent einer Vollzeitstelle bezahlt werde.

Rechtlich ist das absolut in Ordnung. Doch solche gesetzlichen Rahmenbedingungen sind sicher nicht das, was Angestellte als Arbeitsschutz von einem guten Staat erwarten.

Es gibt immerhin Kräfte in der Bundespolitik, die diese Schieflage erkannt haben. Die Regierungskoalition aus Union und SPD hat für diese Legislaturperiode angekündigt, die Befristungspraxis zu begrenzen. Und zwar nicht nur für die Ministerien selbst, sondern auch für den Rest des öffentlichen Dienstes – und auch für die Privatwirtschaft. Geplant ist demnach, dass nur noch 2,5 Prozent einer Belegschaft »sachgrundlos« befristet beschäftigt werden dürfen, und das nur noch für 18 anstatt wie bisher 24 Monate. Bei ein- und demselben Arbeitgeber soll eine Befristung zudem nur maximal fünf Jahre möglich sein. Allerdings geht die Bundesregierung bisher viel zu zaghaft gegen die Befristungen vor. Die Linke-Bundestagsfraktion hat ausgerechnet, dass nur jeder dritte Betroffene von den geplanten gesetzlichen Neuregelungen profitieren wird.

Wenn aber gerade der Staat, der doch für seine Angestellten eine besondere Fürsorgepflicht hat, diese Pflicht so wenig ernst nimmt, sondern weiterhin in großem Umfang auf Befristungen setzt, dann ist das kein kluges Sparen – sondern ein Schaden, den unsere Gesellschaft sich selbst zufügt.

Damit vergibt der öffentliche Dienst sein wichtigstes Argument im Wettbewerb mit der Privatwirtschaft um die motiviertesten und klügsten Köpfe: die Sicherheit des Arbeitsplatzes. Das ist kurzfristig gedacht – und es schadet der Demokratie, wenn ein Staat sich selbst als Arbeitgeber unattraktiver macht. Weil dann die Besten und Leistungsfähigsten am Arbeitsmarkt sich lieber andere Orte suchen, um ihre Ideen und ihre Energie einzusetzen.

Es ist also keine Überraschung, dass es mittlerweile vielerorts viel zu wenige Beamte gibt. Teilweise halten Behörden ihre eigenen Stellenpläne nicht ein. Zum Teil finden sich aber auch zu wenige Interessenten, die sich mit den immer schlechteren Anstellungsbedingungen abfinden wollen. In einigen Behörden arbeiten mittlerweile so wenige Sachbearbeiter, dass Anträge monatelang unbearbeitet liegen bleiben und deshalb Aufgaben nicht erledigt werden, die für den Ablauf unseres öffentlichen Lebens essenziell wären.

Ein besonders krasses Beispiel ist dies: Anfang 2019 recherchierte ich gemeinsam mit zwei Kolleginnen in unserer Redaktion zum Pflegenotstand. Also zur Frage, wie unser Land es schaffen kann, in einer alternden Gesellschaft, in der immer mehr Menschen immer länger leben, aber gleichzeitig immer weniger Menschen sie gegen Geld pflegen wollen, die Versorgung der Pflegebedürftigen zu schaffen. Die Idee, wie man dieser ungeheuren Herausforderung für Deutschland begegnen soll, besteht zum Teil darin, dass Pflegefachkräfte aus dem Ausland angeworben und in deutschen Pflegeheimen und Krankenhäusern eingesetzt werden. Eigentlich eine gute und logische Lösung: Wenn es hierzulande doch viele Alte und Pflegebedürftige gibt und anderswo Pfleger ohne Job – warum bringt man sie nicht einfach zusammen?

Unsere Recherchen ergaben, dass der Pflegerimport an einer entscheidenden Stelle hakt: an den deutschen Behörden, die diesen Import begleiten, den Anerkennungsstellen für Gesundheitsberufe bei den Bundesländern und den Ausländerbehörden.[36] Dort, erzählten uns viele aus der Pflegebranche, blieben die Anträge für Visa und auf Anerkennung oft monatelang liegen. Einfach nur, weil es nicht genügend Behördenmitarbeiter gibt. Auf Fragen, wie das sein könne, antwortete uns Bundesarbeitsminister Hubertus Heil: Die Bundesregierung habe das Problem erkannt und arbeite, um es zu beheben, gerade am neuen Fachkräfteeinwanderungsgesetz.

Behörden dürften sich künftig maximal noch vier Monate für die Bearbeitung des Antrags einer zuwanderungswilligen Fachkraft Zeit lassen. So ambitioniert und sinnvoll das klingt: Mehrere Landesbehörden, darunter das Berliner Landesamt für Gesundheit und Soziales, signalisierten bereits: Diese Vorgabe würden sie angesichts ihrer knapp geschnittenen Personaldecke auf keinen Fall einhalten können.

Das soll heißen: Das schönste Gesetz nützt gar nichts, wenn der Staat sich die Beamten nicht leisten mag, die es umsetzen sollen.

Stopp, Polizei!

Neben dem Befristungsdrama, mit dem sich der Staat ins eigene Fleisch schneidet und seine Staatsdiener, Lehrer und Behördenmitarbeiter demotiviert, gibt es noch eine andere, mindestens ebenso gefährliche Entwicklung:

Ganze Berufsfelder, die für unsere Demokratie essenziell sind, werden prekarisiert. Das plakativste Beispiel sind die Polizisten, also jene, die für den Erhalt von Recht und Gesetz sorgen, den Staat und seine Bürger schützen sollen.

Im Februar 2019 stand in der *BILD*-Zeitung diese Schlagzeile: »Polizisten, die ihre Städte beschützen, können sich nicht mehr leisten, dort zu leben.« Es ging um das hessische Wiesbaden. Dort berichtete ein Polizeihauptkommissar[37], es gebe viele Kollegen bei der Landespolizei, die sich das Leben in der teuren Großstadt nicht leisten könnten und deshalb so lange Anfahrtswege zum Dienst hätten, dass ihnen kaum noch Freizeit bliebe. Dasselbe erzählte die Polizistin Dajana Burmann im März 2019 bei *hart aber fair*: Ihr Wecker klingele morgens um vier, weil sie jeden Morgen mit dem Zug von Castrop-Rauxel im Ruhrgebiet an ihren Dienstort Düsseldorf pendeln müsse. Die Folge, sagte sie: »Es fehlt die Identifizierung mit der Stadt, in der man arbeitet.«

Die Gehälter im öffentlichen Dienst der Polizei können mit den hohen Mieten oft nicht mehr mithalten. Und das nicht nur in Wiesbaden und Düsseldorf. Ähnliche Presseberichte gab es in den vergangenen Jahren immer wieder mal aus unterschiedlichen Städten. Und 2017 hatte bereits die Gewerkschaft der Polizei mit Warnrufen in mehreren Zeitungen auf dieses Problem hingewiesen.

Es gibt etwa 220000 Polizisten in Deutschland. Wie hoch ihre Besoldung ist, hängt vom Bundesland ab. Im »mittleren Dienst«, also nach einer Ausbildung, erhalten sie nach dem Berufseinstieg die höchste Besoldung in Hamburg (28457 Euro im Jahr) und die niedrigste in Berlin (24928 Euro). Eine schmale Entlohnung dafür, wie viel Stress und welchen Gefahren sie in ihrem Beruf ausgesetzt sind. Und wenig Geld signalisiert natürlich auch wenig Anerkennung.

Dass die Gehälter von Polizisten und anderen Beamten im öffentlichen Dienst deutlich langsamer steigen als die Lebenshaltungskosten, ist aber nur einer von mehreren Missständen bei der Polizei. Um Personalkosten zu sparen, soll mancherorts die Sicherheit mittlerweile von günstigeren Mitarbeitern des öffentlichen Dienstes sichergestellt werden, nicht mehr von Polizisten. In Sachsen zum Beispiel. Dort arbeiten seit einigen Jahren »Sicherheitswächter«: Ehrenamtler, die – hoch offiziell – die Polizei bei ihrer Arbeit unterstützen sollen.[38] Die Polizei sucht sie per Ausschreibung. Mindestvoraussetzungen für die Bildung der Angeworbenen gibt es nicht. Und welche politische Gesinnung die Mitglieder dieser Bürgerwehr im Einzelnen haben, ist nicht immer klar. Zwar gilt offiziell, dass diese Ehrenamtler »für die freiheitlich demokratische Grundordnung einstehen« müssen. Wie genau dies geprüft wird, ist fraglich.

Polizisten, die zu wenig verdienen, um sich ihre Miete leisten zu können und eine günstige Bürgerwehr, die einen Teil der Aufgaben der Polizei übernimmt? Es muss einem Angst und Bange werden angesichts solcher Entwicklungen. Es muss doch jedem Politiker und jedem Steuerzahler klar sein, dass man sicher nicht den besten Schutz für die Menschen im Land schafft, wenn man diesen Schutz vor allem nach dem Kriterium des niedrigsten Preises organisiert.

Als Folge dieses Preisdiktats im öffentlichen Dienst sind stellenweise heute deutlich zu wenige Polizisten da, um die Sicherheit der Bürger hundertprozentig zu gewährleisten. Die knappe Personaldecke ist daher auch seit Jahren Dauerthema in Polizeibehörden. Im baden-württembergischen Heilbronn zum Beispiel schlugen Polizeibeamte 2017 Alarm.[39] Der Streifendienst in der Innenstadt arbeite an der Belastungsgrenze, schrieben die Betroffenen in einem offenen Brief: Demos, Großveranstaltungen, Feste und dazu immer aufwendigere Vernehmungen, bei denen Dolmetscher übersetzen müssten, führten dazu, dass der Berg an Arbeit kaum noch zu bewältigen sei. Heilbronn ist nur ein Beispiel von vielen, die Lokalzeitungen sind voll von vergleichbaren Berichten.

Die großen Volksparteien haben die personelle Unterbesetzung der Polizeibehörden viel zu lange als Problem unterschätzt. Das hat dazu geführt, dass die AfD das Thema besetzt hat: Ein ausgedünnter Polizeiapparat ist schließlich ein Zündstoff, mit dem sich wunderbar Ängste schüren lassen, und damit hat die populistische Partei bei einer Reihe von Wahlen in den vergangenen Jahren punkten können. Einige Bundesländer steuern immerhin dagegen. Nordrhein-Westfalen zum Beispiel macht das anderen Bundesländern vor: Dort wirbt man um neue Anwärter mit besserer Bezahlung als in den konkurrierenden Bundesländern – und es scheint zu funktionieren. 2018 verzeichnete Nordrhein-Westfalen daher einen Bewerberrekord, und unter den Bewerbern waren viele junge Leute aus angrenzenden Ländern. Natürlich, es klingt nach einer Binsenweisheit, dass mehr Schulabgänger sich für einen Beruf entscheiden, wenn der Arbeitgeber oder Dienstherr mehr bezahlt.

Aber tatsächlich erscheint es mir und allen anderen Experten als der einzige gangbare Weg: Die Bundesländer müssen einander gegenseitig Konkurrenz machen. Denn nur durch einen solchen Wettbewerb um Mitarbeiter könnten die Besoldungen auch im bundesweiten Durchschnitt steigen.

Und das ist dringend geboten. Ich jedenfalls will unbedingt, dass es auch in ein paar Jahren genügend Polizisten gibt, die meine

Familie, meine Freunde und mich schützen und für eine friedliche öffentliche Ordnung sorgen – und diese Polizisten sollen die besten sein, die der Staat für diese Aufgabe bekommen kann. Ich würde mir das etwas kosten lassen, und ich bin sicher, diese Meinung teilen viele.

Überlastete Justiz

Doch nicht nur jene, die Bürger beschützen und Recht durchsetzen sollen, sind chronisch überlastet und unterbezahlt. Auch im Justizapparat werden die Arbeitsbedingungen offenbar seit Jahren immer problematischer.[40] Bundesweit, schätzt der Deutsche Richterbund, arbeiten effektiv rund 2000 Staatsanwälte und Richter weniger, als es die Personalpläne der Bundesländer vorsehen. Mit anderen Worten: Zwar haben die Bundesländer sich vor Jahren ausrechnen lassen, wie groß ihr Bedarf wäre – doch anschließend haben sie sich an die eigene Bedarfsberechnung nicht gehalten, sondern haben im Durchschnitt nur neun von zehn Staatsanwälten eingestellt.

Diese chronische Unterbesetzung aber bedeutet für das Land zweierlei: Zum einen werden Verfahren häufiger, als Recht ist, ergebnislos eingestellt. Oder sie verjähren, weil die Justiz sie nicht innerhalb der gesetzlich vorgegebenen Zeiten bearbeiten kann. Angeklagte müssen wegen überlanger Untersuchungsdauer aus der U-Haft freigelassen werden. Und das, obwohl sie untertauchen könnten und ihnen dann nicht mehr der Prozess gemacht werden kann. Der Deutsche Richterbund schätzt, dass dies einmal pro Woche irgendwo im Land passiert. All das gründet auf der Überlastung der Justiz – die wiederum direkt aus unverhältnismäßiger Sparwut oder extremem Sparzwang im öffentlichen Dienst resultiert.

Zum anderen fühlen sich Staatsanwälte teilweise so heillos überlastet, dass sie ihren Job nicht mehr gut machen können. Kein Wunder, dass viele mit Burn-out aus dem Beruf ausscheiden. Es gibt sogar Fälle, in denen sie sich das Leben nehmen. Von einem solchen Fall berichtete mir 2017 ein Staatsanwalt – ohne freilich, dass ich seinen Namen oder Wohnort in der Zeitung nennen durfte: Er rede, weil sich endlich etwas tun müsse.[41] Er erzählte, wie sich ein junger Kollege von ihm ein paar Jahre zuvor das Leben genommen habe, kurz nachdem er frustriert den Dienst quittiert habe. Im Jahr 2017 sorgte übrigens ein ähnlicher Fall für mediales Aufsehen: Im bayerischen Augsburg stürzte sich ein Staatsanwalt von einer Brüstung im Justizgebäude und schlug direkt neben einer Schulklasse auf, die gerade das Gebäude besichtigte. Auch er selbst, erzählte mir der Staatsanwalt, sei zunehmend frustriert. Er und seine Kollegen müssten ständig Ermittlungsverfahren ergebnislos einstellen, wenn es um »kleinere Delikte« wie Beleidigungen gehe – und das sorge dafür, dass der Rechtsstaat immer weniger Abschreckungskraft habe. »Für so etwas bin ich vor über 20 Jahren nicht angetreten«, sagte er frustriert.

Auch dieses Beispiel zeigt, wie Kostenfragen und Effizienzdenken längst bei uns dazu geführt haben, dass die Arbeitsbedingungen im öffentlichen Dienst – und gerade auch bei jenen, die bei uns Recht und Gesetz durchsetzen sollen – prekärer und unverbindlicher geworden sind. Wenn aber unser Staat derart nachlässig mit seinen Amtsträgern umgeht, dann schadet er dem sozialen Gefüge des Landes. Und er schadet sogar der Demokratie als Ganzes – denn sie lebt doch in den Institutionen des Rechtsstaats. Wer an diesen Institutionen spart, der spart auch an der Funktionsfähigkeit des Rechtsstaats.

Mit anderen Worten: Je prekärer die Arbeitsbedingungen von Amtsträgern werden, umso mehr leidet die Qualität unserer Demokratie – und das Vertrauen der Bürger in den Rechtsstaat schwindet. Die Politiker auf Bundes- und Landesebene, die dafür verantwortlich sind, müssen sich fragen lassen: Seid ihr euch dessen eigentlich bewusst?

Abgestempelt und abgefahren

Nicht nur die Berufe im öffentlichen Dienst haben an Status verloren: Auch die teilweise oder komplette Privatisierung öffentlicher Unternehmen hat der ehemals mittelständisch geprägten Belegschaft nicht gutgetan. Die Privatisierungswellen der vergangenen Jahrzehnte haben nicht nur dazu beigetragen, Arbeitsplätze abzubauen und Anstellungsbedingungen zu verschlechtern. Sie haben auch das Urvertrauen vieler Bundesbürger in die Sicherheit und Planbarkeit ihrer finanziellen Zukunft zu erschüttert.

Ein Beispiel: Postbeamter. In meiner Kindheit gab es in Köln eine Siedlung in bester Lage, gleich neben dem Stadtwald, in der die »Postler« lebten. Die liebevoll begrünten, halb im Wald stehenden Häuserreihen waren von der Deutschen Post exklusiv für ihre Beamten gebaut worden. Und wer dort einziehen konnte, war ziemlich sicher für den Rest seines Lebens sorgenfrei. Einer von ihnen war der Vater eines Freundes, den ich zusammen mit unserer damaligen Clique häufiger besuchte. Er war Beamter in der Verwaltung, klassischer mittlerer Beamtendienst, und sein Einkommen reichte, um die vierköpfige Familie als Alleinverdiener zu versorgen. In der Siedlung lebten auch einige Postboten.

Seither hat sich sehr viel verändert in der Branche der Brief- und Pakethersteller. Da sind all jene Privatfirmen, die Pakete ausliefern und den Lieferanten der Deutsche Post-Tochter DHL Konkurrenz machen – vor allem Hermes, UPS, DPD und GLS. Und da sind die neuen Arbeitsbedingungen für die Mitarbeiter. Zum einen für die Beamten: Als die Deutsche Bundespost 1995 in die Aktiengesellschaften Deutsche Post AG, Telekom und Postbank umgewandelt wurden, gingen die Beamten auf die drei Aktiengesellschaften über. Allein bei der Deutschen Post AG arbeiten heute noch 30 000 von ihnen. Mitte 2018 allerdings kündigte die Aktiengesellschaft an, sie loswerden zu wollen.[42] Die Geschäftsleitung sorgte dafür, dass eine halbe Milliarde Euro für ein Vorruhestandsprogramm zurückgelegt wurde. Auf diese Weise soll die Post künftig jedes

Jahr 200 Millionen Euro an Personalkosten einsparen. Das klingt toll – für die Aktionäre. Weniger toll ist es für die Beschäftigten. All jene, die heute schon angestellt anstatt verbeamtet bei der Post arbeiten, bekommen weniger Geld. Und sie sind natürlich deutlich leichter kündbar.

Gerade für die Briefträger hat sich zuletzt einiges zum Schlechten verändert. Neu eingestellte Postzusteller bekommen nun generell erst einmal befristete Arbeitsverträge. Und mit ihren Befristungen meint es die Post richtig ernst: Im Mai 2018 wurde bekannt, dass – so stand es in einem Strategiepapier der Geschäftsführung – künftig die Entfristung dieser Verträge von der Anzahl der Krankheitstage abhängig gemacht werden solle. Das heißt: Nur, wer in den zwei Jahren befristeter Anstellung nicht häufiger als zweimal krank gewesen sei und maximal 20 Krankheitstage angehäuft habe, kann demnach noch mit einem anschließenden unbefristeten Vertrag rechnen.[43] Durch die marktwirtschaftliche Brille betrachtet lässt sich diese Strategieentscheidung so rechtfertigen: Kein Unternehmen sollte gezwungen werden, aus purer Nächstenliebe Mitarbeiter dauerhaft durchzuziehen, die ständig krank sind. Aus Sicht der Beschäftigten allerdings muss man doch relativieren: Zwei Krankschreibungen in zwei Jahren sind ein ziemlich streng angesetztes Ziel. Zumal mit Sicherheit nicht alle, die sich häufiger krankmelden mussten, Faulenzer sind.

Im Sozialgefüge unseres Landes hat die Privatisierungswelle im öffentlichen Dienst schmerzhafte Narben hinterlassen. Dass Hunderttausende Arbeitsplätze im öffentlichen Dienst in die Privatwirtschaft gewandert sind – und die besondere staatliche Fürsorgepflicht für all die betroffenen Beschäftigten weggefallen ist – hat dieses Sozialgefüge deutlich verändert. Die Privatisierungen sollten den Wettbewerb unter den Anbietern ankurbeln, sie sollten für Effizienz durch Kostendruck führen. Sie haben aber im Ergebnis dazu geführt, dass der Kostendruck zu großen Teilen auf den Schultern der Mitarbeiter ausgetragen wird. Zum Beispiel, indem diese sich, wie bei der Post, möglichst besser nicht mehr krankmelden.

Auch bei einem anderen ehemaligen Staatsunternehmen weht heute ein ganz anderer Wind: bei der Deutschen Bahn. Anfang 2018 berichteten meine Kollegen von der Deutschen Presse-Agentur[44], die Aktiengesellschaft habe enorme Probleme, qualifizierte Mitarbeiter zu finden: Lokführer, Elektroniker, Ingenieure, Fahrdienstleiter und IT-Experten. Woran liegt das? Vertreter mehrerer Bahngewerkschaften erklärten, dass schlechte Bezahlung und mangelnde Wertschätzung des Konzerns für seine Mitarbeiter dafür verantwortlich zeichne. Zum Beispiel seien die Dienstpläne längst nicht mehr so verlässlich wie früher, die Lokführer müssten ihre Freizeitpläne oft kurzfristig wieder umschmeißen. Und das wiederum liege daran, dass die Personaldecke immer dünner gestrickt sei.

Fahr Bus und Bahn, dann wirst du arm

Das Problem mit der dünnen Personaldecke gibt es mittlerweile fast überall, egal, ob öffentlicher Dienst oder Privatwirtschaft. Überall wird die Arbeit »dichter«, wie Personalabteilungen es euphemistisch ausdrücken. Fast überall muss derselbe Output von weniger Menschen erbracht werden. Die Schlagzahl steigt. Das gilt insbesondere auch für einen weiteren Bereich, den die öffentliche Hand in den vergangenen zwei Jahrzehnten zum großen Teil privatisiert hat: den öffentlichen Personennahverkehr der Kommunen. Bus- und Straßenbahnfahrer sind in aller Regel nicht mehr bei den Städten und Gemeinden selbst angestellt, sondern bei privaten Dienstleistern. Diese schließen mit der jeweiligen Kommune einen Versorgungsvertrag ab und verpflichten sich, Obergrenzen für Verspätungen einzuhalten und dergleichen. Wie sie diese Eingaben organisatorisch einhalten, dafür sind sie häufig aber selbst verantwortlich.

Damit die Firmen den Fahrern keine Dumpinglöhne bezahlen, gibt es Tarifverträge für den Nahverkehr, an die sie sich halten müssen. Die darin vorgesehene Entlohnung ist allerdings nicht gerade großzügig – schließlich sollen die Ticketpreise nicht zu sehr steigen und für die Betreiberfirma soll am Ende noch ein Gewinn übrigbleiben. In Nordrhein-Westfalen etwa verdient ein Busfahrer laut Tarifvertrag in der untersten Lohngruppe gerade mal ein Basisgehalt von monatlich 2 031,34 Euro brutto. Viel zu wenig, um davon leben zu können. In Aachen etwa, recherchierte im Herbst 2018 der WDR[45], seien unter den Busfahrern, die bei der Verkehrsgesellschaft ASEAG angestellt sind, auch eine Reihe von Aufstockern, weil das Einkommen selbst in Vollzeit nicht immer für den Lebensunterhalt ausreiche.

Die niedrigen Verdienste, heißt es beim Betriebsrat, führten auch in diesem Sektor dazu, dass es viel zu wenige Bewerber um freie Stellen gebe – und damit zu viel Arbeit für jene, die schon beim ÖPNV-Betreiber angestellt sind. Die Folge sei die: Viel zu dicht gestrickte Dienstpläne, Fahrer, die ständig unter Stress stünden und ihre Pausenzeiten nicht einhalten könnten. Und dadurch: hohe Krankenstände. Und das nicht nur in Aachen, sondern ebenso in anderen Städten. Während im landesweiten Durchschnitt laut Zahlen der Krankenkasse AOK Rheinland/Hamburg über alle Berufe hinweg 5,3 Prozent aller Berufstätigen krankgeschrieben sind, sind es bei den Mitarbeitern der nordrhein-westfälischen Verkehrsbetriebe laut Abfrage des WDR mehr als zehn Prozent.

Unterbezahlt, überfordert, krank. So traurig es klingt: Auch der Beruf des Bus- und Straßenbahnfahrers scheint einer von denen zu sein, die mal klassische Mittelschicht waren – und heute gerade noch an deren unterem Rand hängen. Und in naher Zukunft gibt es den Beruf vielleicht überhaupt nicht mehr. Das autonome Fahren könnte ihn schon bald obsolet machen. Schon jetzt gibt es in verschiedenen Städten Versuche mit selbstfahrenden Bussen und Bahnen. Wenn feste Strecken gefahren werden, erscheint das sinnvoll. Doch bleibt die nüchterne Feststellung: Auch hier fallen in Zukunft Tausende Arbeitsplätze weg – und es steht keinesfalls fest, dass all jene, die vielleicht die Busfahrer von morgen geworden wären, stattdessen nun zu den IT-Spezialisten von morgen ausgebildet werden können.

Gute Pflege – aber bitte günstig

Eines der Megathemen in der Arbeitsmarktpolitik dieses Jahrzehnts ist der Pflegenotstand. In Deutschland leben heute 3,4 Millionen alte Menschen, die sich nicht allein versorgen können, dazu liegen fast 19 Millionen Patienten in den Krankenhäusern. Das Land bräuchte laut einer Auskunft der Bundesregierung von 2018 mindestens 35 000 zusätzliche Fach- und Hilfspfleger, um sie alle zu versorgen. Weil die Menschen in Deutschland aber in rasantem Tempo immer älter werden, könnte die Lücke in 15 Jahren zehnmal so groß sein – wenn sich die Politik jetzt nicht etwas wirklich Gutes einfallen lässt. Wie sich dieses Loch stopfen ließe, darüber zerbrechen sich mittlerweile ganze Abteilungen in drei Bundesministerien die Köpfe: im Arbeits-, im Gesundheits- und im Familienministerium. Dort arbeitet man unter Hochdruck daran, mehr junge Leute in den Pflegeberuf zu locken. Und, weil man weiß, dass diese Bemühungen nicht reichen werden, arbeitet man zusätzlich daran, Pfleger aus anderen Ländern anzuwerben und auf diese Weise die Lücke aufzufüllen.

Man fragt sich unweigerlich: Wenn doch Pflegekräfte so händeringend gesucht werden – warum werden sie dann nicht besser bezahlt, und warum arbeiten sie zu teils derart hanebüchenen Bedingungen?

Fangen wir bei jenen an, die direkt bei der öffentlichen Hand angestellt sind: den Krankenpflegekräften in Unikliniken und kommunalen Krankenhäusern. In Köln, Düsseldorf, Essen, Bonn und Aachen streikten Anfang 2019 die Pfleger der Unikliniken für mehr Lohn. In Köln etwa mussten einen Tag lang drei Viertel aller geplanten Operationen ausfallen, weil die Pfleger und auch andere Angestellte der Kliniken sich nicht länger mit den Arbeitsbedingungen und Löhnen abspeisen lassen wollen, die sie dort bekommen. Ein Beispiel dafür, wie prekär an Unikliniken zum Teil gearbeitet wird, brachte das ZDF-Magazin *Zoom* in einer Doku über zeitlich begrenzte Anstellungen im öffentlichen Dienst. Es ging dort um den Fall von Michaela Busch, ausgebildete Fachpflegerin, die am Uniklinikum Erlangen nur befristet angestellt wurde. »Es fühlte sich an wie ein Schlag in die Magengrube, als ich diesen befristeten Vertrag bekam«, sagte Busch. Nur dank einer Elternbürgschaft, erzählte sie dem Fernsehteam, habe sie überhaupt einen Mietvertrag für ihre Wohnung bekommen.

Das Recherchezentrum Correctiv hat im Jahr 2018 herauszufinden versucht, wie häufig öffentliche Krankenhäuser ihre Pflegerinnen und Pfleger nur befristet anstellen. Ohne Erfolg. Die Abfrage der Kollegen ergab, dass die zuständigen öffentlichen Stellen darüber selbst gar keinen Überblick besitzen. Angesichts des Pflegenotstands klingt eine solche Befristungspolitik jedenfalls geradezu skurril.

Doch nicht nur im öffentlichen Dienst arbeiten Alten- und Krankenpfleger teilweise zu fragwürdigen Bedingungen, die ihrer gesellschaftlichen Bedeutung alles andere als gerecht werden. Auch bei privaten, kirchlichen oder freigemeinnützigen Arbeitgebern sieht es nicht unbedingt besser aus. Um sicherzustellen, dass gerade Altenpfleger überhaupt mehr als den Mindestlohn verdienen, führte die Bundesregierung 2010 einen sogenannten Pflegemindestlohn ein – der allerdings derzeit bei gerade mal 11,05 Euro im Westen und 10,55 Euro im Osten liegt und damit nur einen Hauch höher als der allgemeine Mindestlohn von 9,19 Euro pro Stunde. Zwar gibt es einen Tariflohn für die Pflege, er liegt derzeit bei rund 18 Euro. Doch ähnlich wie im Einzelhandel zahlen auch in der Pflegebranche nur wenige Arbeitgeber nach diesem Tarif.

Ich habe die Betreiber des Internet-Vergleichsportals gehalt.de gebeten, mir für dieses Buch zusammenzustellen, was ein Altenpfleger in Deutschland im Durchschnitt verdient. Das Ergebnis: Der Medianwert, also das häufigste Einkommen, liegt bei 29 929 Euro brutto im Jahr. Also 2 494 Euro monatlich für eine Vollzeitstelle. Das ist immerhin mehr als im Einzelhandel – dort verdient laut derselben Auswertung eine Fachkraft aktuell 2 300 Euro brutto pro Monat – aber gemessen an dem, was die Pfleger leisten, ist es nicht gerade viel.

Besonders wenig lässt sich in der ambulanten Altenpflege verdienen.[46] Dort erhält eine Pflegerin oder ein Pfleger im Schnitt knapp 2000 Euro brutto – und hat damit am Monatsende gut 900 Euro weniger auf dem Konto als eine Berufskollegin, die in einem Altenheim arbeitet. Wohlgemerkt: Die Rede ist von examinierten Fachkräften, die eine dreijährige Ausbildung hinter sich haben und oft viele Jahre an Erfahrung. Die vielen Pflegehilfskräfte und Angelernten auf diesem Sektor verdienen deutlich weniger. Dabei ist ambulante Pflege in vielen Fällen ein Knochenjob: Die Pflegerinnen sind den ganzen Tag auf Achse, unterwegs von einem Patienten zum nächsten. Thrombosestrümpfe anziehen hier, Waschen und Ankleiden beim nächsten, Blutdruckmessen beim übernächsten Patienten – und zwischendrin immer wieder Treppen hoch, Treppen runter, ins Auto und durch den Berufsverkehr, zwischendrin alle paar Minuten der bange Blick auf die Uhr: Bin ich gut in der Zeit? Habe ich alles dokumentiert? Die Tatsache, dass in der ambulanten Pflege noch weniger verdient wird als in den Heimen, führt dazu, dass viele abwandern. Davor warnt zumindest der Verband der ambulanten Pflegedienstbetreiber bpa. Wenn es so weitergehe, drohe ein heftiger Versorgungsnotstand. Schon 2016, rechnete damals das Institut für angewandte Pflegeforschung aus, fehlten allein in der ambulanten Pflege 37200 Kräfte. Bpa-Geschäftsführer Bernd Tews sagte Anfang 2019: »Die Situation dürfte sich seither eher deutlich verschlechtert [haben] und die Personallücke größer geworden sein.«

Tatsächlich finden schon heute häufiger Pflegebedürftige oder ihre Angehörigen keinen Pflegedienst mehr, der sie versorgen oder bei der Pflege unterstützen kann – einfach, weil die Fachleute dafür nicht zu bekommen seien. Eine solche Familie, die des zwölfjährigen, schwerbehinderten Adrian Fels, erzählte meinen Kollegen Jörg Göbel vom ZDF-Magazin *Frontal 21*, mit dem ich häufiger gemeinsam recherchiere, ihre Geschichte. Adrian kann nur dank einer Kanüle im Hals und eines Beatmungsgeräts überleben, das rund um die Uhr überprüft werden muss. Jemand muss ständig auf ihn aufpassen. Weil aber der alte Pflegedienst die Versorgung nicht mehr gewährleisten konnte, macht das zurzeit seine Mutter – ohne professionelle Hilfe. Zu diesem Zeitpunkt suchte die Familie seit drei Monaten vergeblich nach einem neuen Pflegedienst. Ein unhaltbarer Zustand.

Das Einkommen einer Pflegekraft ist erstaunlich niedrig dafür, dass die Pfleger so händeringend gesucht werden. In einer Marktwirtschaft, wie ich als Volkswirtschaftlerin weiß, bringt doch normalerweise der Preis – in diesem Fall also der Arbeitslohn – den Markt ins Gleichgewicht. Wenn ein Gut besonders knapp ist, die Nachfrage also »überhängt«, heben in der Theorie die Unternehmen den Arbeitslohn an und alles pendelt sich automatisch wieder ein. Doch in der Pflege funktioniert diese Theorie nicht. Hier ist die Nachfrage nach den Fachkräften von der Entwicklung ihrer Arbeitslöhne weitgehend entkoppelt.

Warum nur werden dann in dieser Branche – und auch in anderen »sozialen« Branchen, Erzieherinnen, Sozialpädagoginnen und so weiter – so niedrige Gehälter gezahlt, dass es in der Konsequenz viel zu wenige Fachkräfte gibt? Und das, obwohl dieser Beruf so wichtig für die Gesellschaft ist?

Die Erklärung liegt im System. Nicht die einzelnen Pflegedienste bestimmen frei darüber, was sie ihren Mitarbeitern bezahlen möchten und damit auch, wie viel Geld die Pflegebedürftigen für diese Leistung bezahlen müssen. Stattdessen regelt – wie immer im Gesundheits- und Pflegewesen – eine Dreieckskonstruktion den Markt: Der Patient nutzt die Dienstleistung des Pflegedienstes, aber bezahlt wird sie von der Kranken- und Pflegekasse. Die Verantwortlichen bei den Kassen aber versuchen natürlich so gut es geht, die Ausgaben für die Dienstleistungen der Pflegedienste zu begrenzen. Sie verhandeln mit ihnen Sätze, die die Gemeinschaft der Versicherten möglichst wenig Geld kosten sollen. An zu hohen Pflege- und Krankenversicherungsabgaben ist schließlich auch die Politik nicht interessiert. Alles, was dem Steuer- und dem Beitragszahler ans Portemonnaie geht, gilt erst einmal als unattraktiv. Sicher, das hat seine Berechtigung. Gerade in einer Arbeitsmarktlage wie unserer – wo der Einzelne ohnehin vielleicht schon trotz guter Ausbildung schlecht verdient und mit den Ausgabensteigerungen am Wohnungsmarkt und anderswo kaum Schritt halten kann – darf die Abgabenlast nicht zu stark steigen. Das ist klar.

Eine Zwickmühle. Denn gleichzeitig klagen die Betreiber ambulanter Pflegedienste: Wie bloß sollen sie ihre Leute besser bezahlen, wenn sie doch selbst viel zu wenig Geld von den Kranken- und Pflegekassen für ihre Leistungen bekämen?

Die Bundespolitik versuchte sich zuletzt zumindest an einem Notstopfen. Anfang 2019 trat ein Gesetz in Kraft, das »Pflegepersonal-Stärkungsgesetz«, das den Pflegenotstand im Land abmildern sollte. Mit mehr Geld für Krankenhäuser, Pflegeheime, und besonders auch für ambulante Pflegedienste. Deren finanzielle Situation sollte sich verbessern, indem ab sofort nicht nur der Einsatz beim Patienten, sondern auch die Fahrtzeit zwischendrin vergütet werden sollte. Das Problem, sagen zumindest die Verantwortlichen der Pflegedienste: Bisher komme dieses zusätzliche Geld bei den Arbeitgebern nicht an, die Krankenkassen verhandelten ebenso unerbittlich wie zuvor. Und deshalb könnten sie es auch nicht in Form von Gehaltserhöhungen an ihre Angestellten weitergeben.

Und noch etwas bremst die Gehaltsentwicklung in der Pflege aus: Die Pfleger sind vergleichsweise schlecht organisiert, sie streiken zu wenig. Zwar gibt es den Berufsverband der Pflegeberufe, zwar machen sich viele mittlerweile bei Twitter und in anderen Netzwerken Luft, zwar ist die öffentliche Aufmerksamkeit dafür gestiegen, dass wir vor einem riesigen Versorgungsproblem stehen. Doch all das fruchtet bisher viel zu wenig. Ein kleiner Lichtblick: Die tarifgebundenen Unternehmen der Branche haben Anfang Januar die Gehälter um gut drei Prozent erhöht. Arbeitsmarktforscher hoffen nun, dass auch die anderen Arbeitgeber in der Branche nachziehen und ihre Gehälter ebenso hochsetzen – weil sie unter Zugzwang geraten könnten, wenn die Tarifarbeitgeber ihnen durch die höhere Bezahlung Mitarbeiter abspenstig machen.

Immerhin scheint nun die Bundesregierung die Aufwertung des Berufs ernst zu nehmen und verspricht inbrünstig, dass die Gehälter demnächst deutlich weiter steigen werden. Einen Schönheitsfehler haben diese Pläne aber: Momentan sind vergleichsweise viele Bundesbürger sozialversicherungspflichtig beschäftigt und zahlen somit in die Sozialsysteme ein – aus deren Geldtöpfen die Pfleger zu großen Teilen bezahlt werden. Kommen demnächst aber die deutlich geburtenschwächeren Jahrgänge in den Arbeitsmarkt, sieht die Situation schon deutlich anders aus.

Die Herausforderung bleibt bestehen: Wenn wir einen so wichtigen und zugleich typischen Mittelschichtberuf wie den des Pflegers nicht aufgewertet bekommen, weil wir es uns als Land nicht leisten können oder wollen, schaden wir nicht nur dem Wert der Arbeit, sondern steuern auch auf einen handfesten Versorgungsnotstand im Land zu.

Daher muss die Bundesregierung dringend dafür sorgen, dass die Pfleger in den Altenheimen, den Krankenhäusern und den ambulanten Pflegediensten einen großen Gehaltssprung machen. Sie muss die Arbeitgeber davon überzeugen, Tariflöhne zu zahlen. Und gleichzeitig muss sie die Arbeitsbedingungen attraktiver gestalten – zum Beispiel dahin gehend, dass Pfleger nicht mehr nur Patienten waschen dürfen und ihnen Essen anreichen, sondern mehr Kompetenzen bekommen. Sie müssen zu Fallmanagern für die Pflegebedürftigen werden, die auf Augenhöhe mit Ärzten über die Bedürfnisse des einzelnen Patienten sprechen dürfen. Klar ist, dass mit einer solchen inhaltlichen Aufwertung des Berufs auch eine aufwendigere Ausbildung einhergehen muss. Nur auf diesem Wege werden sich künftig genügend gute Schulabgänger finden, die sich für den Pflegeberuf interessieren.

Zusätzlich, weil selbst all diese Anstrengungen vermutlich nicht reichen werden, muss die Politik ihre Bemühungen verstärken, Pfleger aus anderen Ländern holen, sie adäquat für die Pflege in Deutschland weiterbilden – und nicht zuletzt dafür sorgen, dass sie sich hier dauerhaft wohlfühlen.

Arm als Arzt

Ich habe bisher viel über die »typischen« Mittelschichtsberufe geschrieben, die man gemeinhin mit einem auskömmlichen Lebensstil verbindet. Die Lehrer, die Krankenschwestern, die Fachverkäufer oder die Polizisten. Das Abrutschen von Teilen unseres Arbeitsmarkts spielt sich aber noch in anderen Schichten ab, die sich auf den ersten Blick nicht unbedingt aufdrängen. Es geschieht auch in der oberen Mittelschicht. Dort, wo die Mitte schon an der Oberschicht kratzt. Das zeige ich an einem Berufsbild, das ähnlich wie das der Krankenpflegerin an den Geldtöpfen der Sozialsysteme hängt. Dem Beruf des Arztes.

Beginnen wir mit jenen, von denen man ahnt, dass sie unter teils grässlichen Bedingungen arbeiten: den Assistenzärzten im Krankenhaus. Zum Beispiel diese junge Ärztin, die meine Kolleginnen Annelie Naumann und Christina Brause kennenlernten. Sie soll hier Frederike heißen. Es gab diese eine Nacht, im Sommer 2017, da konnte Frederike nicht mehr. In dieser Nacht hatte sie drei Menschen reanimieren müssen. Drei Menschenleben hatten auf dem Spiel gestanden. Während Frederike um ihr Leben kämpfte, war sie schon etliche Stunden im Dienst, völlig übermüdet. Mal wieder. Am Ende brach sie mit einem Weinkrampf zusammen, nichts ging mehr. Die damals 31-jährige ist Assistenzärztin in einem Krankenhaus in einem Berliner Randbezirk.[47] Sie erzählte, sie arbeite ganz einfach deutlich zu viel. Zu den regulären Schichten jeden Tag kämen jedes zweite Wochenende 12- oder sogar 24-Stunden-Dienste. Dass das nicht mehr lange gut gehe, merke sie seit einiger Zeit an ihrem eigenen Körper: häufige Infekte, Erkältungen – es fehlten ihr die Regenerationsphasen. Frederike sagt, sie würde gern weniger arbeiten, aber das sei nicht so einfach.

Zusätzlich zu ihrem Arbeitsvertrag ließ ihre Klinik sie eine Vereinbarung unterzeichnen. Darin steht: Sie wolle freiwillig bis zu 60 Stunden pro Woche arbeiten. Frederike sagt, sie und ihre Assistenzarztkollegen hätten nicht wirklich eine Wahl gehabt, diesen Zusatz zu unterschreiben. Solche Dokumente erfreuen sich in Deutschlands Krankenhäusern offenbar wachsender Beliebtheit. Kliniken nutzen sie, um eine EU-weite Gesetzesregelung zu unterlaufen, die seit 2003 vorsieht, dass Klinikärzte pro Woche höchstens 48 Stunden arbeiten dürfen. Viele Krankenhäuser – nicht nur in Deutschland, sondern auch anderswo in Europa – reagierten, indem sie seither die sogenannten »Opt-Out«-Zusätze zu den Verträgen einsetzen.

Laut EU-Gesetz dürfen Arbeitgeber zwar Ärzte nicht benachteiligen, wenn diese sich entscheiden, diesen Zusatz nicht zu unterschreiben. Aber, wie so oft am Arbeitsmarkt, gilt offenbar auch hier: Das Papier, auf dem dieses Gesetz steht, ist geduldig. Bei der Ärztegewerkschaft Marburger Bund kennt man durchaus Fälle, in denen Klinikärzte unter Druck gerieten, weil sie die Vereinbarung nicht unterschreiben wollten. Auch Frederike erzählt, bei ihr sei es so gewesen. »Die Personalverantwortliche sagte, es sei nicht sicher, ob dann ein Arbeitsverhältnis tatsächlich zustande käme«, sagt sie. Das Drucksystem scheint zu funktionieren. Zwar herrscht in Teilen Deutschlands Ärztemangel – aber vor allem auf dem Land. In den Großstädten, wo viele Nachwuchsärzte einen Job suchen, sieht es anders aus. Und es gibt offenbar genügend Ärzte, die gern die Opt-Out-Klausel unterschreiben, weil sie durch die so entstehenden Überstunden mehr Geld verdienen. Ein Assistenzarzt an einem kommunalen Krankenhaus verdient im ersten Jahr 4400 Euro brutto. Nicht üppig für all die Arbeitsstunden, den Schlafmangel, die große Verantwortung, die mit dem Beruf verbunden ist – und dafür, dass Ärzte länger als fast alle anderen studieren müssen und während dieser Zeit noch nichts verdienen.

Es erscheint nicht fair, dass in einem Beruf, für den man so lange lernen muss und so viel Zeit investiert, bis man Geld verdient, die Arbeitsbedingungen so mies sein können. Natürlich kann man argumentieren: Die jungen Ärzte sind in der Ausbildung, und Lehrjahre sind nun einmal in fast jedem Beruf strapaziös und nicht gerade gut bezahlt. Warum sollte es ausgerechnet den Ärzten anders gehen?

Das Problem liegt aber tiefer. Nicht nur die Assistenzärzte klagen über ihre Arbeitsbedingungen. Auch jene, die mitten im Beruf stehen, berichten zunehmend von dieser Arbeitsverdichtung. Und davon, dass man mit ihrem Beruf längst nicht mehr automatisch wohlhabend werde.

Da ich oft im Gesundheitswesen recherchiere, spreche ich häufiger mit Ärzten über ihre wirtschaftliche Situation, sowohl mit Klinikärzten als auch solchen mit eigener Praxis. In der Regel möchten sie nicht namentlich zitiert werden, aber das, was sie berichten, ist aufschlussreich: Ein 62-jähriger Hausarzt aus Baden-Württemberg etwa rechnete mir vor, seine Praxis erziele pro Jahr einen Bruttoumsatz von rund 200 000 Euro. Davon blieben ihm als Gehalt am Ende 42 000 Euro. Mit diesem Geld müsse er nicht nur den Lebensunterhalt bestreiten, sondern auch für das Alter vorsorgen. Einen Nachfolger, der ihm seinen ländlichen Praxissitz abkaufen würde, suche er seit Jahren vergeblich. Vor ein paar Jahren hatte er einen Herzinfarkt. Nach 19 Tagen war er wieder im Dienst. »Burn-out? Gibt's nicht. Darf es nicht geben bei Einzelkämpfern. Eher fängt man das Saufen an oder schluckt Antidepressiva«, sagt er. Auf den Schultern der Ärzte lasten auch die Investitionen, die sie für ihre Praxen tätigen müssen. Ein Kieferchirurg aus Nordrhein-Westfalen etwa, der gerade in der Praxisgründung steckte, erzählte mir, dass er für die Praxisausstattung einen Kredit über rund eine halbe Million Euro aufnehmen musste. »Allein ein Zahnarztstuhl kostet um die 50 000 Euro.« Auch sein eigenes Gehalt müsse er in den ersten Jahren fremd finanzieren, »bis die Praxis hoffentlich gut läuft«, sagt er. Hinzu kommen bei vielen Ärzten mit eigener Praxis die Kosten für den Praxissitz, den sie ihren Vorgängern abkaufen müssen: bei einer gut gehenden Facharztpraxis sind das bis zu 350 000 Euro. All diese Verbindlichkeiten verpflichten. Und sie sorgen dafür, dass viele Ärzte noch in recht hohem Alter arbeiten. Laut Statistiken der Apo-Bank, die viele solcher Kredite ausgibt, sind 28 Prozent aller Fachärzte, die sich selbstständig machen und dafür verschulden, zu diesem Zeitpunkt schon über 45 Jahre alt. Der durchschnittliche Kredit, den ein Existenzgründer in dieser Altersgruppe aufnimmt, liegt bei 99 000 Euro.

Diese Kredite abzuzahlen, sagen viele niedergelassene Ärzte, werde immer schwieriger. Denn während in fast allen Berufen die Löhne und Gehälter regelmäßig an die Inflation angepasst werden, passiert das bei den niedergelassenen Ärzten schon seit Jahren nicht mehr – zumindest nicht verlässlich. Jedes Jahr verhandeln ihre Vertretungen, die Kassenärztlichen Vereinigungen, mit den Krankenkassen über Honorarerhöhungen für das kommende Jahr. Und jedes Jahr steht am Ende in der Zeitung, dass die Ärzte einen dreistelligen Millionenbetrag zusätzlich erhalten sollen. Aus Sicht der Ärzte sind die Steigerungen aber oft viel zu niedrig. Gerade zum Beispiel im Jahr 2019: Die Einigung über die Honorare sei »im besten Fall« ein Inflationsausgleich, schimpfte etwa der Vorsitzende des Deutschen Hausärzteverbandes, Ulrich Weigeldt.[48] Was er damit meint: Für einen Hausbesuch etwa bekommt ein Hausarzt 22 Euro pauschal. Egal wie lange er dafür braucht oder wie weit er fahren muss. Berufskollegen erklärten, es gebe auch noch ein weiteres Problem: Die Gehälter der Praxisangestellten stiegen deutlich stärker als die Entlohnung der Ärzte. Mit dem Resultat, dass den Praxischefs am Ende immer weniger Geld für den eigenen Lebensunterhalt bleibe.

Wenn auch auf anderem Niveau, ist der Mechanismus bei den Ärzten derselbe wie bei den Pflegern. Die Krankenkassen halten ihre Schatullen so gut es geht geschlossen, um die Beiträge der Versicherten möglichst gering zu halten. Aus Sicht der Versicherten ist das ein dankbares Anliegen. Aus Sicht der Ärzte und ihrer Berufsvertretungen dagegen ist es ein Risiko: Je weniger finanziell attraktiv der Arztberuf ist, umso eher entscheiden sich die klügsten Köpfe für andere Professionen. Vielleicht für Geldanlage oder Immobilienverwaltung.

Vergleicht man den Arztberuf mit vielen anderen, seien es die Pfleger, seien es Polizisten oder auch all die Fachangestellten aus dem Einzelhandel, mag die Kritik an den stagnierenden Honoraren nach Jammern auf hohem Niveau klingen. Und doch sind auch die Einkommen der Ärzte ein weiterer Mosaikstein in einem großen Bild. Je mehr Steinchen, je mehr abrutschende Berufsbilder man in dessen Rahmen einsetzt, umso klarer wird das Bild: Die Arbeitskraft, und nicht nur die einfache, sondern gerade auch die gut ausgebildete, teils hoch qualifizierte, ist heute weniger wert als noch in den Generationen unserer Eltern und Großeltern. Immer mehr Menschen können sich von ihrer persönlichen Lebensleistung immer weniger leisten.

Handwerk hat morschen Boden

Wenn es einen Beruf gibt, von dem man als Laie intuitiv annehmen muss, dass er sich auf lange Sicht lohnt und einen gewissen Lebensstandard absichern kann, ist es der des Handwerkers. In Deutschland wird gebaut und saniert wie selten zuvor, die Auftragsbücher der Handwerker sind rappelvoll. Hauseigentümer können ein Lied davon singen, wie schwierig es ist, für kleinere Projekte überhaupt einen Betrieb zu finden. Viele winken ab mit dem Hinweis, da lohne sich die Anreise gar nicht. Und die Betriebe finden teils schwer Mitarbeiter. Anfang 2019 meldete die Bundesagentur für Arbeit 150 000 offene Stellen im Handwerk.

Das Handwerk ist eine der größten Branchen unseres Landes überhaupt: Es gibt rund eine Million Betriebe mit 5,5 Millionen Mitarbeitern. Und es gilt als wichtiger Indikator für den Zustand der Wirtschaft insgesamt. Dafür, dass sich Handwerk sich heute besonders lohnen müsste, spricht nicht nur die boomende Nachfrage. Sondern auch, dass sich dieser Beruf kaum durch Computer oder Roboter ersetzen lässt. Es bilden sich immer neue Geschäftsfelder innerhalb der Branche, die immer komplexer werden, mehr Spezialisierung und Qualifikation benötigen und somit auch teurer sind: Smart-Home-Lösungen zum Beispiel, also all die drahtlose, computergestützte Vernetzung der Haushaltsgeräte und -anlagen. Oder Sicherheitstechnik und Brandschutz, mit denen Wohn- und Geschäftshäuser heute ausgestattet werden.

Ist das deutsche Handwerk also die Rettung für die Mittelschicht?

Ich habe wieder einen Mann befragt, der sich mit den Gehaltsstrukturen im Land gut auskennt: Philip Bierbach, den Geschäftsführer des Internet-Vergleichsportals gehalt.de. Bierbach sagt erstaunlicherweise dies: So gut, wie man intuitiv meint, geht es den Handwerkern im Land nicht. »Im Handwerk sieht man kurioserweise ein ganz ähnliches Bild wie in der Altenpflege«, sagt er. »Obwohl die Aufgaben immer komplexer werden und die Nachfrage enorm ist, ziehen die Gehälter in dieser Branche nicht mit.« Sie entwickelten sich eher »seitwärts«, sagt Bierbach. Da, wo die Aufgaben komplex sind – wie etwa im Bereich Smart Home – sind die Gehälter zwar höher, sagt Bierbach. Aber gesamt gesehen macht das nur einen kleinen Teil aus. Wie gut oder schlecht die Gehälter sind, unterscheidet sich zudem zwischen den einzelnen Bundesländern erheblich. Ein Maler zum Beispiel verdient im Schnitt – über alle Qualifikationsstufen vom Gesellen bis zum Meister hinweg – in Baden-Württemberg pro Monat brutto 2613 Euro, in Sachsen dagegen gerade mal 1937 Euro. Ein Maurer verdient in Baden-Württemberg 2928 Euro, in Brandenburg 1935 Euro. Das hat eine im Herbst 2018 veröffentlichte Untersuchung eines großen, bundesweit tätigen Unternehmens namens Weissmaler ergeben, über das Fachmagazine der Handwerksbranche berichteten.

In weiten Teilen des Handwerks zeigt sich also dasselbe Phänomen wie in vielen anderen Branchen, sei es bei den Pflegern, sei es bei den Ärzten oder auch im Einzelhandel: Es herrscht ein teils eklatanter Fachkräftemangel. Und doch führt dieser Mangel nicht dazu, dass die Gehälter entsprechend steigen. Dieser Widerspruch zeigt vielleicht deutlich als alles andere, dass mit unserem Arbeitsmarkt etwas ganz Grundlegendes nicht mehr stimmt.

Aber warum ist das so? Woran liegt es zum Beispiel im Handwerk, dass die Gehälter mit der Nachfrage nicht mitziehen, obwohl sich Fliesenlegen, Dachdecken und Elektroleitungen legen nicht von Robotern und auch nicht per Internet erledigen lassen? Und woran liegt es, dass das Gehaltsgefälle zwischen West und Ost so groß ist?

Viel lässt sich mit der Erosion der Tarifbindung erklären.[49] Ein Beispiel: Im KfZ-Handwerk gibt es nur noch in zwei Bundesländern Flächentarifverträge. Im Elektrohandwerk sind es vier, im Heizungsbau sechs Länder. Noch in den Neunzigerjahren hatten fast alle Innungen Flächentarifverträge für alle Bundesländer abgeschlossen. Laut IG Metall ist in Ostdeutschland nur noch jeder zehnte Betrieb ein Tarifbetrieb. Eine fatale Entwicklung, argumentiert man bei der Gewerkschaft. Denn die niedrigen Löhne, die aus der abnehmenden Tarifbindung resultierten, ließen das Risiko der Altersarmut auch in der Handwerksbranche steigen.

Das Hauptargument, warum in vielen Handwerksbranchen keine Tarife mehr gezahlt werden ist dem der Arbeitgeber im Einzelhandel ähnlich. Während diese argumentieren, sie kämen sonst nicht mehr gegen die Konkurrenz aus dem Onlinehandel an, sagen die Arbeitgeber und die Innungen im Handwerk: Sie kämen sonst nicht gegen die Konkurrenz aus dem Ausland an. Durch die EU-weite Freizügigkeit von Arbeitnehmern bekommen die Handwerksbetriebe seit ein paar Jahren zunehmend Konkurrenz aus Polen, Tschechien, Rumänien, Bulgarien und aus anderen Ländern. Vor allem jene Bundesländer trifft das, die nah an den Grenzen liegen. Betriebe aus anderen EU-Ländern dürfen ihre Mitarbeiter laut EU-Recht für Aufträge nach Deutschland entsenden. Wie viel Schmu in diesem Geschäft betrieben wird, darauf gehe ich in einem späteren Kapitel noch ein. Die deutschen Verbraucher profitieren von den Regelungen, weil es den Wettbewerb anheizt und vielerorts dafür sorgt, dass man überhaupt noch Auftragnehmer findet. Doch natürlich schwächt es gleichzeitig die Position der deutschen Handwerksbetriebe und ihrer Angestellten.

Und dann drückt noch ein zweiter Trend die Löhne im Handwerk: die Auftragsvergabe übers Internet. Seit sich Handwerksbetriebe über Plattformen wie myhammer.de vermarkten können – oder müssen –, sind die Preise für die Kunden deutlich einfacher vergleichbar geworden. Die Betriebe stehen also zunehmend unter Preisdruck. Und, so vermutet man bei der Finanzkontrolle Schwarzarbeit beim Zoll: Diese Vergleichbarkeit setze einen gefährlichen Fehlanreiz. Nämlich den, Mitarbeiter häufiger ganz oder zum Teil schwarz zu beschäftigen.

Seit Sommer 2019 gilt deshalb eine neue, überarbeitete Version des Gesetzes gegen illegale Beschäftigung und Schwarzarbeit. Darin steht nun, dass Plattformbetreiber wie myhammer.de der Finanzkontrolle Schwarzarbeit künftig Zugriff auf die Daten der Betriebe gewähren müssen, die dort ihre Arbeitskraft anbieten. So soll verhindert werden, dass zum Beispiel Handwerksbetriebe Billigpreise anbieten, indem sie ihren Beschäftigten keine Mindestlöhne zahlen oder sie schwarz beschäftigen und keine Sozialabgaben für sie zahlen. Das Gesetz ist ein wichtiger Baustein, um den Wandel am Arbeitsmarkt als Marktaufsicht zu begleiten. Bisher durften die Schwarzarbeitskontrolleure nur dann tätig werden, wenn sie einen Arbeiter während der Arbeit antrafen – nicht aber, so lange eine zu billige Arbeit nur angekündigt wurde. Ganz abgesehen davon, dass die Leute vom Zoll aus Datenschutzgründen gar nicht erst ermitteln konnten, wer überhaupt ein Angebot eingestellt hatte. Ob das Gesetz wirkt, lässt sich heute noch nicht absehen.

Fest steht aber: Es wird einige Zeit dauern, bis die Aufsicht beim Zoll genug Fachleute eingestellt haben wird, um wirksam jene Schwarzarbeit bekämpfen zu können, die übers Netz angebahnt wird. Denn die neuen Zuständigen dafür werden jetzt erst nach und nach eingestellt. Die Politik hat die Bedürfnisse des sich wandelnden Arbeitsmarktes an dieser Stelle viel zu lange verschlafen.

Auslaufmodell Bankberater

Das Frühjahr 2019 war eine ereignisreiche Zeit für die deutsche Wirtschaftsordnung. Es gab einen Einschlag nach dem anderen: die Auto- und Industriekonzerne, die Standortschließungen und massiven Stellenabbau ankündigten. Und dann, als besonderen Schlag ins Kontor, diese Nachricht, die kaum jemand außerhalb der Bankenbranche für möglich gehalten hatte: Deutsche Bank und Commerzbank – die beiden Schwergewichte des deutschen Bankensektors – kündigten an, über eine Fusion zu verhandeln. Die Nachricht, die sich wenig später wieder in Luft auflöste, sorgte für Aufsehen, weil diese Markennamen derart mit dem Selbstverständnis der deutschen Wirtschaftsgeschichte verknüpft sind wie wenige andere. Sie barg auch sozialen Sprengstoff: Die Gewerkschaft ver.di warnte, der Abbau von Doppelstrukturen in der Verwaltung und die Filialschließungen, die diese Fusion mit sich bringen werden, würde bis zu 30 000 Arbeitsplätze kosten. Auch nun, ohne die Fusion, müssen beide Banken heftig sparen und Stellen abbauen.

Die Hiobsbotschaften aus den beiden Großbanken waren nur das sichtbarste Symptom einer Entwicklung, die sich seit Jahren nach und nach im Bankensektor vollzieht und die nun eben bei den größten Spielern der Branche angekommen ist: Mit dem deutschen Bankensektor geht es abwärts. Die Finanzhäuser verlieren international zunehmend an Bedeutung und sind immer weniger wettbewerbsfähig. Dafür, dass beispielsweise die Deutsche Bank ins Wanken geraten ist, machen die meisten Beobachter der Branche vor allem Fehlentscheidungen des Managements verantwortlich, die nach der Weltwirtschaftskrise passierten.

Dazu kamen aber offenbar Fehler der deutschen Politik. Zwar regulierte sie die Banken stärker, stattete sie aber gleichzeitig, anders als etwa in den USA, nicht mit frischem Kapital aus, um sie wieder weltweit wettbewerbsfähig zu machen. Der Staat ließ die Banken mit ihren Problemen allein – und das hatte die Folge, dass die weltweit relevanten, starken Akteure im Bankensektor heute ganz woanders sitzen. Die größten Banken kommen aus den USA – und zunehmend aus Asien. Auch kleinere deutsche Banken machten in den vergangenen Jahren Fehler, gingen nicht mit der Zeit, mussten schließen oder wurden übernommen.

In den vergangenen Jahren sind im Bankensektor deshalb mehr Arbeitsplätze verloren gegangen als in vielen anderen Branchen. Noch im Jahr 2003 verschaffte das Kreditgewerbe 750 000 Menschen im Land Jobs, steht in einer Statistik des Bankenverbandes.

15 Jahre später, also 2017, waren es nur noch 585 000. Ein rasanter Abfall. Warum die Zahl der Arbeitsplätze so deutlich zurückgegangen ist und nun noch weiter zurückgeht, liegt aber nicht nur in verschlafenen oder falschen Entscheidungen.

Ein deutlich größerer Beschleuniger des Jobabbaus sind zwei Megatrends auf dem Arbeitsmarkt – dem deutschen ebenso wie dem fast aller anderen Länder – die wir uns im folgenden Kapitel näher ansehen werden, weil sie den Strukturwandel in fast allen Branchen bestimmen. Beide kann lässt sich im Bankgewerbe besser beobachten als in den meisten anderen Branchen:

Automatisierung bedeutet, dass einfache Tätigkeiten von Maschinen, also Computern oder Robotern, günstiger erledigt als von Menschen. Im Bankgewerbe passiert das, indem Geldautomaten die Schalterangestellten ersetzen. Digitalisierung wiederum bedeutet, dass Geschäftsbeziehungen nicht mehr physisch erledigt werden müssen, vor Ort in einer Filiale etwa, sondern dass dies nun am Computer geschieht, per Internet. Auch das kann man im Bankgewerbe wunderbar sehen. Wer einen Kredit braucht, vergleicht die Angebote verschiedener Banken online, und schließt oft ab, ohne während des gesamten Vorgangs jemals mit einem Bankberater gesprochen zu haben.

Beides hat Spuren in den Bilanzen und den Beschäftigungszahlen der deutschen Bankenlandschaft hinterlassen. Wobei der Rückgang der Arbeitsplätze durch die Automatisierung wohl unvermeidbar war – während die klassischen Banken bei der Digitalisierung Trends verschlafen haben. Es traten neue Firmen auf den Markt, Start-ups wie zum Beispiel die Direktbank N26, die sich auf Bankgeschäfte per Smartphone spezialisiert hat. Ein sogenanntes »disruptives« Geschäftsmodell nennt man so etwas – ein Geschäftsmodell, das die bisher etablierten Strukturen, das »das haben wir doch immer so gemacht«, auf die Probe stellt. Die meisten klassischen Banken haben, wie in der Sparkassenwerbung, in der die Altherrenrunde die junge Kollegin mit ihren frischen Ideen mit dem Spruch abkanzelt: »Wir werben doch lieber mit Fähnchen«, die sich wandelnden Bedürfnisse der Generation Internet komplett verschlafen. N26 und andere mutige Firmen haben ihnen das Wasser abgegraben.

Das bedeutet allerdings nicht, dass auch all die Arbeitsplätze, die bei klassischen Banken und Sparkassen wegfallen, jetzt zu diesen Start-ups wandern. Wäre es so, hätten wir kein Standortproblem. Bei den N26s dieser Welt gibt es viel zu wenige Arbeitsplätze, um all die überflüssig gewordenen Bankberater zu versorgen.

Mit demselben Problem, dem verschlafenen Strukturwandel, kämpfen übrigens auch die Versicherer. Viel zu lange haben die etablierten Firmen darauf gehofft und gesetzt, ein Kunde wolle unbedingt einen persönlichen Kontakt, einen Beratungstermin, beim Versicherungsmakler. Dass das nicht stimmt, beweist der Erfolg von Vergleichs- und Vermittlungsportalen wie check24.de oder Verivox. Die Folge von Automatisierung, Digitalisierung und verschlafenen Trends: Von Jahr zu Jahr sinkt die Zahl der Beschäftigten auch in der Versicherungsbranche. Zuletzt arbeiteten noch rund 200 000 Menschen in diesem Sektor.

Wenn Computer der Mittelschicht die Arbeit nehmen

Der Strukturwandel durch Automatisierung vollzieht sich im Moment in fast allen Branchen. Überall dort, wo es möglich ist, dass Maschinen die Aufgaben von Menschen übernehmen, geschieht das auch. Lange Zeit dachten wir, von diesem Wandel seien nur die Jobs jener betroffen, die Güter wie Autos oder Handys produzieren – nicht aber die Dienstleistungen und all die Jobs in der produzierenden Industrie, in denen vor allem mit dem Kopf gearbeitet wird anstatt mit Händen. Wir dachten, wir in der Mittelschicht blieben von der Automatisierung verschont.

Seit ein paar Jahren wissen wir, dass diese Hoffnung falsch war. Wie einfach unsere Kopfarbeit schon heute Computer übernehmen können, zeigt das Beispiel der britischen Nachrichtenagentur Press Association[50]: Seit 2018 lässt sie computergenerierte Lokalnachrichten an die Briten verschicken. Die Rechner lesen Datensätze für jede Region aus und bauen daraus dann einfach gestrickte Nachrichten für die Bewohner, abhängig von deren Postleitzahl.

Auch in vielen anderen typischen Mittelschichtbranchen werden Jobs nach und nach wegautomatisiert. In diese Kerbe schlug sogar der Pop-Philosoph Richard David Precht im Sommer 2018. In seinem Buch *Jäger, Hirten, Kritiker* warnte er vor den Gefahren intelligenter Computerprogramme für die Arbeitsplätze von Millionen von Menschen. Nicht nur die Jobs der Niedriglöhner, sondern auch der Mittelschicht: Banker, Versicherungsangestellte, Justiziare würden durch die digitale Revolution überflüssig.[51] Nun ist Precht kein Forscher, und seine gewagten Thesen sind auch nicht wissenschaftlich untermauert. Er beruft sich auf eine umstrittene Studie der Universität Oxford, laut der bis zum Jahr 2030 etwa in den USA fast die Hälfte aller Jobs der Automatisierung zum Opfer fallen könnten. Die meisten Arbeitsmarktforscher, die ich gefragt habe, halten diese Zahl für stark übertrieben und für nicht auf Deutschland übertragbar.

Und trotzdem gibt es gut informierte Menschen im Land, die eindringlich vor den Folgen dieser computergenerierten Automatisierung gerade für uns in der Mittelschicht warnen. Zum Beispiel Joe Kaeser, der Chef eines der größten Industriekonzerne der Welt, Siemens. Er ließ schon 2016 auf einer Digitalkonferenz in München einen flammenden Appell an seine Zuhörer los, die vor allem Führungskräfte aus der Wirtschaft waren. »Die Digitalisierung«, rief Kaeser seinen Zuhörern auf Englisch zu, »wird die Mittelschicht vernichten. (...) Da nicht jeder ein Software-Ingenieur ist, schrumpft die Mittelschicht. Sie wird dünner. Es findet eine Art Polarisierung statt. Von zehn Menschen in der Mittelschicht steigt einer auf, und neun steigen ab.«[52] Kaesers Anliegen war dies: Konzernchefs und Politiker, sagte er, müssten den Menschen im Land viel ehrlicher und deutlicher als bisher geschehen die Wahrheit über die Automatisierung und Digitalisierung sagen: dass sie vielen keine Vorteile bringen werde, sondern dass sie sogar ihren Job verlieren könnten. »Diese Ehrlichkeit«, appellierte er, »müssen wir in die Gesellschaft hinein vermitteln. Wenn wir das nicht tun, dann spaltet sich die Gesellschaft in Gewinner und Verlierer.«

Kaeser ist nicht nur irgendein Firmenchef, er ist der Lenker des wichtigsten deutschen Industriekonzerns, man kann also davon ausgehen, dass er weiß, wovon er spricht. Und er hat mit ziemlicher Sicherheit recht: Die Digitalisierung ist eine Bedrohung für den Arbeitsmarkt, die Hunderttausende Jobs vernichten wird – der Abbau ist ja längst im Gange. Was aber tun die Joe Kaesers dieser Welt, um dem Wandel zu begegnen? Kommen sie ihrer unternehmerischen Verantwortung für den Wohlstand des Landes nach? Sorgen sie also dafür, dass die vielen Mitarbeiter, die Siemens und andere Konzerne nicht mehr brauchen, weitergebildet werden und anderswo produktiv eingesetzt werden? Nein, das tun sie nicht in ausreichendem Maße. Stattdessen rufen sie nach der Politik. Joe Kaeser ist Anhänger der Idee des bedingungslosen Grundeinkommens. Er sagt, die Gesellschaft müsse dafür sorgen, jene zu versorgen, die durch die Digitalisierung auf der Strecke blieben. Ein eleganter Weg, sich als Konzernchef aus der Verantwortung zu ziehen.

Die Frage ist nicht, ob die Digitalisierung Arbeitsplätze vernichten wird. Sondern, um wie viele Jobs es geht.

Das Institut für Arbeitsmarkt- und Berufsforschung – der Forschungsarm der Bundesagentur für Arbeit – hat 2015 versucht, diese Zahl zu schätzen. Damals berechneten die Forscher, dass etwa 15 Prozent aller Jobs durch intelligente Computerprogramme überflüssig gemacht werden dürften.[53] Das heißt: Etwa 4,4 Millionen Menschen könnten schon jetzt durch Computer ersetzt werden – auch in der Mittelschicht. Bei Bank- und Versicherungsfachleuten etwa sehen die Forscher das »Substituierbarkeitspotenzial« bei fast 40 Prozent, im Einzelhandel bei 34 Prozent und bei Rechnungswesen und Controlling sogar bei fast 70 Prozent. Ein paar Jahre später nahm die OECD den Megatrend Automatisierung unter die Lupe. Nun, im April 2019, stellte sie die Ergebnisse ihrer Untersuchung vor und kam zu dem Ergebnis, Deutschland werde der Vormarsch der Roboter besonders heftig treffen. Demnach könnten durch die

Automatisierung 18 Prozent der hiesigen Jobs durch Maschinen ersetzt werden. Und für weitere 36 Prozent der Arbeitsplätze seien »disruptive Veränderungen« zu erwarten. Das bedeutet, dass nur diejenigen Beschäftigten, die sich an die veränderten Anforderungen anpassen können, ihre Jobs auch weiterhin ausüben werden.[54] Ein Problem sei dies vor allem für Geringqualifizierte, mahnten die OECD-Experten, deshalb müsse die Bundesregierung dringend das Angebot für Weiterbildungsmaßnahmen überarbeiten.

Tatsächlich arbeiten Konzerne schon mit Ansage daran, an diesem Automatisierungswandel mitzuwirken – also einfachere Tätigkeiten auszuradieren. Zum Beispiel SAP. Beim Software-Riesen argumentiert man, dies sei ein natürlicher, unabwendbarer Prozess, vergleichbar mit dem der Industrialisierung Anfang des 19. Jahrhunderts. Dort malt man eine Utopie der »Mensch-Maschine-Symbiose«, durch die die allermeisten Arbeitsplätze in Unternehmen überflüssig werden könnten: Buchhalter zum Beispiel, Einkäufer, Sachbearbeiter. Und SAP verdient nun daran, seine Kunden bei diesem Wandel zu beraten – damit die überflüssigen Menschen schneller ersetzt werden können. SAP argumentierte, nicht die gesamte Mittelschicht sei in Gefahr. Berufe, die »Kreativität, emotionale Intelligenz und soziale Fähigkeiten«[55] erforderten, seien nicht so schnell durch Roboter und Computer abzulösen. Viele Mittelschichtjobs aber sind keine Kreativjobs, sondern wie der klassische Bankberater mit standardisierten Aufgaben und Produkten beschäftigt – und damit sehr wohl ersetzbar.

Noch optimistischer als SAP ist übrigens Bundeskanzlerin Angela Merkel. In einem Interview Ende 2018 sagte sie: »Nicht zu viel Digitalisierung vernichtet unter dem Strich Arbeitsplätze, sondern zu wenig Digitalisierung.« Es sei wichtig für »unseren Wohlstand und die Arbeitsplätze, bei den digitalen Entwicklungen vorne mit dabei zu sein.« Und außerdem sei der Wandel gar nicht so dramatisch, sagte Merkel: »Unsere bisherigen Erfahrungen sagen, dass die Zahl der Arbeitsplätze nicht dramatisch sinken wird.«[56]

Der erste Teil dessen, was die Kanzlerin da sagte, klingt logisch: Natürlich darf sich ein Land nicht gegen technischen Fortschritt stemmen und sinnlosen Konservativismus betreiben. Damit schadet man sich nur selbst, das ist unstrittig. Der zweite Teil ihrer Aussage dagegen ist gefährlich, er verharmlost die enormen Umwälzungen, die durch die Digitalisierung auf unseren Arbeitsmarkt zurollen. Wenn wir nicht wollen, dass in Zukunft Millionen Menschen arbeitslos sind und durch Hartz IV, bedingungsloses Grundeinkommen oder sonstige sozialstaatliche Unterstützung versorgt werden müssen, dann müssen wir die Gefahren der Digitalisierung ernster nehmen als es unter anderen zum Beispiel die Bundeskanzlerin tut, die abwiegelt und glauben machen möchte, es gebe bei dieser Entwicklung nur Gewinner.

Heute ist bereits sichtbar, dass dem nicht so ist. Dies bestätigt auch jener Forscher, der es besser wissen muss als alle anderen im Land: Ulrich Walwei, Leiter des Nürnberger Instituts für Arbeitsmarkt- und Berufsforschung IAB. Walwei ist also gewissermaßen der Herr über die wissenschaftliche Bewertung der Arbeitsmarktstatistik. Wenn einer beurteilen kann, wie angezählt die Mittelschicht ist, dann er.

In den Neunzigerjahren habe alles angefangen: Die Mittelschicht sei verstärkt unter Druck geraten, so Walwei. Und diese Entwicklung habe sich weiter zugespitzt: »Es gibt also heute mehr Menschen, die am unteren Einkommensrand liegen – aber auch mehr Menschen am oberen Rand.« Bis zum Jahr 2010 hat sich diese Ungleichheit auf einem höheren Niveau eingependelt. Dazu weist der Forscher darauf hin, dass es in Deutschland immerhin eine »höhere Dynamik« als in anderen Ländern gebe. »Es ist hier im Vergleich zu anderen Ländern nicht ganz so schwer, aufzusteigen. Aber gleichzeitig ist es eben auch nicht so unwahrscheinlich, abzurutschen.«

Welche Branchen als Erste zu den Verlierern gehören werden, habe ich schon dargestellt. Walwei schätzt das ähnlich ein. Im Sinkflug sieht Walwei die Logistikbranche – Paketdienste und Post, die Fachkräfte im Handel und in der Gastronomie. Das Abnehmen der Tarifbindung und das sogenannte Outsourcing führten dazu, dass Fachkräfte vielerorts nicht mehr so entlohnt würden wie früher.

»Und diese Fachkräfte gerade im Dienstleistungssektor waren früher immer eines der bestimmenden Merkmale der Mittelschicht«, sagt er. Und auch die Arbeitsbedingungen im öffentlichen Dienst machen ihm Sorge. »Der Vorteil, im öffentlichen Dienst zu arbeiten, lag ja immer darin, eine größere Sicherheit zu haben als in der Privatwirtschaft, wo man dafür besser verdient«, sagt Walwei. Diese Sicherheit aber sei in vielen Bereichen erodiert – durch die außergewöhnlich hohe Quote befristeter Arbeitsverträge dort. Und auch dadurch, dass die Übernahmequote nach den Befristungen im öffentlichen Dienst sinke. Zudem habe der öffentliche Dienst bei der Lohnentwicklung in den vergangenen Jahren »schlecht mitgezogen«.

Walwei und sein Institut treibt die Frage enorm um, ob die Digitalisierung dem Arbeitsmarkt und gerade der Mittelschicht einen Schlag versetzen wird. Er ist aber verhalten optimistisch. »Automatisierung und Digitalisierung bergen nicht nur Gefahren, sondern bietet auch Aufstiegschancen«, glaubt er. »Je mehr unangenehme Routineaufgaben Computer übernehmen, umso mehr Raum bleibt schließlich den Fachleuten, die sie bedienen, für kreative, interessantere Arbeit. Bei Ihnen im Journalismus zum Beispiel: Nehmen Sie mal den Sportteil der Lokalzeitung. Da stehen montags spaltenweise die Spielergebnisse der Regionalvereine. Ein möglicherweise davon eher gelangweilter Redakteur musste sie zusammenfassen. Wenn das künftig – was so ähnlich ja schon geschieht – ein intelligentes Computerprogramm tut, bleibt mehr Zeit für Recherche und spannende Geschichten.« Natürlich würden typische Routinejobs auch in der Mittelschicht wegfallen, zum Beispiel im Banken- und Versicherungssektor. All jene Tätigkeiten, die im Prinzip Datenerfassung und -verarbeitung sind, werden schließlich jetzt schon sukzessive automatisiert. Andere Jobs würden intelligente Maschinen dagegen nicht so schnell übernehmen können, zum Beispiel individuelle Geldanlageberatung oder Karriereberatung. Erhalten blieben also beispielsweise all jene Aufgaben, in denen der Mensch Daten veredelt. Und: Es würden ja auch neue Berufsbilder entstehen: solche, bei denen der Mensch mit dem Computer arbeitet, dessen Datenverarbeitungsfähigkeiten nutzt und mit seinen humanen Fähigkeiten darauf aufsattelt.

Ob die Digitalisierung allerdings Fluch oder Segen für Deutschland sein wird, sagt Walwei, komme wesentlich darauf an, »wie wir dem Wandel jetzt begegnen«. Damit meint er, dass wir nun dringend deutlich entschlossen damit beginnen müssten, die künftigen Generationen am Arbeitsmarkt entsprechend zu qualifizieren – damit sie mit Computerprogrammen umgehen können. »Das muss an den Berufsschulen geschehen, an den Unis, aber auch schon an den Schulen.«

Der Arbeitsmarkt wird sich unweigerlich auch in den kommenden Jahren weiter wandeln, diese Entwicklung wird nicht aufzuhalten sein. Das bedeutet, es ist Aufgabe der Politik, diesen Wandel zu gestalten. Bevor wir uns aber näher anschauen, was die Politik ganz konkret tun sollte, damit die angezählte Mittelschicht nicht noch weiter abrutscht, müssen wir über einen andere Entwicklung am Arbeitsmarkt reden. Dieser um sich greifende Trend prägt den Umbruch unserer Gesellschaft derzeit so stark, dass man schon fast von einer tektonischen Plattenverschiebung sprechen kann: dass Arbeitgeber Menschen mieten, anstatt sich fest an sie zu binden. Was ich damit meine, kann am besten ein solcher mietbarer Mensch selbst erzählen.

MENSCHEN MIETEN

Hallo, liebe Leser. In diesem Kapitel schreibt nicht Anette Dowideit. Mein Name ist Stefan Kaupisch. Ich bin freiberuflicher Autor und man kann mich über ein Internetportal für Aufträge wie diesen hier buchen. Die Autorin dieses Buches fand offenbar, es sei eine gute Idee: Sie recherchiere zum Abrutschen der Mittelschicht und in diesem Zusammenhang auch über solche Berufe wie ihren und meinen: Autoren, PR-Agenten, Journalisten, Werbetexter. Es gehe darum, erklärte sie mir, wie auch in unserer Branche immer schlechter bezahlt werde und wir zunehmend schlechter abgesichert seien: weil sich viele von uns heute von einem Auftrag aus dem Internet zum nächsten hangeln, dabei unter Umständen mit Menschen auf der ganzen Welt konkurrieren, uns gegenseitig im Preis unterbieten müssen.

Sie sagte, um diese Problematik eindrucksvoll darzustellen, wolle sie konsequenterweise einen Autor engagieren, der ihr für kleines Geld das Buchkapitel zu diesem Thema schreiben würde. Und damit eben genau einen dieser Aufträge abarbeiten sollte, um die es hier geht. Metaebene, sozusagen.

Sie hat mich über eine Jobanzeige auf einem solchen Portal gefunden, Upwork heißt es. Sie hat mir am Telefon ihre Idee erzählt und mir dafür 300 Euro angeboten. Absichtlich wenig, sagte sie. Ich habe 15 Stunden an diesen Buchseiten geschrieben, die Sie gerade lesen, das macht 20 Euro brutto Stundenlohn. Das mag nicht schlecht klingen, aber bedenken Sie: Davon muss ich

Steuern bezahlen, mich sozialversichern – und dann ist es ja auch nur ein einmaliger Auftrag.

Nun soll ich also erzählen, wie ich dazu gekommen bin, meine Arbeitskraft über solche Internetportale zu verkaufen und wie es sich damit leben lässt. Ich arbeite seit über 15 Jahren als freier Autor und habe das ökonomische System, in dem sich Freelancer bewegen, von den verschiedensten Seiten kennengelernt. Im Gegensatz zu den meisten freien Autoren oder Journalisten, die den Weg in die Redaktionen der Verlage fanden, komme ich nicht aus dem Fach. Ich habe nie Journalismus studiert. Schreiben war für mich nie Berufsziel. Man kann sagen: Ich bin reingerutscht. Es fing an mit einem kleinen Magazin, für das ich als Schüler in Leipzig schrieb. Geld gab es dafür nicht, aber wir konnten machen, was wir wollten. Und es gab immerhin freien Eintritt zu den Konzerten, über die ich schrieb. Später, nach dem Zivildienst, gründete der Bruder eines Freundes ein Start-up. Ein Modeunternehmen. Er engagierte mich als freiberuflichen Autor für den Content-Bereich, das hieß: Begleittexte für die auf der Website beschriebenen Artikel schreiben: Farben, Schnitte, Muster, Größen und saisonale Eigenheiten. 100 bis 150 Wörter pro Text, dafür gab es pauschal 2,30 Euro. Das war nicht viel, aber plötzlich fühlte ich mich wie ein semi-professioneller Autor. Dann zog ich nach Berlin, wo ich Rechtswissenschaften studierte. Ich begann, intensiver auf Freelance-Plattformen und für Content-Agenturen im Internet zu arbeiten.

Es gibt im Grunde zwei Modelle für diese Plattformen für freie Autoren und Journalisten: Auf den einen kreieren wir Autoren unsere eigenen Profile, stellen uns vor und nennen Preise, zu denen man uns buchen kann. Auf den anderen bieten Firmen Aufträge an, um die sich die Autoren in einem Bewerbungssystem bewerben können. Dieses System besteht meist aus einem Deutschtest im Multiple-Choice-Verfahren und aus einer Textprobe. Je nach Abschneiden bekommt der Autor eine Bewertung, wie die Sternekategorien von Hotels. In welche Kategorie man einsortiert wird, ist extrem wichtig. Davon hängt ab, wie viel Cent pro Wort wir verdienen. Ich selbst begann in der Kategorie 4 von 5, das hieß: 2,5 Cent pro Wort. Um auf einen Bruttostundenlohn von 15 Euro zu kommen, musste ich also 600 Wörter pro Stunde schreiben, was etwa einer DIN-A4-Seite entsprach. Sie können sich vielleicht vorstellen, dass ich ziemlich viele Buchstaben pro Tag in die Tastatur hackte.

Und es gab organisatorische Probleme: Viele Textaufträge waren weit kürzer. Es ging um Einleitungen für Texte, manchmal Produktbeschreibungen. Um auf einen ordentlichen Stundenlohn zu kommen, musste ich oft mehrere Aufträge in einer Stunde annehmen, also ständig zwischen den Themen und Textbriefings springen. Wenn ich Glück hatte, bekam ich mehrere Aufträge von einem Kunden, die sich von der Struktur her ähnelten. Dann konnte ich deutlich schneller arbeiten – und kam auf vergleichsweise hohe Stundenlöhne.

Um konstant Geld verdienen zu können, reichte es aber nicht, nur für eine Agentur aktiv zu sein. Andere Autoren konkurrierten mit mir um ausgeschriebene Textaufträge. Je nach Wirtschaftslage boten manche Content-Agenturen wochenlang kaum oder keine neuen Aufträge an. Also streckte ich irgendwann meine Fühler nach deutschsprachigen Content-Agenturen im Ausland aus, die mir zusätzliche Aufträge boten. Das lohnt sich aber eigentlich kaum. Ist ein Auftrag für 50 Dollar ausgeschrieben, muss man rechnen: Davon gehen Vermittlungsgebühren, Umsatzsteuer, Wechsel- und Auszahlungsgebühren ab. Bei heftigen Auftragsflauten schrieb ich also Kunden direkt an und fragte nach offenen Aufträgen. Eigentlich ist das bei vielen Content-Plattformen ein Verstoß gegen die Allgemeinen Geschäftsbedingungen. Es lohnte sich aber manchmal. Weil die Vermittlungsgebühr entfiel, kam ich auf höhere Stundenlöhne. Insgesamt schrieb ich gut fünf Jahre für diverse Content-Agenturen – und wurde zu einer regelrechten »Schreib-Maschine«. Allein für eine Agentur verfasste ich in diesem Zeitraum 1513 Texte. Und ich lernte ständig dazu. Zum Beispiel den Kunden nicht zu viele Projekte zuzusagen. Kaum etwas ist schlimmer, als sich zu übernehmen und dann Deadlines um Tage zu verpassen. Viele Anfänger machen diesen Fehler und werden deshalb von Kunden schlecht bewertet und nicht wieder beauftragt.

Warum habe ich mich eigentlich auf diese Arbeitsweise eingelassen? Ich bin ein Mensch, der sich nie lange mit einem Thema beschäftigen wollte. Also schien es zu meinem Lebensstil zu passen, solche kurz laufenden Aufträge anzunehmen. Und ein wenig spielte sicher auch eine romantische Vorstellung vom »Digital Nomad« eine Rolle: frei und ortsungebunden arbeiten können, so wie die Leute, von denen man immer mal wieder liest, die dank Internet Aufträge aus Deutschland bearbeiten, während sie auf Bali sitzen und Delikatessen aus zu Tellern gefalteten Palmenblättern genießen.

Nun ja. Ich sitze nicht auf Bali, und ich spürte den ökonomischen Druck, der mit meinem unsteten Einkommen verbunden ist, immer stärker. Ich weiß aus vielen Gesprächen, dass es vielen so geht, die so arbeiten wie ich. Für die meisten meiner Autorenfreunde war das Schreiben nichts, dass sie auf Dauer machen konnten oder wollten. Sie wollten eine Familie gründen und brauchten deshalb mehr Sicherheit, als ihnen das Dasein als freier Autor bot. Manche bekamen aber auch Festanstellungen in Agenturen, begannen in kleinen Redaktionen zu arbeiten oder kehrten dem Schreiben ganz den Rücken. Die andauernde Suche nach Aufträgen ging mir nicht nur an die Substanz und den Selbstwert, sondern ließ auch kleine Ersparnisse schnell schrumpfen, lief das Geschäft mal nicht so gut.

Also versuche ich mittlerweile, mir Langzeitprojekte zu suchen, die mindestens drei Monate, besser noch ein halbes Jahr laufen. Kurzzeitprojekte – wie dieses hier – nehme ich nur noch an, wenn sie meinen Lebenslauf aufwerten oder Spaß versprechen. Ich weiß, das ist riskant. Eine Garantie, auf diesem hart umkämpften Markt auf diese Weise bestehen zu können, gibt es nicht. Jedes Mal, wenn ein solches Projekt endet, fällt es mir schwer, mich davon zu verabschieden. Nicht nur fällt ein großer Teil des Einkommens quasi von heute auf morgen weg. Auch von liebgewonnenen Kollegen muss ich mich verabschieden.

Auch für meine Partnerin ist das Ende eines gutbezahlten Projektes nicht immer leicht. Mit jemandem zusammen zu sein, der nur wenige Monate im Voraus planen kann und am Ende des Jahres Angst hat, seine Steuern nicht zahlen zu können, ist nichts für jedermann. Ich habe großes Glück, eine Partnerin zu haben, die die Vorteile meines Freelancer-Daseins schätzt. Zum Beispiel: Ich arbeite von zu Hause und verpasse somit fast nie den Paketboten. Hausarbeiten erledige ich in meinen Pausen, und da ich mir die Fahrzeiten zu einem Arbeitsplatz spare, habe ich genügend freie Zeit, um mich um Einkäufe zu kümmern.

Ich habe einen sparsamen Lebensstil. Ich kaufe mir keine teure Kleidung, Technik oder andere Luxusgüter. Vielleicht hätte ich im Moment sogar die Mittel dafür, aber Geld, das andere für Luxusartikel ausgeben, spare ich lieber. Schließlich weiß ich selten, wie mein Kontostand in sechs Monaten aussehen wird. Langfristig Projekte vorzuplanen, ist in der schnelllebigen Freelancer-Branche nicht in der Form üblich, wie es bei anderen selbstständigen Gewerbezweigen ist.

Ich gehe nicht oft aus, und wenn, dann versuche ich wenig Geld auszugeben. Mit meiner Partnerin wohne ich in einer Zweiraumwohnung nicht weit vom Zentrum Berlins, in der ich ein Arbeitszimmer habe, das ich anteilig von der Steuer absetzen kann. Doch sollten wir Kinder planen und deshalb in eine größere Wohnung umziehen müssen, wird meine Freundin, die wesentlich mehr verdient als ich, wahrscheinlich einen höheren Anteil der Mietkosten tragen müssen. Es kommt darauf an, was die Auftragslage und damit mein Verdienst hergibt.

Durch meine Arbeit bin ich zeitlich relativ flexibel, in den Urlaub fahre ich aber nicht sehr oft. Meist besuche ich Urlaubsorte, an denen ich Menschen kenne, um mir die Hotelkosten zu sparen.

Rücklagen zu schaffen ist in meiner derzeitigen Position kaum möglich. Ein Auto oder gar eine Immobilie zu kaufen scheint mir auf absehbare Zeit unerreichbar, und um so länger man sich von diesem Gedanken entfernt, umso mehr schwinden die Träume von Anschaffungen oder einer Alterssicherheit.

Bei aller Unsicherheit weiß ich den Vorteil der Freiheit zu schätzen. Hätte ich gewollt, ich hätte eine Karriere als Jurist verfolgen können. Vielleicht hätte ich auch als Autor oder Texter ein festes Angestelltenverhältnis gefunden. Aber auch die versprechen nicht immer viel mehr Geld und Sicherheit. Zum Beispiel hatte ich das Angebot, als Content-Manager in einer Textagentur zu arbeiten. Für vierzig Stunden Arbeit die Woche sollte es 20000 Euro brutto im Jahr geben. Nicht gerade verlockend. Denn Freelance-Autoren, die keinen Nine-to-five-Job wollen und flexibel arbeiten, sind meiner Erfahrung nach fähig, das Doppelte zu verdienen. Sie müssen nur wesentlich mehr Zeit investieren und dem psychischen Druck gewachsen sein. Ich habe mich mit meinem Status angefreundet. Es ist das, was ich bin.

Wie in der Gig Economy jeder zu seiner eigenen Marke werden muss

Hier schreibe wieder ich, Anette Dowideit. Ich will kurz erklären, wie ich dazu kam, Stefan Kaupisch zu beauftragen. Die Idee entstand bei einem Abendessen mit einem befreundeten Journalisten, der für seine Auslandsreportagen auf der ganzen Welt unterwegs ist. Er erzählte, er buche sich bei seinen Einsätzen in den jeweiligen Ländern häufiger Übersetzer vor Ort über Jobbörsen im Netz. Und manchmal beauftrage er auch Menschen, die ihm Schriftstücke aus fremden Sprachen übersetzten. Wir witzelten: Die Leute, die sich da im Internet selbst vermarkten, könne man ja ganz einfach im Preis drücken. Schließlich könne man sie ja dank Internet – schöne neue globalisierte digitalisierte Welt – in Sekundenschnelle im Preis vergleichen. Je länger ich darüber nachdachte, umso klarer wurde mir, dass es in Wahrheit natürlich alles andere als lustig ist.

Ich wollte wissen, wie einfach es für Auftraggeber wirklich funktioniert. Also legte ich mir ein Auftraggeberprofil bei Upwork an und stellte einen Auftrag ein: »Autor gesucht, der für 300 Euro pauschal ein Kapitel zu meinem Buch zuliefert«. Der Vorgang kostete mich keine zehn Minuten. Die einzige Voraussetzung, die ich angab: Der Autor müsse das Kapitel auf Deutsch schreiben können. Schon nach einer Viertelstunde trudelten die ersten Angebote ein. Sie stammten von Rumäninnen, Ukrainerinnen, Polen. Alle E-Mails waren in Englisch geschrieben. Auf meine Nachfragen hin versicherten mir die Interessenten, teils noch immer auf Englisch, teils in sehr bruchstückhaftem Deutsch: Sicher könnten sie ein Buchkapitel in deutscher Sprache verfassen, das sei kein Problem. Ich lehnte dankend ab. Und fragte mich, wie viele Auftraggeber sich wohl auf einen solchen Deal einlassen, um Kosten zu sparen? Einen Tag später dann meldete sich Stefan – und wir wurden handelseinig.

So wurde ich als Auftraggeberin zum Teil der sogenannten Gig Economy. Der englische Modebegriff bezeichnet jenen wachsenden Teil des Arbeitsmarktes, in dem kleine Aufträge über Internetplattformen an Selbstständige, Freiberufler oder andere Selbstständige vergeben werden, und der Auftraggeber dafür eine Provision an die Betreiber der Plattformen zahlt. In den meisten Ausprägungen bringen die Auftragnehmer neben ihrer reinen Arbeitskraft auch noch anderes in diesen Handel ein: ihr Auto, ihr Fahrrad, Werkzeug. Meistens allerdings – darüber gleich noch mehr – spielt sich diese Gig Economy eher an den unteren Rändern des Arbeitsmarktes ab. Dass sie in die Mittelschicht hineinragt, ist relativ neu.

Besonders häufig ist das in meiner Branche zu beobachten, den Medien. Sei es im Journalismus, sei es unter Werbetextern oder PR-Beratern. Hier ist es heute unendlich viel schwieriger als noch vor einer Generation, einen Arbeitsvertrag in Festanstellung zu ergattern. Nur wenige Journalisten, die freiberuflich arbeiten, tun das freiwillig. Durch den Zwang, in die Selbstständigkeit zu gehen, hat sich das Bild des Journalisten in der Öffentlichkeit stark gewandelt. Als ich vor gut 20 Jahren meine Ausbildung an der Journalistenschule begann, galt es noch als angesehener Beruf, in den vor allem die Bildungselite des Landes ihre Kinder schickte.

Damals hatten die Verlage noch Geld, meine Berufskollegen teils wochenlang auf Dienstreisen in andere Länder zu schicken. Heute ergeht es uns Journalisten, wenn wir auf Partys erzählen, was wir von Beruf sind, ähnlich wie den Bankberatern: Wir ernten ein mitleidiges Lächeln. Journalist ist ein weiterer unter den vielen ehemals angesehenen Mittelschichtberufen, die längst nicht mehr sind, was sie mal waren.

Das hängt mit dem Zeitungssterben zusammen, der veränderten Nutzung der Konsumenten von Medien. Sie kaufen kaum noch Zeitungen, dafür lesen und schauen sie Nachrichten im Netz. Sie erwarten Qualitätsjournalismus – bloß möchten sie dafür nicht gern bezahlen. Wenn ich zum Beispiel meine Artikel auf Twitter teile und diese Artikel hinter der Bezahlschranke stehen, bekomme ich fast jedes Mal einen beleidigten Antwort-Tweet, der lautet: »Ich würde den Artikel ja lesen, aber leider steht er hinter der Bezahlschranke!« Ich schreibe dann für gewöhnlich zurück: »Beim Bäcker sagen Sie doch auch nicht: Ich würde ja ein Brötchen kaufen, aber die Brötchen liegen leider hinter der Bezahlschranke.« Woraufhin die Klügeren unter den Twitter-Usern mir entgegnen: »Beim Bäcker kann ich die Brötchen ja auch einzeln kaufen und muss nicht gleich ein Monatsabo für die ganze Bäckerei abschließen.« Das ist tatsächlich ein wunder Punkt. Die Verlage tun sich seit Jahren schwer damit, Bezahlmodelle zu finden, die funktionieren. Erst haben mehrere Zeitungsverlage versucht, die Artikel tatsächlich einzeln zu verkaufen, doch damit haben sie viel zu wenig Geld verdient, um den gesamten Betrieb einer Redaktion aufrechterhalten zu können. Nun versuchen wir es eben mit den Monatsabos. Wir sind noch in der Findungsphase. Weil es den Verlagen noch nicht gelingt, die Inhalte im Internet nachhaltig und gewinnbringend zu verkaufen, ist die traurige Folge, dass es in den Redaktionen der Qualitätsmedien seit Jahren immer wieder Kündigungsrunden gibt. Selbst dann, wenn die Leserzahlen online steigen.

In diesem Zusammenhang muss man auch die Diskussion um Uploadfilter im Netz sehen, gegen die Anfang 2019 Menschen auf die Straße gingen. Ohne einen wirksamen rechtlichen Schutz von Inhalten kann qualitativ hochwertiger Journalismus nicht mehr funktionieren. Journalismus aber ist ja kein Selbstzweck, sondern wichtig für den Erhalt der Demokratie. Wenn die Menschen, die Konsumenten, aber nicht mehr bereit sind, dafür zu zahlen, verlieren die Medien ihre Fähigkeit, den Mächtigen im Land auf die Finger zu schauen.

Anderen Sparten der Medienbranche geht es noch viel schlechter, sie haben längst mit deutlich krasseren Maßnahmen auf die Folgen der Branchenkrise reagiert. Frauenmagazine zum Beispiel. Der Burda-Verlag war der Erste in Deutschland, der einen krassen Schnitt machte, um die Kosten einzudämmen: Er entließ 2016 die gesamte Redaktion seines Frauenmagazins *Donna* und ließ die Zeitschrift stattdessen komplett von einer externen Agentur füllen, die dafür ein – wie es in Branchenkreisen heißt – äußerst dürftiges Honorar pro Seite bekam. Und das, wie Medienverbände kritisierten, obwohl Verleger Hubert Burda sich nach außen gern als Mäzen und Wohltäter zeigt. Wenig später verkaufte Burda das Magazin an den Funke-Verlag, der noch einen Schritt weiterging. Seither werden *Donna* und ein weiteres Frauenmagazin, *myself*, von derselben Agentur befüllt. Ganze Zeitschriften also sind nur noch Hülsen mit schönen Bildern, aber ohne Redaktion.

Es gibt auch viele andere Branchen neben den Zeitungen und Zeitschriften, deren Angehörige zu großen Teilen studiert haben, und die durch die Gig Economy abrutschen: Architekten, Webdesigner, Unternehmensberater, Lektoren und viele mehr. Natürlich gibt es die Ausnahmen: jene besonders Erfolgreichen in ihrem Metier, die sich bewusst für die Selbstständigkeit entschieden haben – weil sie die Freiheit schätzen oder auf diese Weise vielleicht sogar mehr Geld verdienen. Den meisten der rund zwei Millionen sogenannten Soloselbstständigen aber geht es finanziell nicht gerade gut. Etwa jeder Dritte von ihnen verdient pro Arbeitsstunde weniger als den Mindestlohn – der ja nur für Angestellte gilt.[57] Das hat eine Studie des Zentrums für Europäische Wirtschaftsforschung (ZEW) im Auftrag des Bundesarbeitsministeriums ergeben, die im Januar

2019 erschien. Firmen, die ihre Aufträge an solche Selbstständigen vergeben, können auf diese Weise also offenbar viel Geld sparen.

Diese niedrigen Einkommen sind aber eben nicht nur für die Betroffenen selbst ein großes Problem – sondern für das ganze Land: Denn wer so wenig verdient, dass er davon gerade eben seinen Lebensunterhalt bestreiten kann, der kann auch nur schlecht bis gar nicht für einen Lebensabend vorsorgen. Heute benötigen fast vier Prozent der Soloselbstständigen im Alter die Grundsicherung vom Staat – und damit fast doppelt so viele wie bei den Festangestellten. Hier gilt also derselbe Zusammenhang wie bei den schlecht bezahlten Einzelhandelskaufleuten oder Altenpflegern: Die Arbeitgeber – oder in diesem Fall Auftraggeber – sparen an den Löhnen oder Honoraren, und die Zeche zahlt später die Allgemeinheit.

Eine andere Erhebung, die in diesem Zusammenhang hellhörig machen sollte, ist die: Deutschland wird seinem Ruf als Sparweltmeister längst nicht mehr gerecht. Fast jeder dritte Haushalt im Land hat einer Umfrage der Bank ING vom Februar 2019 zufolge keine Ersparnisse – weil am Monatsende das Geld nun einmal alle sei. Nur in Rumänien wird der Umfrage zufolge in Europa noch weniger gespart als bei uns.[58]

Der Wandel hin zur Gig Economy verstärkt dieses Problem. Denn je mehr Menschen sich von einem Auftrag zum nächsten hangeln müssen und dabei die Konkurrenz, die um dieselben Aufträge buhlt, im Preis unterbieten müssen, umso weniger bleibt ihnen tendenziell für Sozialversicherung und Altersvorsorge. Die Gig Economy wird wohl unausweichlich die Altersarmut im Land weiter steigen lassen.

Je mehr Soloselbstständige es gibt, umso wichtiger wird es auch für jeden Einzelnen von ihnen, sich selbst zur Marke zu stilisieren. Eine »Brand« zu kreieren. Der Begriff Branding kommt eigentlich aus der Tierzucht. Rinderzüchter zeichneten ihre Rinder mit solchen Brandmalen, um sie voneinander zu unterscheiden. Heute müssen Menschen sich selbst solche Male verpassen, um unterscheidbar zu sein, um gebucht zu werden: Was kann nur ich, was kein anderer kann? Was kann ich exakter, kreativer, schneller tun als andere – oder billiger?

Als besonders erschreckend mutet angesichts dieser Bewegung hin zur Gig Economy ein Trend an, den im Frühjahr 2019 ein Autor im Feuilleton der *Welt am Sonntag* beschrieb. Als Teil der Gig Economy, erzählte er, werde nun auch käufliche Liebe vermarktet, über eine Sexplattform namens Ohlala. Es gehe hier nicht darum, Prostituierte im Netz zu buchen, was natürlich schon seit langem über Hunderte von Internetportalen möglich ist. Vielmehr gehe es um das sogenannte »Paid Dating«, also darum, dass sich Frauen (oder auch Männer), die eben keine professionellen Prostituierten sind, je nach Zeit und Verfügbarkeit über diese Plattform »in Teilzeit« vermieten. Ein niedrigschwelliger Zugang zur nebenberuflichen Prostitution. Was bei Uber das Auto ist, das man als Teil des Angebots in die Geschäftsverhandlungen mit dem Auftraggeber mit einbringt, sind hier dann eben die eigenen Körperöffnungen. »Die Plattform«, schreibt der Autor provokativ, »macht der Großstadtbewohnerin mit Geldsorgen in etwa folgendes Angebot: Wenn du bereit bist, einen Steuerberater oder Start-up-Gründer oral zu befriedigen, kannst du in diesem Monat noch mal deine Wuchermiete bezahlen.« Der Übergang von der Gig Economy zur Wanderhuren-Economy sei das.[59]

Selbstausbeutung

Wenn die Mittelschicht sich in der Gig Economy verdingt, also faktisch in eine Lage gezwungen wird, in der Teile sich vom heimischen Schreibtisch aus anbieten müssen, dann kommt zum Problem der unsicheren Einkünfte und des Unterbietungswettbewerbs beim Preis auch noch ein anderes Problem hinzu: die zeitliche und gesundheitliche Selbstausbeutung. Wer im Akkord Texte schreibt, pro Stück anstatt pro Stunde bezahlt wird und bei alledem nicht weiß, ob er nächsten Monat ebenso viele Aufträge haben wird wie gerade jetzt, der wird sich wahrscheinlich nicht nach einem Acht-

Stunden-Tag selbst disziplinieren und den Schreibtisch verlassen. »Die Gig Economy«, sagte deshalb die amerikanische Philosophin Elizabeth Anderson vor kurzem in einem Interview mit der *Zeit*, »schafft in meinen Augen ein neues Prekariat.«[60] Rein formell, argumentiert sie, seien diese Menschen zwar selbstständig. In Wahrheit aber bekämen sie von ihren Auftraggebern eben doch sehr genau gesagt, was sie zu tun hätten. Und das, ohne im Gegenzug die Rechte von fest angestellten Arbeitnehmern zu genießen: Lohnfortzahlung im Krankheitsfall, 13. Monatsgehalt, Sozialversicherungsbeiträge.

In diesem Zusammenhang muss man auch das von der SPD Anfang 2019 eingeforderte »Recht auf Homeoffice« für angestellte Arbeitnehmer sehen. Sicher, Andrea Nahles und ihre Parteikollegen wollten mit diesem Vorstoß zeigen, dass sie die Zeichen der Zeit erkannt haben und dass sich der Arbeitsmarkt nun einmal wandle. Wenn Mütter und Väter von zu Hause arbeiten dürften, erklärte Nahles, dann sei es auch deutlich einfacher, Beruf und Familie zu vereinbaren. Das Homeoffice hat aber eben auch die Kehrseite, dass es zu Überstunden verführt – oder vielleicht sogar dazu, dass Arbeitgeber diese Überstunden im Gegenzug zum Privileg, nicht mehr ins Büro fahren zu müssen, sogar mehr oder weniger explizit einfordern. Besonders schwierig ist das oftmals für Mütter, wie ich aus eigener Erfahrung sagen kann: Das Homeoffice führt dazu, dass der Arbeitstag ausfranst. Weil man tagsüber Kinder abholen und sie zum Sportkurs oder anderen Hobbys fahren muss, ist man gezwungen, die Arbeitsstunden abends am Laptop nachzuholen. Anders ausgedrückt: Die Gig Economy sorgt dafür, dass wir immer weniger Freizeit haben.

Und an all den Menschen, die wie Stefan Kaupisch gezwungenermaßen ohnehin schon Heimarbeit leisten, weil sie gar nicht mehr angestellt sind – ob sie wollen oder nicht –, geht der Gesetzesvorstoß zum Recht auf Homeoffice natürlich ohnehin komplett vorbei.

Warum lassen die Leute das mit sich machen? Gerade gut ausgebildete Fachleute, Akademiker, warum arbeiten sie zu diesen

Konditionen? Lassen ihnen die äußeren Umstände, die Megatrends Globalisierung und Digitalisierung, wirklich keine andere Wahl? Gäbe es denn keine Möglichkeit, von der Politik einzufordern, dass sie diese Arbeit besser absichert, für Mindestsätze bei Stundenlöhnen sorgt und für Ausfallhonorare, wenn mal ein Auftrag wegbricht? Wo liegen die Ursachen dafür, dass wir diese schlechten Bedingungen akzeptieren – dass wir uns in die Gig Economy drängen lassen?

Eine Leser-E-Mail von einem Psychotherapeuten griff genau diese Frage auf. Er bezog sich auf einen Kommentar, den ich in der *Welt* veröffentlicht hatte. Darin hatte ich gefordert, Deutschland brauche mehr Psychotherapeuten, um all die vielen Menschen, die der Stress der modernen Arbeits- und Lebenswelt seelisch krank macht, wieder aufzubauen – und sie so auch, unter anderem, wieder fit für den Arbeitsmarkt zu machen.

Der Therapeut nun schrieb aber, und das erschien mir sehr einleuchtend: »Die wirkliche Ursache für die vielen psychischen Auffälligkeiten ist doch etwas ganz anderes. Es ist unser Wirtschaftssystem. Man wird von klein auf angefeuert, fleißig zu sein, seine Pflicht zu erfüllen. Und das, was erst von außen an uns herangetragen wurde, wird irgendwann zu einem inneren Modell. Wir internalisieren dieses Denken. Das heißt, wir werden nicht nur von außen angetrieben, sondern wir gehen mehr und mehr dazu über, uns auch selbst noch zusätzlich anzutreiben.« Er schrieb weiter, er habe Patienten, die eigentlich schon vor zehn oder sogar fünfzehn Jahren eine Beratung oder später eine Behandlung benötigt hätten – und dennoch viel zu lang durchgehalten hätten, obwohl sie eigentlich schon längst nicht mehr konnten.

Der Mann hat völlig recht. Die meisten von uns, egal ob Angestellte oder Freiberufler, leisten und leisten, und geben sich damit zufrieden, dafür immer weniger zu bekommen. Ich befürchte, viele von uns denken mittlerweile schon selbst, dass das so völlig in Ordnung sei und dass unsere Arbeitskraft so wenig wert sei. Aber mit dieser Einstellung schaden wir uns – unserem Wohlbefinden, unserem Selbstwertgefühl und unserer Gesundheit. Ich will

Ihnen ein weiteres Beispiel geben, um zu zeigen, wie sehr die Gig Economy unser Verhältnis zum Wert unserer eigenen Arbeit längst verändert hat.

Unsere neuen Diener: die Clickworker

Haben Sie schon mal Ihr Essen von einem Fahrradkurier liefern lassen? Keine Lust und Zeit zum Kochen gehabt, aber auch zu bequem gewesen, ins Restaurant um die Ecke zu gehen – und stattdessen per App einen Fahrradkurier angeheuert, der dieses Essen im Restaurant abholt, es in eine Thermobox packt, sie auf den Rücken schnallt und dann möglichst hurtig zu Ihnen nach Hause geradelt hat? Der dann verschwitzt und keuchend vor Ihrer Tür stand und das Essen auspackte, mit bangem Blick auf die Uhr? Christian Lindner, der FDP-Chef, erzählte einmal in einer Talkrunde, er bestelle oft und gerne sein Abendessen per Fahrradkurier. Auf die Frage des Talkmasters hin, ob ihn nicht sein Gewissen plage, weil er auf diese Weise möglicherweise daran mitwirke, dass die prekären Arbeitsbedingungen der Fahrradkuriere akzeptiert und somit irgendwann zementiert werden könnten, antwortete er wie aus der Pistole geschossen: »Nein! Ich gebe schließlich jedes Mal zwei Euro Trinkgeld!«

Kein Wunder, dass Lindner die Sympathien der Zuschauer nach der Sendung, vorsichtig ausgedrückt, nicht gerade auf seiner Seite hatte. Ein Spitzenverdiener wie Lindner, der gönnerhaft eine Zwei-Euro-Münze zückt, zeigt das Dilemma unseres Arbeitsmarktes: Auf der einen Seite stehen die Arbeitnehmer und Freiberufler, die sich teilweise für sehr wenig Geld abrackern, und auf der anderen Seite die Hochverdiener – darunter auch die Politiker, die die Weichen für die Arbeitsbedingungen dieser Menschen setzen, deren Probleme aber zum Teil überhaupt nicht verstehen.

Wir reden hier vom unteren Teil der Gig Economy. Also nicht mehr von Kopfarbeitern der Mittelschicht wie Stefan Kaupisch, die durch die Digitalisierung in die Soloselbstständigkeit gedrängt werden, sondern von all jenen, die auf diese Weise ihre körperliche Arbeitskraft verkaufen. Die sich buchstäblich abstrampeln und ihre Miniaufträge vom Smartphone bekommen – von Algorithmen, die von den IT-Experten der Auftraggeber programmiert wurden. Man nennt diesen Trend auch »Uberisierung«, nach dem amerikanischen Vorbild der Uber-Fahrer. Jenen Billiglöhnern, die man per App rufen kann und die einen dann mit ihrem eigenen Auto nach Hause fahren. Was für den Kunden deutlich billiger ist, als wenn er ein Taxi bezahlen würde. Schließlich sind die Taxifahrer angestellt, bekommen geregelte Gehälter, Nachtzuschüsse und vieles mehr. Die Uber-Fahrer nicht.

In Deutschland hat sich das Uber-Geschäft nicht auf dieselbe Weise wie in den USA durchgesetzt. Es scheiterte am entschiedenen Widerstand der Taxifahrer und dem geltenden Personenbeförderungsgesetz, das es Laien hierzulande verbietet, Kundschaft zu fahren. Deshalb versucht sich Uber jetzt in Deutschland an einem neuen, anderen Geschäftsmodell als in den USA: Es geht in den jeweiligen Städten Partnerschaften mit Mietwagenfirmen ein, die wiederum Fahrer – mit Personenbeförderungsschein – anstellen. Uber macht jetzt also in Großstädten, zum Beispiel in Berlin, Düsseldorf und Köln, den Taxiunternehmen Konkurrenz. Am Uber-Grundprinzip hat sich durch die Regelungen für Deutschland allerdings wenig geändert. Der Unterschied zu klassischen Taxiunternehmen ist nur der: Der Fahrpreis ist nicht festgelegt, sondern hängt von Angebot und Nachfrage ab anstatt von einer Tarifbindung wie bei klassischen Taxiunternehmen. Die Kunden buchen per App, und 20 Prozent von jeder Fahrt gehen an das US-Unternehmen. Ob dabei am Ende noch ein annehmbarer Stundenlohn für die Fahrer übrigbleiben kann, ist eine spannende Frage. Studien aus anderen Ländern legen nahe, dass der Mindestlohn im Uber-Modell kaum erreicht wird. Der Marktstart von Uber in Deutschland bedeutet also nichts anderes als eine Verdrängung von Firmen, die Sozial- und Arbeitsstandards garantieren und sozialversicherungspflichtige Jobs bieten.

Auch in anderen Branchen ist die klassische Uberisierung längst im vollen Gange – also das Modell, Soloselbstständige per App zu buchen. Nämlich überall dort, wo es um Logistik geht: Pakete, die zu den Kunden transportiert werden sollen, und Essenslieferung per Fahrrad. Weil ich wissen wollte, wie es den selbstständigen Lieferfahrern wirklich geht, bin ich mitgefahren – mit zwei Fahrrad-Essenskurieren.

Der Erste, dem ich durch Berlin folge, ist Max Kottwitz. Ich mache eine Schicht mit, die er an diesem Sommerabend fährt, und habe mir dafür ein Fahrrad von einer Freundin geliehen. Wir fahren durch Neukölln. Max, durchtrainierter Körper, Mitte 20, immer vorneweg, ich hinterher. Der brenzligste Moment kommt nach einer guten Stunde, an einer vielbefahrenen Kreuzung in Neukölln, Sonnenallee. Kottwitz muss einmal quer über eine vierspurige Kreuzung, links abbiegen. Er hat es eilig. In der klobigen Kühltasche, die er wie einen Rucksack auf seinem Rücken trägt, ist asiatisches Curry, das er schnell ausliefern muss. Kottwitz entscheidet, nicht zu halten. Er streckt den linken Arm aus, schneidet den Weg eines Linienbusses, der Fahrer muss scharf bremsen. Man kann durch die Frontscheibe sehen, wie er brüllt. Das Essen, schätzt Kottwitz später, wird eine Minute früher beim Kunden angekommen sein als eigentlich geplant. Kottwitz arbeitet für den Essenslieferdienst Deliveroo.

Der zweite, den ich ein paar Tage später durch Berlin-Mitte begleite, ist Jakov Zverev. Er fährt für den Konkurrenten Foodora – der mittlerweile Lieferando heißt. An einer engen Baustelle überholt ihn ein Auto, der rechte Kotflügel berührt ihn schon fast, er schlingert. Vor nicht einmal einer Stunde hat er seinen Arbeitstag begonnen, erste Bilanz: 10 Euro verdient, zwei Euro Trinkgeld, zwei Beinaheunfälle, zwei rote Ampeln, die er ignoriert hat.

Es war etwa Anfang 2016, als die beiden Unternehmen Foodora und Deliveroo die Restaurantbranche in deutschen Großstädten aufzumischen begannen. Sie lieferten sich einen heftigen Wettbewerb um Kunden und Restaurants mit der gleichen Geschäftsidee: eine Kundschaft beliefern, die keine Lust auf die immer gleiche Pizza hat, mit Essen aus besseren Restaurants. Bestellt wird im Internet, der Kundenstamm beider Firmen wuchs rasant. Gewerkschaften und Politiker meldeten schnell Bedenken über die Arbeitsbedingungen der Fahrer an, weil die Jobs gefährlich sind und ihre Löhne niedrig. Das gilt besonders, wenn die Fahrer nicht sozialversicherungspflichtig angestellt sind, sondern »selbstständig« beschäftigt – wie es bei einem großen Teil der Deliveroo-Kuriere der Fall war.

Arbeitsmarktexperten nennen das Modell, in dem man jeden neuen Lieferauftrag übers Smartphone erhält, auch »Share Economy«. Denn im Grunde ist es ja nicht anders, als verleihe man seine Wohnung über Airbnb, sein Auto oder sein Werkzeug über Internetplattformen. Bloß geht es hier eben darum, dass man sich selbst vermietet. Zukunftsforscher erwarten, dass solche Beschäftigungsformen gerade im unteren Arbeitsmarktsegment in den kommenden Jahren deutlich zunehmen werden. Problematisch ist diese Entwicklung, weil sie Kostendruck gegenüber jenen Konkurrenten erzeugt, die ihre Liefer- oder Taxifahrer anstellen und ihnen anständige oder zumindest kalkulierbare Stundenlöhne bezahlen. Anders ausgedrückt: Günstige Laien machen teuren Profis Konkurrenz. Was die Kunden freuen mag, ist für die Fahrer schlecht. Denn wer pro Miniauftrag bezahlt wird, bei dem ist alles andere als sichergestellt, dass er am Ende auf einen Stundenlohn kommt, der auf Mindestlohnniveau liegt.

Laut Max Kottwitz, 24, einer von damals 300 Deliveroo-Fahrern in Berlin, hat das Modell aber auch Vorteile. Er sagt: Der Job biete ihm das, was er brauche. Die Firmenzentrale hat ihn als Ansprechpartner vermittelt, vermutlich würde er sich schon deshalb nicht allzu laut beschweren. Allerdings hat er mehr Gründe, mit seinem Job zufrieden zu sein. Im Gegensatz zu vielen anderen ist das hier nicht sein Hauptberuf. Er studiert und macht es nur als Nebenjob. Außerdem, sagt er, sei der Job wie Sport für ihn. Also fährt er mehrmals in der Woche aus. Er sagt, er stehe auch nicht unter Druck. Er könne sich ja übers Smartphone ein- und ausloggen, wie es für ihn gerade passe. Das, was Max macht, nennen Arbeitsforscher, wenn sie über die positiven Seiten dieser modernen Beschäftigungsformen sprechen: agiles Arbeiten.

Während ich versuche, in seinem Tempo hinter ihm herzufahren, brüllt er Bruchstücke seiner Biografie über seine Schulter. Er studiere Agrarwissenschaften und wohne in Neukölln. Manchmal arbeite er, als zweiter Nebenjob, auch als Postkurier. »Kurierfahren war für mich schon immer ein Tool, um Geld zu verdienen«, brüllt er gut gelaunt. Und sein Fahrrad, das nehme er immer mit, wenn er die Treppen zum Kunden hochsteige, auch in den fünften Stock. »Ich hab' da so eine Paranoia, dass es wegkommt«, sagt er. Das Rad geklaut, mitten in der Schicht? Ein Albtraum. Ersetzen würde es ihm ja auch niemand. Das Arbeitsgerät mit einzubringen, ist Teil des Deals mit Deliveroo.

Die Arbeit von Max Kottwitz und den Kollegen seiner Lieferflotte lässt sich mit ein paar Zahlen umreißen. Der Radius, innerhalb dessen sie ausliefern: 2,2 Kilometer. Zeit, die der Kunde maximal auf sein Essen warten soll: 30 Minuten. Heißt: Nach dem Kochen holen die Fahrer das Essen im Restaurant ab, dann bleiben ihnen fünf bis sechs Minuten, um es an die Kunden zu übergeben. Es können fünf bis sechs gefährliche Minuten sein. Da sind Fußgänger, die blindlings auf den Radweg tapsen, quer stehende Lastwagen, andere Radfahrer, die den Fahrradweg verstopfen. Kottwitz sagt, er schaffe trotzdem vier Bestellungen in der Stunde, manchmal sogar fünf. Gut für ihn. Denn er bekommt einen Grundlohn von 7,50 Euro die Stunde, plus drei Euro für jede Lieferung. Viele andere Fahrer bekommen nur einen Euro. Je schneller er fährt, desto mehr verdient er, desto mehr riskiert er aber auch.

Die Gewerkschaft Nahrung-Genuss-Gaststätten (NGG) nennt seine Arbeit »prekär« – und hält sie für unzulässig. Zum Beispiel könne es sein, dass die Fahrer sich stundenlang bereithielten, aber nichts verdienten. »Geht keine Bestellung ein, gibt es keine Lieferung, keine Bonuszahlung und kein Trinkgeld«, sagt Burkhard Siebert, der stellvertretende Chef der Gewerkschaft. Seine Kollegen in Berlin berichten, dass sie mal einen Fahrer in der Rechtsberatung sitzen hatten, der wissen wollte: Hat man irgendeine Handhabe, wenn man als Selbstständiger beschäftigt wird, aber nicht den Mindestlohn erreicht? Der *Spiegel* berichtete 2016 von solch einem Fall. Ein selbstständiger Deliveroo-Fahrer erzählte dort anonym, er habe zuweilen lange Leerlaufzeiten, sitze herum und komme so auf gerade einmal 7,50 Euro Stundenlohn.

Die arbeitsmarktpolitische Sprecherin von Bündnis 90/Die Grünen im Bundestag, Brigitte Pothmer, hält solche Jobs daher für problematisch. »Damit werden unternehmerische Risiken und Kosten für die soziale Absicherung auf die Fahrer abgewälzt«, sagt sie. In vielen Fällen handele es sich vermutlich um Scheinselbstständigkeit, die durch das Leiharbeits- und Werkvertragsgesetz eigentlich stärker reguliert werden müsse. Eigentlich. Passiert ist das bislang nicht.

Ich frage Felix Chrobog, Deliveroos Chef in Deutschland. Er sagt beim Interview im Neuköllner Büroloft, in dem das Unternehmen damals residiert, er verstehe die Aufregung nicht. Chrobog ist ein smarter Manager in schickem Oberhemd. Er sagt: »Unsere Fahrer können sich selbst aussuchen, ob sie sich als Angestellte bewerben wollen oder als Selbstständige.« Man dränge sie nicht in die Selbstständigkeit, viele wollten das selbst. Etwa die Hälfte der bundesweit 900 Fahrer, viele davon Studenten, seien selbstständig. Die andere Hälfte sei angestellt, zu 95 Prozent als Minijobber.

Beide Firmen sind in keiner Arbeitgebervereinigung und müssen sich deshalb nur ans Mindestlohngesetz halten.

Nachdem ich mit beiden Fahrern, dem von Deliveroo und dem von Foodora, jeweils eineinhalb Stunden unterwegs war, ergibt der Zufallsvergleich: Zverev hat 15 Euro je Stunde verdient, plus knapp 5 Euro Trinkgeld. Kottwitz hat 20,25 Euro verdient, ebenfalls plus fünf Euro Trinkgeld. Beide sind dafür in halsbrecherischem Tempo durch die Stadt gerast, Jakov knapp sieben Kilometer weit, Max mehr als zehn. Beide haben ein halbes Dutzend Ampeln überfahren, als sie dunkelgelb waren. Ihre Chefs sagen, dass sich die

Fahrer natürlich an die Verkehrsregeln halten müssten. Foodora lasse sich das von den Fahrern auch »gegenzeichnen«. Deliveroo testet sie angeblich auf ihre Verkehrssicherheit.

Die Firmenchefs sagen, niemand zwinge die Fahrer, sich abzuhetzen. Aber die Gewerkschaften liegen wahrscheinlich nicht ganz falsch, wenn sie sagen, man müsse den einen oder anderen vielleicht vor sich selbst schützen.

Mittlerweile haben auch Forscher die Arbeitsbedingungen der Fahrradlieferkuriere unter die Lupe genommen. Anfang 2019 haben sie ihre Ergebnisse veröffentlicht. Die Forscherinnen der Europa-Universität Viadrina haben ähnlich wie ich mit Fahrradlieferfahrern in Berlin, den Verantwortlichen in den Firmen und Gewerkschaftlern gesprochen und E-Mail-Verkehre und Arbeitsabläufe ausgewertet. Sie kamen zu dem Ergebnis: Zwar suggerierten die beiden Unternehmen den Fahrern, sie seien ihr eigener Chef. Tatsächlich aber sei die App der Chef. Denn die Apps vergeben nicht nur die Aufträge, sondern halten auch nach, welcher Fahrer wie schnell ist. Und weil diese Daten zentral gesammelt und ausgewertet werden, entsteht ein interner Wettbewerb, der Druck auf den einzelnen Fahrer erzeugt: Warum radelst du nicht schneller? Wer in diesem internen Vergleich mit einem schlechten »Score« abschneidet, bekomme nur noch diejenigen Schichten zugeteilt, die kein anderer haben wolle.

Zumindest Deliveroo hat in den vergangenen Jahren die Gründung von Betriebsräten behindert, die helfen könnten, sich gegen solche Auswüchse zu wehren. Der Chef des Deutschen Gewerkschaftsbundes, Reiner Hoffmann, warnte angesichts solcher Entwicklungen schon vor »moderner Sklaverei« und dem Entstehen eines »digitalen Proletariats«. Er forderte von der Politik, insbesondere auf arbeitsrechtliche Regelungen für Hunderttausende Menschen hinzuarbeiten, die für Internetplattformen arbeiten und keine geregelten Arbeitszeiten oder Tariflöhne hätten.

Ende 2018 gab es in der Branche eine Umwälzung: Das Berliner Unternehmen Delivery Hero, zu dem Foodora und noch ein paar andere, ähnliche Marken gehörten – Lieferheld und pizza.de – kündigte an, all diese Marken an den niederländischen Konkurrenten zu verkaufen, der die Marke Lieferando betreibt. Auf dem Markt findet jetzt also ein Konzentrationsprozess statt. Es ist wenig wahrscheinlich, dass sich dadurch die Arbeitsbedingungen der Fahrer verbessern werden. Die Niederländer kündigten an, durch die Zusammenlegung der Marken vor allem Kosten sparen zu wollen.

Die beiden Lieferfahrer auf meinen Touren, Kottwitz und Zverev sagen, ewig wollten sie diesen Job natürlich nicht machen. Dafür studierten sie ja. Sie hoffen, dass eine Schreckensvision nicht eintritt, die mancher Forscher schon entwirft. Dass die »Share Economy« normale Arbeit in vielen Bereichen verdrängt und es dann vielleicht gar keine andere Möglichkeit mehr gibt, als sich auch später, mit Studienabschluss, auf die eine oder andere Weise in der Gig Economy selbst als Einzelkämpfer vermarkten zu müssen. Immer mit bangem Blick auf die Uhr. Es kann und darf nicht sein, dass Menschen auf diese Weise unter Zeitdruck gesetzt werden. Das macht krank, es erzeugt Angst – und es wäre nichts anderes als eine Rückkehr in die dunklen Frühzeiten des Kapitalismus, in denen Arbeiter im Akkord am Fließband arbeiteten, nach Stückzahl bezahlt. Eben diese Zustände sollten doch durch den Wohlstand, den wir in den westlichen Nationen erreicht haben, längst überwunden sein. Wir müssen unbedingt verhindern, dass Internet und Smartphones viele von uns auf moderne Weise zu Arbeitssklaven machen.

Microworking

Wenn Sie heute einen Nebenjob wollen, keine besondere Ausbildung haben und auch keine Lust, während der Arbeit das Haus zu verlassen, bietet die neue, digitalisierte Welt auch dafür eine Möglichkeit. Das sogenannte Clickworking. Also jobben per Mausklick. Es ist gewissermaßen die höchste Steigerungsform der beiden Trends, die sich gerade bei uns breitmachen: der Jobwanderung ins Internet – und der Globalisierung der Billigarbeit.

Clickworking funktioniert so: Man meldet sich auf einer Microworking-Plattform an – sie tragen Namen wie Mingle oder YouGov – und füllt dort gegen Geld Umfragen aus. Beide Plattformen sind Online-Marktforschungs- beziehungsweise Meinungsforschungsinstitute, die ihre Erhebungen zum Beispiel an Unternehmen verkaufen. Einer unserer Studenten an der Kölner Journalistenschule, an der ich gemeinsam mit meinem Mann unterrichte, hat 2018 einen 24-Stunden-Selbsttest auf diesen Plattformen unternommen, um herauszufinden, wie viel Geld er tatsächlich in dieser Zeit verdienen kann.[61] Er musste Umfragen über Heckenscheren und Bier ausfüllen, Fragen zu Politik, Wirtschaft und Fußball beantworten.

Er testete in den 24 Stunden auch eine zweite Variante des Microworkings: Apps, die winzige Aufträge vermitteln, für die man dann doch das Haus verlassen muss. Die Plattform AppJobber zum Beispiel vermittelt den Angemeldeten Mikrojobs in der eigenen Umgebung. Den Studenten schickte sie während seines Testlaufs etwa in Aldi-Filialen, wo er Getränkepaletten fotografieren sollte. 4,50 Euro Entlohnung pro Foto. Die Auftraggeber des Appbetreibers sind die Hersteller der Produkte, um die es bei den Aufträgen geht – in diesem Fall also der Getränkehersteller. Die Unternehmen finden auf diese Weise heraus, ob die Handelskette ihre Waren tatsächlich auf die Weise im Markt platziert und präsentiert, wie es vertraglich vereinbart wurde. AppJob hat nach eigenen Angaben Kunden wie Sony und schon 350000 angemeldete Jobber. Konkurrent Streetspotr ist demnach noch größer und hat schon 600000 angemeldete Nutzer im Land.

4,50 Euro für ein schnell im Supermarkt geknipstes Handyfoto klingt erst einmal nicht so schlecht – aber auf einen annehmbaren Stundenlohn kommt man mit den Mikroaufträgen trotzdem nicht. Es gibt einfach noch zu wenige, um zum Beispiel von einem Laden zum nächsten in der Nachbarschaft weiterlaufen zu können. Die Apps sind als echter Nebenjob nicht geeignet – eher als Zubrot für Einkäufer, die ohnehin gerade zufällig in diesem Supermarkt sind.

Unser Student fotografiert während seines 24-Stunden-Einsatzes noch eingeschweißte Leberwurst in einem anderen Supermarkt (3,50 Euro) und füllt so lange Umfragen aus, bis er vor Müdigkeit fast umkippt. Am Schluss ertappt ihn die automatische Qualitätskontrolle eines der Umfrageportale sogar dabei, unlogische Antworten gegeben zu haben – und bezahlt ihn deshalb nicht für seine letzte Umfrage, an der er immerhin schon zehn Minuten gearbeitet hatte. Sein Verdienst nach 24 Stunden Clickworking: 23,35 Euro. Und davon bekam er nur einen Bruchteil, nämlich acht Euro, ausbezahlt. Bei den Umfrageplattformen müssen die Teilnehmer erst auf einen bestimmten Geldbetrag kommen, bevor überwiesen wird.

Das Fazit: Von solchen Mikrojobs im Internet zu leben und sich vielleicht sogar eine Sozialversicherung zu leisten, ist völlig illusorisch.

Genau deshalb muss sich die Politik heute dringend auch mit diesen neuen Arbeitsformen beschäftigen – und deutliche Antworten auf die Frage finden, wie sich Menschen, die auf diese Weise ihren Lebensunterhalt verdienen, langfristig absichern lassen. Denn eines steht fest: Das ist der Arbeitsmarkt der Zukunft. Oder zumindest ein großer Teil davon.

Wir Nutznießer

Wenn aber der untere Teil des Arbeitsmarkts zunehmend in Jobs arbeitet, die entweder übers Internet und über Smartphones vermittelt oder sogar virtuell über das Netz erledigt werden – was macht das mit uns Konsumenten aus der Mittelschicht?

Denn wir sind ja meist die Auftraggeber in dieser Gig Economy. Die Aufträge, von denen wir hier reden, stammen ja nicht nur von Unternehmen. Auch wir selbst vergeben sie: Über die Plattform my-hammer.de engagieren wir Handwerker, die uns den verstopften Abfluss freimachen oder günstig unsere Einfahrt pflastern. Über helpling.de buchen wir uns eine Putzkraft, die nach unserer nächsten Party saubermacht, und über jobruf.de besorgen wir uns

Studenten oder andere Hilfskräfte, die uns mal eben den Garten umgraben oder unsere Umzugskisten schleppen.

Das aber schädigt die grundlegende Einstellung unserer Gesellschaft zum Wert von Arbeit nachhaltig.

Ich selbst zum Beispiel bin berufstätig und habe drei Kinder. In meinem Haus arbeiten, in wechselnder Besetzung, mehrere Babysitter, eine Putzfrau, ein Gärtner, der alle paar Monate vorbeikommt, um den Garten je nach Jahreszeit winterfest oder sommerfit zu machen, und ein Klavierlehrer – ein Student, den ich über ein solches Internetportal gebucht habe. Unregelmäßig schaut ein Mann vorbei, der die Fenster putzt. All die Fahrrad-Essenslieferanten und Paketboten, die wir regelmäßig sehen, kommen hinzu.

Weil das Internet schnell und unkompliziert Leute mit Zeit und solche ohne Zeit, dafür aber mit mehr Geld, zusammenbringt, steigert sich die Kleinteiligkeit der Arbeitsteilung immer weiter: Erst ging man ins Restaurant, damit man nicht mehr selbst kochen musste. Nun kommt ein weiterer Dienstleister hinzu, der mir das vom Koch zubereitete Essen auch noch nach Hause bringt. Erst brachte man seine Blusen in die Reinigung, wo mir jemand das Waschen und Bügeln abnahm. Nun gibt es obendrauf Leute, die meine Wäsche dort hinbringen und abholen. Dienstleistungen, die es für die Oberschicht schon immer gab, in Form von Butlern. Nur werden sie heute, dank Internet, bedarfs- und mundgerecht zugeschnitten, und damit erschwinglich für die Mittelschicht: Viele Menschen teilen sich einen Butler, Share Economy eben. Aber während die Mittelklasse zunehmend Gefallen an ihren häuslichen Schlaraffenländern findet, in denen ihr Heinzelmännchen den Rücken freihalten, finden viele Kritiker, die moderne Dienerschaft habe kaum Aufstiegsmöglichkeiten.

Spannend ist aber auch die Frage, was diese immer schnellere internetbasierte Arbeitsteilung mit uns, den Auftraggebern, macht. Die Gründerin des US-Unternehmens Task Rabbit – einem Vorbild für das deutsche jobruf.de – etwa erfand ihr Unternehmen laut Firmenlegende, weil sie keine Zeit hatte, Hundefutter kaufen zu gehen.

Was zwei Fragen aufwirft: Wenn sie derart beschäftigt war, warum hatte sie dann trotzdem noch Zeit, eine Firma zu gründen? Und: Warum hat sie, wenn sie so wenig Zeit hat, überhaupt einen Hund? Das Beispiel legt eine Vermutung nahe, die ziemlich beunruhigend ist: dass wir Auftraggeber solcher Dienstleistungen, die Mittelschicht, uns immer häufiger gar nicht mehr erlauben, Tätigkeiten auszuüben, die unter unserem (Einkommens-)Niveau sind. Lebensmittel einkaufen? Dafür bin ich überqualifiziert. Regale aufbauen? In der Zeit, in der das mein Hilfsarbeiter aus dem Internet macht, arbeite ich lieber eine Stunde mehr und verdiene damit deutlich besser. Je mehr jemand im Laufe seines Lebens und seiner Karriere aufsteigt, je »teurer« er wird, umso mehr delegiert er. Zur Putzfrau kommt erst der Gärtner hinzu, dann die Bügelfrau, schließlich vielleicht die Haushälterin, die einem die Spülmaschine ausräumt. Die Hip-Hop-Band Deichkind, die für ihre subtile Kulturkritik bekannt ist, besang dieses Phänomen in ihrem Song *Selber machen lassen* auf lustige Weise: »Ich muss mir schon wieder deine Hände dreckig machen.«

Ganz so witzig ist es aber nicht. Denn für uns Auftraggeber, die gleichzeitig Auftragnehmer von anderer Stelle sind – vor allem in freien Berufen wie Arzt, Anwalt, Internetprogrammierer oder Journalist – führt es quasi zwangsläufig dazu, dass wir unseren eigenen potenziellen Stundenlohn ständig ins Verhältnis zu dem anderer setzen. Und uns darüber definieren, wie hoch der eigene Marktwert ist. Dieser Gedanke treibt auch die bekannte Romanautorin Juli Zeh um. Sie beschreibt in ihrem Erfolgsroman *Unterleuten* eine Angst, die die 25- bis 45-Jährigen umzutreiben scheint: »Was diese Generation antrieb, war der unbedingte Wunsch, alles richtig zu machen. Keine Fehler zu begehen und dadurch unangreifbar zu werden.«

Glaubt man der Idee, die hinter dieser Formulierung steht, dann strengen wir uns nicht mehr wie frühere Generationen an, um einen Endpunkt zu erreichen – etwa das abbezahlte Eigenheim, in dem man mit seiner Familie das Leben genießen kann. Sondern gieren nach Anerkennung gemäß dem Prinzip des »Alles-richtig-machens«, die immer wieder neu genährt werden muss. Wozu es eben Voraussetzung ist, das Optimale aus seinem beruflichen Potenzial herauszuholen. Immer mehr Karriere, immer mehr Erfolg. Was erst dann funktionieren kann, wenn man niedere Aufgaben an andere delegiert, um mehr Zeit für den Beruf zu haben. Oder auch für andere Arten der Selbstoptimierung, etwa der des eigenen Körpers im Fitnessstudio.

Oder, das wäre die andere Theorie zu den Ursachen all dieser Verlagerung: Vielleicht vergeben wir all die Aufträge an niedriger Qualifizierte ja vor allem, weil wir Angst haben. Angst davor, nicht genug aus unserem Potenzial gemacht zu haben und dann am Ende zu wenig finanziell abgesichert zu sein.

So oder so, die Gefahr, die diese immer kleinteiligere Butler-Ökonomie mit sich bringt, ist die: dass wir uns irgendwann auch das nicht mehr erlauben, was uns Vergnügen bereitet – weil es unserem Qualifikationslevel nicht entspricht. Kinderbetreuung ist so ein klassisches Thema, dessen Dilemma berufstätige Mütter, zumindest ab einer gewissen Einkommensklasse, schon lange kennen: Ist es in Ordnung, sich zwei Jahre Elternzeit zu »gönnen«, obwohl eine Tagesmutter das Kind deutlich günstiger betreuen könnte als ich selbst? Obwohl ich mit meinem Studium und meiner Berufserfahrung dafür überqualifiziert bin? Das Dilemma ist auf andere Lebensbereiche übertragbar: Werde ich mir irgendwann nicht mehr erlauben, meinen Garten selbst zu beharken, obwohl es mir Spaß macht? Oder meine Familie zu bekochen?

Gerade wir in der Mittelschicht, mit unserem ständigen Streben nach dem »alles richtig machen wollen«, wir selbst betrachten unser gesamtes Leben mehr und mehr nach ökonomischen Kriterien. Wir gönnen es uns viel zu wenig, Dinge zu tun, die nichts »bringen«, sondern einfach nur Spaß machen. Stattdessen muss sich selbst das, was wir in unserem Privatleben tun, oft daran messen lassen, welchen Nutzen es uns bringt. Wir gehen früh morgens und am Wochenende laufen, weil es unsere Körper leistungsfähiger macht. Wir essen Superfood, damit wir noch lange gesund bleiben und damit auch in unseren Jobs gut bestehen können.

Und aus derselben Logik hinaus engagieren wir Menschen mit niedrigeren Stundenlöhnen als unseren eigenen, die unangenehmen Aufgaben in unseren Haushalten für uns zu erledigen. Sicher, es ist ein Luxus, dass viele von uns sich Putzfrauen und Babysitter leisten können und dass wir nicht alle Hausarbeiten noch neben unseren anstrengenden Jobs selbst erledigen müssen. Aber die Zeit, die wir dadurch gewinnen, nutzen die meisten von uns ja gar nicht, um uns Auszeiten zu gönnen und Dinge zu tun, die uns wirklich Spaß machen. Während die Putzfrau unser Haus putzt, gehen wohl die wenigsten von uns Drachenfliegen oder mit den Kindern ins Schwimmbad. Sondern »nutzen« die Zeit, um die Berge an Arbeit abzuarbeiten, die sich auf unseren Schreibtischen angesammelt haben. Oder, um gerade so noch den nächsten Abgabetermin einzuhalten. Nicht zuletzt, weil wir denken, wir bräuchten das Geld, das wir verdienen, ja dringend, um die Putzfrau und die Babysitterin zu bezahlen.

Damit diese Rechnung für uns aufgeht, wollen wir, dass diese Dienstleister möglichst wenig verdienen – zu deren und letztlich auch zu unserem Schaden. Die Ökonomisierung der Arbeitskraft ist vielen von uns schon derart in Fleisch und Blut übergegangen, dass wir die traurige Komik dieser Situation längst nicht mehr erkennen.

DAS UNTERE ENDE DES ARBEITSMARKTS

Um zu verstehen, warum der Arbeitsmarkt so tickt, wie er tickt, und warum so viele Mittelschichtsberufe abrutschen, reicht es nicht, nur diesen Teil unserer Gesellschaft zu betrachten. Man muss auch ausleuchten, wie es den Schwächsten in diesem Gefüge geht, den Niedriglöhnern und jenen, die noch darunter einsortiert sind, den Schwarzarbeitern. Nur so lässt sich nachvollziehen, warum wir als Konsumenten es mittlerweile für so selbstverständlich halten, dass Arbeit immer möglichst billig verrichtet werden muss.

Ein paar Fakten zu Beginn: Es gibt 3,4 Millionen Menschen im Land, die zwei Jobs machen müssen, um von ihrer Arbeit leben zu können. Und es werden immer mehr: Laut Bundesagentur für Arbeit ist die Zahl der Betroffenen in den vergangenen 15 Jahren kontinuierlich gestiegen.[62]

Etwa jeder Fünfte, der in Deutschland in Vollzeit arbeitet, verdient unterhalb der sogenannten Niedriglohnschwelle – also weniger als 2139 Euro brutto im Monat. Das ging Ende 2018 aus der Antwort der Bundesregierung auf eine Kleine Anfrage der Linke-Bundestagsfraktion hervor. In absoluten Zahlen heißt das: Von knapp 22 Millionen sozialversicherungspflichtig Vollzeitbeschäftigten liegen rund 4,2 Millionen unterhalb dieses kritischen Werts. Wohlgemerkt: Es geht hier nur um sozialversicherungspflichtig Beschäftigte, die in Vollzeit arbeiten. All die Angestellten in flexibler Teilzeit, in Minijobs oder in erzwungener Selbstständigkeit sind darin noch gar nicht eingerechnet.

Der Niedriglohnsektor ist seit der Jahrtausendwende spürbar gewachsen, und besonders groß ist er heute im Osten Deutschlands. In allen fünf ostdeutschen Bundesländern verdient mehr als jeder Dritte trotz Vollzeitjob weniger als 2139 Euro brutto im Monat. In Mecklenburg-Vorpommern liegt der Anteil sogar bei 39,5 Prozent.

Besonders wenig lohnt sich Arbeit übrigens in diesen Berufsgruppen, das lässt sich in Statistiken der Bundesagentur für Arbeit nachlesen: Im Gastgewerbe (dort verdienten Angestellte 2017 im Durchschnitt 1899 Euro brutto pro Monat), in der Land- und Forstwirtschaft (2025 Euro) und in haushaltsnahen Dienstleistungsberufen (1906 Euro). Nur knapp mehr als das Einkommen, das »niedrige« offiziell von »normalen« Verdiensten abgrenzt, verdienen Angestellte in der Logistikbranche und im Unterhaltungs- und Tourismussektor.

In diesem Kapitel geht es um die Frage, warum sich der Niedriglohnsektor derart ausbreiten konnte.

Wir Konsumenten sind mit schuld

Wir sind nicht nur Beschäftigte, sondern auch: Konsumenten. Und so machen die allermeisten von uns bei diesem Spiel mit. Dem Spiel der Marktwirtschaft. Wir kaufen gern bequem und billig ein, egal ob Kleidung, Flüge oder Fleisch. Wie die niedrigen Preise zustande kommen, wollen wir aber nicht so genau wissen. Und drehen damit kräftig mit an der Lohnspirale am Arbeitsmarkt, die sich wie ein Teufelskreis immer weiter nach unten schraubt.

Wie genau wir Konsumenten mit an der Schraube drehen, will ich an meinem eigenen Leben beispielhaft erzählen. Ich habe in meinem Leben viel zu tun. Sehr viel. Ich bin, was man neudeutsch eine Working Mom nennt. Ich habe drei Kinder und dazu einen Job, für den ich rund um die Uhr im Einsatz und ziemlich oft auf Dienstreisen sein muss. All das zusammen, dieser nie abreißende

Strom an Dingen, die sofort erledigt werden müssen, führt dazu, dass ich mein Alltagsleben möglichst pragmatisch angehe. Also alle Aufgaben, die Tag für Tag anfallen, mit so wenig Aufwand wie möglich erledige. Brauchen die Kinder Schulbücher, bestelle ich sie über Amazon Prime. Oft herrscht Not im Kleiderschrank, weil meine Söhne beim Fußballkicken auf dem Schulhof wieder alle Hosen löcherig gespielt haben. Dann halte ich auf dem Rückweg von irgendeiner Dienstreise bei Primark oder KiK und kaufe gleich einen ganzen Stapel günstiger Jeans. Das geht, weil der Laden praktischerweise noch abends bis um zehn geöffnet hat – der Lohn für die Verkäuferinnen ist ja nicht so hoch, also können sich die Betreiber der Läden solche Öffnungszeiten leisten. Dasselbe gilt für die Supermärkte am Flughafen und am Bahnhof, bei denen ich spätabends noch manchmal einkaufe. Müde Angestellte ziehen bis spät in die Nacht Salatköpfe über die Kassenscanner. Liegt allerdings abends bei uns trotzdem mal wieder nichts zu essen in unserem Kühlschrank, lassen wir uns schon mal Essen vom Fahrradkurier liefern. Die Liefergebühr für den jungen Mann auf dem Fahrrad, der keuchend und schwitzend vor unserer Haustür steht, kostet ja nicht die Welt. Und wenn ich für die Arbeit verreisen muss, nehme ich den Billigflieger. Auf diese Weise gibt es keinen Ärger mit der Spesenabteilung bei uns im Verlag.

Auf den Punkt gebracht: Mein Leben funktioniert nur auf diese Weise, weil es so viele günstige Arbeitsbienen gibt. Wie gefährlich mein Konsumverhalten ist, war mir lange Zeit nicht klar. Nicht nur für die Arbeitsbienen. Sondern auch für mich selbst.

Als ich vor ungefähr fünf Jahren damit begann, mich beruflich mit Missständen am Arbeitsmarkt zu befassen, stieß ich immer häufiger auf Firmen, in denen viel schieflief: Bekleidungsketten, Logistiker, Restaurants oder Hotels – die sich letztendlich alle um dasselbe Thema drehten: Die Arbeitsbedingungen der Mitarbeiter verschlechterten sich von Jahr zu Jahr. Mit jedem Artikel, den ich veröffentlichte, verfestigte sich das Gefühl, dass auf dem Arbeitsmarkt etwas Grundsätzliches nicht rund läuft. Irgendwann dämmerte mir im Laufe dieser Recherchen, dass das auch etwas mit mir zu tun hat. Ich selbst konsumiere all diese Billigdienstleistungen, ich freue mich sogar über die niedrigen Preise, weil sie mein Leben auf erschwingliche Weise erleichtern. Wie sie zustande kommen, hätte ich nie und nimmer hinterfragt – wäre ich nicht durch meinen Beruf mit der Nase darauf gestoßen worden.

Manchmal meldet sich leise mein Gewissen und erinnert mich daran, dass es eventuell besser wäre, keine Arbeitgeber zu unterstützen, die ihren Mitarbeitern keinen Mindestlohn zahlen, sie auf Abruf beschäftigen oder sie endlos unbezahlte Überstunden machen lassen. Und dann tue ich es doch immer wieder. Ich fliege, wie viele von uns, für 20 oder 30 Euro durchs Land. Ich gehe abends um zehn noch einkaufen und wundere mich kaum, warum die Lebensmittel trotz der langen Öffnungszeiten gar nicht teurer werden. Ich bestelle Schuhe in zwei verschiedenen Farben im Internet, lasse sie vom Paketdienst liefern und schicke das überflüssige Paar einfach wieder zurück. Kostenlos. Sorgenfrei. Jedenfalls für mich.

Aber warum mache ich das? Ich weiß, es ist eine miese Ausrede, aber vor mir selbst rechtfertige ich das so: Machen es nicht fast alle so? Stecken nicht die allermeisten von uns die Köpfe in den Sand wie der sprichwörtliche Vogel Strauß – um nicht zu sehen, wozu wir mit unserem Konsumverhalten beitragen?

Und, natürlich, ist da noch ein valides Argument: Viele von uns müssen ganz einfach so billig wie möglich einkaufen, egal ob Lebensmittel, Klamotten oder Möbel, weil sie selbst nicht so viel Geld zur Verfügung haben. Wer am unteren Rand der Mittelschicht lebt oder sogar zur Unterschicht gehört, der hat einfach keine Alternative. Der muss ganz einfach mit Ryanair und Konsorten fliegen, weil seine Familie sich sonst nie einen Urlaub am Meer leisten könnte. Dem erscheint es vermutlich als Luxusproblem der Oberschicht, bewusst konsumieren zu können, nachhaltig, arbeitnehmerfreundlich.

Fakt ist trotzdem: Für den billigen Konsum, von dem wir in der Mittelschicht profitieren, zahlen andere die Rechnung. Das Mindeste, das jeder von uns tun müsste, ist, sich diesen Zusammenhang klar vor Augen zu führen. Jeder einzelne Konsument muss sich fragen, ob er es mit seinem Gewissen vereinbaren kann, mit Ryanair zu fliegen, bei Primark zu kaufen, sich von Uber von der Party nach Hause fahren zu lassen und sich sein Essen vom Fahrradkurier liefern zu lassen.

Die Augen verschließen gilt nicht. Dafür ist die Frage, was Arbeit unserer Gesellschaft wert sein muss, zu wichtig. Wir hängen alle mit drin. Wenn das Diktum, dass Arbeit immer zum niedrigstmöglichen Preis geleistet werden muss, von der gesamten Gesellschaft verinnerlicht ist, dann kommt diese Haltung ganz schnell bei allen Löhnen zum Tragen. Und spätestens dann können wir Mittelschichtlöhner gar nicht mehr anders, als nur noch bei Primark und Ryanair zu kaufen – und steuern schlimmstenfalls selbst auf Altersarmut zu.

Wie die Bundesregierung den Lohndrückern hilft

Die Verantwortung, die wir selbst als Konsumenten tragen, macht aber bei aller Selbstkritik nur einen Teil der Erklärung aus, warum Arbeitskraft bei uns zu wenig wertgeschätzt wird. Deutlich wichtiger und einflussreicher ist die Rolle der Politik. Ich habe am Anfang dieses Buchs schon darüber geschrieben, dass die Arbeitsmarktreformen der Agenda 2010 eine entscheidende Rolle für die Ausweitung des Niedriglohnsektors spielten.

Auf den kommenden Seiten soll es darum gehen, was die Verantwortlichen der Arbeitsmarkt- und Wirtschaftspolitik heute tun, um die Rahmenbedingungen im Niedriglohnsektor zu gestalten. Und darum, was sie nicht tun, obwohl sie das besser sollten. Es ist nicht so, dass die Bundesregierung in den vergangenen Jahren gar nicht daran gearbeitet hätte, dem Abwärtstrend gerade im unteren Segment des Arbeitsmarktes entgegenzuwirken. Bloß hat das an vielen Stellen bisher mehr schlecht als recht funktioniert.

Niedriger Mindestlohn

Ein Beispiel ist der Mindestlohn: Derzeit liegt er bei 9,19 Euro pro Stunde. Das klingt erst einmal nicht schlecht, immerhin ist es in absoluten Zahlen deutlich mehr als etwa in Polen, Bulgarien oder Rumänien. Relativ gesehen aber ist es erstaunlich wenig. Setzt man den Mindestlohn in Relation etwa zum Bruttoinlandsprodukt, zeigt sich, dass Deutschland, gemessen an unserer Wirtschaftskraft, einen unterdurchschnittlich niedrigen Mindestlohn zahlt.[63] Selbst wenn er wie derzeit geplant im Jahr 2020 auf 9,35 Euro steigt, bringt das den Menschen, die für Mindestlohn arbeiten, kaum etwas. Auch dann werden sie mit ihrer Arbeit keine Rentenansprüche ansparen können, von denen sie im Alter leben können. Und das heißt: Ein sehr großer Teil der Betroffenen wird im Alter auf staatliche Unterstützung angewiesen sein – die wir alle von unseren Steuergeldern bezahlen werden müssen. Unsere Gesellschaft spart also heute auf Kosten von morgen.[64]

In Teilen der SPD scheint das Problem erkannt. Nicht nur bei Katarina Barley, sondern auch bei Finanzminister und Vizekanzler Olaf Scholz. Beide fordern, dass der Mindestlohn auf zwölf Euro angehoben werden müsse. Bleibt die Frage, warum die Volkspartei SPD, deren Markenkern mal die Stärkung der Arbeiterklasse und deren Teilhabe an der Wohlstandsentwicklung war, diese Anhebung bislang nicht durchsetzen kann – obwohl sie doch gemeinsam mit der Union in der Regierungsverantwortung ist?

Der Mindestlohn sollte eigentlich nur die absolute Lohnuntergrenze darstellen, er sollte ein Fangnetz für jene seien, bei denen die »normalen« Instrumente für faire Entlohnung von Arbeit versagt hatten, sprich: die Instrumente der Tarifpolitik. Passiert ist aber etwas anderes: Viele Firmen üben sich darin, den Mindestlohn zu umgehen. Sie tun das auf unterschiedliche Weise, sind dabei mitunter sehr erfindungsreich und beschäftigen viele Anwälte, die ihnen dabei helfen, ihre gezahlten Löhne möglichst niedrig zu halten und dabei gerade noch auf der legalen Seite zu bleiben.

Immer wieder aber helfen ihnen dabei sogar die deutschen Behörden. Jene also, die eigentlich darüber wachen sollen, dass Mindestlohngesetze und deutsches Arbeitsrecht im Sinne der Beschäftigten eingehalten werden, tun in der Praxis häufig das Gegenteil. Sie kneifen vor mächtigen Firmen, weil sie fürchten, dass diese sonst abwandern könnten und dann gar keine Arbeitsplätze für Geringqualifizierte mehr bereitstellen würden. Anstatt mächtige Firmen zu sanktionieren, wenn sie die Arbeitsgesetze überdehnen, unterstützen sie diese vielfach dabei. Manchmal sind Jobcenter und Bundesagentur beteiligt, manchmal die Finanzkontrolle Schwarzarbeit beim Zoll, die untätig bleibt. Manchmal machen bei diesem Spiel sogar Bundesministerien mit. Wir waren diesem Phänomen schon im Zusammenhang mit Ryanair begegnet, das von der Bundesagentur für Arbeit im Frühjahr 2019 sein umstrittenes Anstellungsmodell für die Flugbegleiter genehmigt bekam. Es gibt aber noch viele andere Fälle.

Welche das sind und wie genau sie funktionieren, will ich in den nächsten Kapiteln exemplarisch zeigen. So viel vorweg: Es sind große, bekannte Marken – die Einfluss auf die Politiker an den Schaltstellen der Arbeitsmarktpolitik nehmen können.

Von einer Tasche in die andere

Ich habe hier schon viel über die ungute Entwicklung im Einzelhandel geschrieben, wie der ehemals angesehene Beruf des Einzelhandelskaufmanns verloren hat – an finanzieller Sicherheit und damit auch an Ansehen. Nun gibt es aber im Einzelhandel nicht nur Fachkräfte. Sondern zusätzlich eine ganze Menge Niedriglöhner. Ungelernte Hilfskräfte also, die nur den Mindestlohn oder ein wenig mehr verdienen. Mitarbeiter, die Lagerregale einräumen, Kleiderständer bestücken, Kartons tragen, den Laden fegen und so weiter. Je mehr die Einzelhandelsketten auf Selbstbedienung und Niedrigpreise setzen, umso mehr Ungelernte und umso weniger Fachkräfte werden gebraucht.

Viele Firmen aber zahlen für diese Niedriglohnangestellten noch nicht einmal den Mindestlohn. Ihr Trick heißt: Eingliederungszuschuss. Solche Zuschüsse bekommen Arbeitgeber vom Jobcenter der jeweiligen Kommune, wenn sie Langzeitarbeitslose einstellen. Das Jobcenter überweist dann für jeden Hartz-IV-Empfänger, dem diese Maßnahme bewilligt wurde, dem Arbeitgeber einen Zuschuss zum Stundenlohn. Sie subventioniert ihm die Arbeitskräfte. Auf Kosten des Steuerzahlers.

Eine Firma, die diese Strategie während ihrer großen Expansionswelle in Deutschland im Zeitraum von 2014 bis 2016 erfolgreich anwandte, ist der Bekleidungsriese Primark.[65]

Eine typische Primark-Filiale sieht so aus: Es ist stickig, es ist laut. Es wird gerempelt. Den Weg durch den Laden muss sich der Kunde durch einen Wust überladener Kleiderständer bahnen. Auf dem Boden liegen Berge zerknüllter T-Shirts, die Kunden aus den Regalen gekramt und einfach liegen gelassen haben. Es sind im Grunde gigantische Wühltische auf vier Etagen. Primark lehrt seit ein paar Jahren die Konkurrenz im Einzelhandel das Fürchten. Der irische Billigmodehändler mischt die Innenstädte auf, seit er 2009 den Markt enterte. Inzwischen hat er überall im Land großflächige Konsumtempel eröffnet. Alle in begehrter Innenstadtlage, vollgestopft mit einer maximalen Menge von Kleidern pro Quadratmeter – alle sehr, sehr billig. Offensichtlich beherrscht Primark das Kunststück, die Preisspirale in der ohnehin margenschwachen Textilbranche noch weiter nach unten zu drehen – und trotzdem bei der für sie relevanten Klientel als cool zu gelten. Jugendliche reisen für einen Großeinkauf massenweise aus dem Umland an, es gibt YouTube-Bekanntheiten, die ihre Primark-Einkäufe im Internet besprechen, hunderttausendfach geklickt.

Primark gehörte zu den Textilhändlern, die in der Fabrik Rana Plaza in Bangladesh produzieren ließen. Das neungeschossige Gebäude stürzte im April 2013 ein und begrub mehr als tausend Arbeiter unter sich, die gerade Mode für den Westen herstellten. Bei vielen Kritikern sorgte all das für Unmut – sogar bei Geistlichen. Der Kölner Kardinal Rainer Maria Woelki brandmarkte in einer Rede die damals anstehende Ansiedlung des Unternehmens in Wuppertal. Primark stehe für »Manchesterkapitalismus pur« – also Ausbeutung, fand er.

Die günstige Produktion in Asien, die schlanken Verwaltungsstrukturen des Discounters und die riesigen Mengen, die er absetzt, sind aber nur ein Teil der Antwort auf die Frage, wie Primarks Billigpreise möglich sind. Denn all das hat die Konkurrenz mehr oder weniger auch zu bieten.

Das Konzept der Iren funktioniert unter anderem auch deshalb so gut, weil es befristete Arbeitsverträge gab, nicht nach Tarif bezahlt wurde – und weil Primark sich bei den Personalkosten vom Staat unter die Arme greifen ließ. Zum einen mit solchen Aufstockerleistungen, die hier schon mehrmals eine Rolle spielten. Allein in der Kölner Filiale mussten in den Monaten nach der Eröffnung 116 Mitarbeiter Aufstockerleistungen beziehen, wie das Jobcenter auf Anfrage mitteilte.

Zum anderen ließ Primark sich mit folgendem perfiden Trick vom Steuerzahler unterstützen: Bei den Ansiedlungen in neuen Städten nahm Primark mehrere Male zunächst Kontakt zu den jeweiligen Jobcentern und den Arbeitsagenturen auf. Man machte sinngemäß dieses Angebot: Wir nehmen euch auf einen Schlag mehrere Hundert schwer vermittelbare Arbeitslose ab – wenn ihr uns im Gegenzug günstige Konditionen für die Beschäftigung dieser Leute bietet.

Das funktioniert so: Die Jobcenter zahlen einem Teil der ans Unternehmen vermittelten Langzeitarbeitslosen sogenannte Eingliederungszuschüsse. Das sind prozentuale Anteile am Stundenlohn, die Jobcentervermittler für Arbeitssuchende mit »Vermittlungserschwernissen« gewähren können. Darüber, was als solche Erschwernis gilt oder nicht, hat der Jobcentervermittler einigermaßen freie Hand. Bei manchen Langzeitarbeitslosen zahlt das Jobcenter auf diese Weise ein Drittel vom Stundenlohn, bei anderen sogar die Hälfte – und zwar bis zu zwölf Monate lang. Das Unternehmen spart also in diesem Modell ordentlich Personalkosten, denn die trägt ja anteilsmäßig der Staat. Primark bediente sich kräftig an diesem Angebot. Allein in Köln zahlte die Arbeitsverwaltung auf diese Weise für 219 von 360 an Primark vermittelte Angestellte mindestens drei Monate lang einen Teil des Gehalts.

Die Eingliederungszuschüsse sind ein besonders krasser Auswuchs unseres Arbeitsmarktsystems: Der Staat unterstützt billige Arbeit, indem er sie auch noch mit Steuergeldern subventioniert. Wir alle zahlen also dafür mit, dass Primark seine Klamotten so billig verkaufen kann.

Die Arbeitsverwaltung macht in diesem schrägen Spiel mit. Die Verantwortlichen in den Jobcentern freuen sich sogar über solche Angebote. Denn Arbeitsplätze für Geringqualifizierte sind dünn gesät. Also schaffen die Eingliederungszuschüsse aus ihrer Sicht eine Win-Win-Situation: Für Firmen wie Primark sinkt der Stundenlohn, den sie ihren Mitarbeitern zahlen müssen. Und die Jobcenter profitieren, weil die Vermittelten aus der Arbeitslosenstatistik verschwinden. Selbst wenn Primark oder eine andere Firma die Leute schon kurze Zeit nach dem Auslaufen der Zuschüsse entlässt, weil sie ihnen dann zu teuer werden, ist das gesetzlich erlaubt und für die Arbeitsvermittlungsbehörden völlig in Ordnung. Denn die Arbeitskräfte tauchen in diesem Fall in der Langzeitarbeitslosenstatistik erst einmal nicht mehr auf. Schließlich beziehen sie dann zunächst Arbeitslosengeld I. Bei den Jobcentern beteuert man, die Zuschüsse kämen auch den Arbeitnehmern zugute, denn nach einem solchen bezuschussten Arbeitsverhältnis seien sie wahrscheinlich leichter in einen neuen Job zu vermitteln.

Das System der Eingliederungszuschüsse ist trotzdem – nicht nur, aber auch – ein Trick, der die Bilanzen großer Arbeitgeber verbessert und nebenbei die Arbeitslosenstatistik verschönert.

Jedes Jahr zahlen die Arbeitsvermittlungsagenturen für rund 60 000 Arbeitssuchende im Land solche Eingliederungszuschüsse, wobei die jährlich etwas weniger als 10 000 Arbeitssuchenden noch nicht mitgerechnet sind, die solche Zuschüsse aufgrund einer Behinderung bekommen. Diese rund 60 000 sind Vermittlungsfälle, bei denen die Vermittler in den Jobcentern »sonstige« erschwerte Vermittlungsbedingungen erkennen.

Die Jobcenter in den Kommunen unterstützen auch auf andere Weise große Neuansiedlungen, die viele Niedriglohnjobs versprechen, nach Kräften. Für Primark etwa stellten Jobcenter Berater ab, die für das Unternehmen die Rekrutierung übernahmen – eine externe, kostenlose Personalabteilung für Primark sozusagen. Sie veranstalteten für das Unternehmen Massenvorstellungstermine mit Kandidaten für die Billigjobs. »Mitarbeiter-Castings« wurden sie euphemistisch genannt.

Zumindest bei Primark, sagen Handelsexperten von ver.di, sollen sich in den vergangenen paar Jahren die Beschäftigungsbedingungen der Mitarbeiter spürbar verbessert haben: Die Leute dort verdienen jetzt mehr. Primark hat sich mit der Gewerkschaft auf einen sogenannten Anerkennungstarifvertrag geeinigt. Das bedeutet, dass das Unternehmen zwar weiterhin nicht Mitglied im Arbeitgeberverband ist, seine Mitarbeiter aber nach denselben Konditionen bezahlt wie zwischen Gewerkschaft und Arbeitgeberverband vereinbart.

Solche Lohnsubventionen wie bei Primark damals nehmen aber natürlich auch heute noch viele Konkurrenten gerade im Einzelhandel gern mit. Es sei betriebswirtschaftlich vernünftig, diese Möglichkeit auszuschöpfen, findet Jürgen Dax, Hauptgeschäftsführer beim Bundesverband des Deutschen Textileinzelhandels.

Ein Unternehmen übrigens, das auf diese Möglichkeit verzichtet, ist spannenderweise ausgerechnet der Onlinehändler Amazon. Der Konzern baut derzeit zwei riesige neue Logistikzentren, eines im westfälischen Oelde, eines in Mönchengladbach. Beides werden Komplexe der Superlative. In Oelde etwa sind die Maße diese: 15 Hektar Baufläche, 200 Millionen Euro teuer, 900 Parkplätze, 56 Laderampen. Der Versandgigant wird dort voraussichtlich bis zu 2000 neue Mitarbeiter beschäftigen. Ende 2019 soll der Komplex bezugsfertig sein.

Als die Pläne für den gigantischen Neubau in Oelde bekannt wurden, fackelten die Verantwortlichen im Jobcenter im Landkreis Warendorf nicht lange. Sie stellten – ähnlich wie bei Primark – eine neue Mitarbeiterin ein, die nun ausschließlich für die Einstellung neuer Amazon-Lagerarbeiter zuständig ist. Schließlich war die Chance einmalig, auf einen Schlag Hunderte Langzeitarbeitslose in Lohn und Brot zu bringen. Der Plan: Das Jobcenter und die Agentur für Arbeit sollten gemeinsam – ähnlich wie für Primark – ihre Arbeitslosendateien durchkämmen und dann Massenbewerbungstermine organisieren. Auch an den anderen deutschen Standorten, an denen in den vergangenen Jahren solche Amazon-Logistikzentren entstanden, stellten die Jobcenter und Bundesagenturen solche Key-Account-Manager ab, um den Handelsgiganten mit Personal zu versorgen: mal Hunderte, mal 1000 Mitarbeiter.

Und trotzdem verzichtet das Unternehmen darauf, sich von den Jobcentern Eingliederungszuschüsse zahlen zu lassen. Amazon begründet das – inoffiziell – so: Man habe als Einzelhandelsriese schon derart viel schlechte Presse zu verkraften und stehe für so viele Ängste – da wolle man »diesen einen Shitstorm wenigstens mal auslassen.«

Schöne Zahlen

Es gibt noch weitere Beispiele für problematische Vermittlungsmaßnahmen von Jobcentern: Überproportional oft vermitteln die Behörden Arbeitslose anstatt an feste Arbeitgeber an Zeitarbeitsfirmen. Obwohl in der Branche insgesamt nur eine Million Menschen arbeiten und damit weniger als drei Prozent aller sozialversicherungspflichtig Beschäftigten im Land, vermittelten die Behörden im ersten Halbjahr 2018 fast jeden dritten Arbeitssuchenden an eine Zeitarbeitsfirma – eine riesige Zahl. Das ging aus einer Kleinen Anfrage der Grünen-Bundestagsabgeordneten Beate Müller-Gemmeke hervor, die Ende März 2019 veröffentlicht wurde. Für die Betroffenen bedeutet dies, dass sie nicht nur weniger verdienen, als wenn sie direkt an Unternehmen vermittelt würden. Sondern auch, dass die Vermittlung wenig nachhaltig ist. Das schrieb sogar die zuständige Staatssekretärin im Bundesarbeitsministerium in ihrer Antwort an Müller-Gemmeke: Die Beschäftigungsdauer sei dort deutlich niedriger als bei festen Arbeitgebern. Die Leiharbeit, in die all diese Menschen, immerhin 780 000 im ersten Halbjahr 2018, vermittelt wurden, war für ziemlich viele von ihnen ziemlich schnell wieder beendet: Bei fast zwei Dritteln der Vermittelten endete die Beschäftigung in der Leiharbeitsfirma schon nach spätestens einem halben Jahr wieder.

Die Vermittlungspraxis der Bundesagentur für Arbeit ist also Beispiel par excellence dafür, dass die Arbeitslosenstatistik auf dem Papier zwar oft toll aussieht, tatsächlich aber das Papier es gar nicht wert ist, auf dem sie gedruckt ist.

Auf Kosten des Steuerzahlers

Arbeitgeber geben nur zu gern die Kosten für ihre Angestellten an die Öffentlichkeit weiter. Durch die in Deutschland geltenden Gesetze und die zuständigen Behörden werden sie allzu oft dabei unterstützt. Beispiele und Tricks gibt es auch hier genug: Firmenteile werden abgespaltet und die Mitarbeiter, die man nicht mehr beschäftigen möchte, in die neue Teilgesellschaft gesteckt. Diesen Firmenteil lässt man dann in die Insolvenz laufen. Auf diese Weise wird der Arbeitgeber die Mitarbeiter los. Und die Sozialsysteme fangen sie auf.

Besonders verbreitet ist dieses Gewinnerzielungsmodell in der Möbelbranche. Die Kette XXXLutz zum Beispiel, nach eigenen Angaben eine der größten Möbelhandelsketten der Welt, hat in den vergangenen Jahren schon mehrmals Mitarbeiter in verschiedenen Filialen so auf einfache Weise vor die Tür gesetzt. Zum Beispiel Anfang 2016. An einem Montagmorgen kamen die Mitarbeiter von XXXL Mann Mobilia in Mannheim früh um halb acht zur Arbeit. Doch vor der Eingangstür zur Verwaltung des Zentrallagers, berichtet der *Stern*, standen Sicherheitskräfte. Diese verteilten Briefe an die ankommenden knapp 100 Angestellten, die persönlich adressiert waren. Darin stand: »Hiermit werden Sie ab 1. 2. 2016 bis auf weiteres widerruflich von der Verpflichtung der

Arbeitsleistung freigestellt.« Das Unternehmen hatte beschlossen, den Standort zu schließen.

Der Trick, dessen sich XXXLutz bediente: Mit der Schließung des Standorts ließen sich die betroffenen Mitarbeiter betriebsbedingt kündigen, denn ihr Arbeitsvertrag war an dieses spezielle Lager gebunden, das eine rechtlich eigenständige Gesellschaft war. Die Firma, deren Markenzeichen der gigantische rote Stuhl vor dem Laden ist, machte es nicht zum ersten Mal so. Bundesweit beschäftigten sich in den vergangenen Jahren Arbeitsgerichte mit dieser Vorgehensweise. Baden-Württembergs Arbeitsministerin Katrin Altpeter bezeichnete das Vorgehen des Konzerns deshalb schon einmal öffentlich als »frühkapitalistische Herrschaftsmanier«.

Genutzt hat diese Kritik freilich nichts, der Konzern fährt munter weiter diese Strategie der Abspaltung, um Mitarbeiter loszuwerden. Dieses Vorgehen des Möbelhausriesen schadet dem Wert der Arbeit im Land – und das mindestens genauso wie andere Einzelhändler mit ihren Provisions- und flexiblen Teilzeitverträgen. Das Perfide ist: Genauso, wie flexible Teilzeit in Deutschland legal ist, ist auch die Aufspaltungstaktik von XXXL gesetzlich völlig in Ordnung. Nach geltendem deutschen Recht gilt der Kündigungsschutz für Mitarbeiter nämlich nur für die jeweilige Gesellschaft, nicht aber für den Konzern, zu dem diese Gesellschaft gehört. Immer wieder wurde in den vergangenen Jahren auf der politischen Bühne diskutiert, den Kündigungsschutz auf die Konzerne zu erweitern, um solche Tricks zu verhindern.

Passiert ist bisher: nichts. Ausgliedern, um dann betriebsbedingt zu kündigen, ist also ebenso legal wie ausgliedern, um auf diese Weise Tarifverträge zu umgehen. Den Arbeitgebern verschafft das Flexibilität. Für die Arbeitnehmer ist es ein weiterer Schlag, der die Sicherheit von Arbeitsplätzen erodieren lässt.

Ene, mene, muh: Das Risiko, das trägst jetzt du

Es gibt einen relativ großen Trend im deutschen Niedriglohnsektor: flexible Teilzeit. Und, genau wie vieles andere, das ich in den vorangegangenen Kapiteln beschrieben habe, handelt es sich auch hierbei um ein Instrument, das Unternehmen nutzen, um sich selbst besser zu stellen – während ihre Mitarbeiter schlechter gestellt werden. Die deutsche Gesetzgebung erlaubt das. Ich habe mir angesehen, wie es Menschen ergeht, die in dieser relativ neuen Art von Beschäftigungsverhältnissen arbeiten.

Wenn Manuela Königs Tochter Geburtstag hat, dann backt die Mutter ihrer Teenagertochter Kuchen, zündet Kerzen an, bläst Luftballons auf. Alles wie bei den meisten Familien. Doch etwas ist anders. Als die Tochter 15 wurde, kratzte König, die mit ihren beiden Kindern am Rand einer Stadt in Sachsen lebt und in Wahrheit anders heißt, 100 Euro zusammen und schenkte sie ihrer Tochter. Die hatte sich zum Geburtstag Klamotten gewünscht, die ausnahmsweise mal nicht von »Takko« sein sollten, das Billigste vom Billigen. Sondern Markenklamotten. »Das Geld war natürlich weg wie nix«, erzählt ihre Mutter. König, Anfang 40, arbeitet bei der inzwischen insolventen Spielwarenkette Toys'R'Us – und lebt am Rande des Existenzminimums. Am Monatsende hat sie nach Steuern und Sozialabgaben rund 900 Euro Gehalt auf dem Konto, manchmal auch 100 Euro weniger. Wie viel Geld genau es sein wird, weiß sie am Anfang des Monats nicht. Sie hat einen sogenannten flexiblen Teilzeitarbeitsvertrag. Das bedeutet: In Stoßzeiten, etwa im Weihnachtsgeschäft, wenn sich Eltern in den Spielzeughallen drängeln, um für den Nachwuchs Barbiehäuser oder Playmobil zu ergattern, kommt sie auf ihre 33 Wochenstunden. Im Sommer dagegen braucht die Firma sie seltener. Dann hat sie eben Pech gehabt. Das Problem: Weil ihr Arbeitsvertrag vorsieht, dass sie sich für Mehrstunden bereithalten muss, kann sie sich keinen Zweitjob suchen.

Neun von zehn Angestellten in den deutschen Filialen der US-Spielzeugkette hatten 2016, als ich zum ersten Mal über dieses Thema schrieb und dafür auch mit Manuela König sprach, solche flexiblen Teilzeitverträge, mit entsprechend schwankendem Lohn. Unter den 1700 Beschäftigten gab es zumindest zu diesem Zeitpunkt laut Gewerkschaft ver.di eine signifikante Zahl an Aufstockern.

Damit treibt die Kette ein Modell auf die Spitze, das zwar schon seit den Achtzigerjahren in ähnlicher Form besteht, bisher jedoch wenig im öffentlichen Fokus stand: die sogenannten Kapovaz-Verträge, »Kapazitätsorientierte variable Arbeitszeit«. Sie sichern Angestellten in der Regel nur eine Mindeststundenzahl zu, binden sie gleichzeitig aber an den Arbeitgeber, indem sie sich auf Abruf bereithalten müssen. Zwar teilte die Personalabteilung von Toys'R'Us den Betriebsräten im März 2016 mit, die Verträge beträfen 80 statt 90 Prozent der Mitarbeiter, doch in diese Berechnung sind auch die Hauptverwaltung und die Zentrallager einbezogen, wo laut Betriebsrat kaum Teilzeitkräfte arbeiten. Das Deutsche Institut für Wirtschaftsforschung schätzte damals auf Basis von Daten des Sozio-Ökonomischen Panels, dass bundesweit etwa 1,5 Millionen Menschen zu solchen Kapovaz-Bedingungen arbeiten müssen. Die Größenordnung gelte vermutlich noch heute, sagt der DIW-Arbeitsmarktforscher Karl Brenke. Das zumindest gehe aus einer jüngeren Version des Sozio-Ökonomischen Panels hervor.

Demnach arbeiten heute vier Prozent aller Beschäftigten im Land auf Abruf, rechnet man die Auszubildenden heraus. Also fast jeder 20. Beschäftigte. Geht man davon aus, dass diese Anstellungsform für die meisten von ihnen ein Leben in Unsicherheit bedeutet, ist das sehr viel. Es trifft übrigens nicht nur Ungelernte und gering Qualifizierte. Vier Prozent aller ausgebildeten Fachkräfte sind mit Abrufverträgen beschäftigt, und sogar drei Prozent aller Hochschulabsolventen. Besonders verbreitet aber ist Kapovaz bei den Teilzeitkräften. Laut einer Veröffentlichung des Instituts für Arbeitsmarkt- und Berufsforschung (IAB) aus dem Jahr 2015 arbeitet etwa jede Zehnte von ihnen auf Abruf. Die Wissenschaftlerin

Nadine Absenger, Arbeitsrechtsexpertin beim Wirtschafts- und Sozialwissenschaftlichen Institut (WSI) der Hans-Böckler-Stiftung, vermutet, dass die Zahl der Kapovaz-Verträge schon seit Längerem steigt. »Wir erfahren seit Jahren immer wieder und häufiger von Fällen, in denen Unternehmen diese Beschäftigungsform nutzen. Etwa in der Krankenpflege, im verarbeitenden Gewerbe – vor allem aber im Gastgewerbe und Handel.« In den vergangenen Jahren gerieten bereits H&M, Esprit und die süddeutsche Bekleidungskette Breuninger wegen der umstrittenen Beschäftigungsform in die Schlagzeilen. Niemand aber betreibt das Modell offenbar so extensiv wie Toys'R'Us.

Kapovaz-Verträge sind an sich völlig legal. Laut Teilzeit- und Befristungsgesetz ist die einzige Vorgabe für Firmen, dass vier Tage im Voraus die Einsatzzeiten festgelegt werden müssen. Immer mal wieder aber landen Kapovaz-Konstruktionen vor den Arbeitsgerichten. Es geht dann meist um die Frage, wie viel Flexibilität den Arbeitnehmern abverlangt werden darf. Das Gesetz über Teilzeitarbeit und befristete Arbeitsverträge schreibt Arbeitgebern zum Beispiel vor, dass sie ihre Angestellten, wenn nichts Genaueres im Vertrag vereinbart ist, mindestens zehn Stunden pro Woche einsetzen müssen. Und diese Stunden müssen auch dann bezahlt werden, wenn der Angestellte in der betreffenden Woche für weniger als zehn Stunden zum Dienst eingeteilt war. Das Gesetz besagt auch, dass der Arbeitgeber mindestens vier Tage im Voraus im Dienstplan vermerken muss, wann welche Kapovaz-Kraft zum Dienst erscheinen soll. Weil aber so viele Arbeitgeber gegen diese Vorgaben verstoßen, sagt Forscherin Absenger, landeten die Arbeitsverhältnisse häufiger vor Gericht.

Für Arbeitgeber ist das Modell attraktiv: Es verhindert, dass Mitarbeiter überflüssig im Laden herumstehen, wenn keine Kundschaft da ist. Schon heute seien die flexiblen Teilzeitverträge in all jenen Branchen ein Thema, die von unplanbaren Nachfrageschwankungen abhängen, sagt DIW-Forscher Brenke. Geht es nach den Arbeitgebern, müsste es noch viel mehr Flexibilität bei diesen Beschäftigungsverhältnissen geben. Die Bundesvereinigung der Deutschen Arbeitgeberverbände (BDA) forderte 2016, die Wirtschaft durch mehr gesetzlich erlaubte Flexibilität zu entlasten. Beispielsweise »könnte die Ankündigungsfrist von zurzeit vier Tagen verkürzt werden«, hieß es in einem öffentlichen Statement. Oppositionspolitiker wie die arbeitsmarktpolitische Sprecherin von Bündnis 90/Die Grünen, Brigitte Pothmer dagegen wünschen sich weniger Flexibilität bei der Ausgestaltung solcher Arbeitsverträge.

Dass derart viele Toys'R'Us-Mitarbeiter in flexibler Teilzeit arbeiten müssten, hängt laut ver.di wohl damit zusammen, dass die Spielwarenkette ein »typisch amerikanischer Arbeitgeber« sei. So zumindest urteilte der damalige Einzelhandelsexperte der Gewerkschaft, Ulrich Dalibor. In den USA sind solche Arbeitsverhältnisse deutlich verbreiteter. Kapovaz – offenbar ein Symptom einer Amerikanisierung des deutschen Arbeitsmarktes? Typisch amerikanisch ist auch die Pressearbeit von Toys'R'Us. Die deutsche Geschäftsführung in Köln verweist bei der Interviewanfrage auf die US-Konzernzentrale. Die dortige Pressestelle antwortete auf schriftlich gestellte Fragen nicht: Etwa, ob man in der Konzernführung darüber Bescheid wisse, dass viele Mitarbeiter in Deutschland nicht genug zum Leben haben. So gibt es vom Unternehmen auch keine Entgegnung auf die Kritik der Gewerkschaft, viele Mitarbeiter würden Stundenlöhne verdienen, die nur knapp oberhalb des Mindestlohns liegen – weil sich das Unternehmen weigert, den Flächentarifvertrag für den Einzelhandel zu akzeptieren und stattdessen einen Haustarifvertrag zu deutlich niedrigeren Gehältern durchsetzen wolle. Auch der Anteil der befristeten Arbeitsverträge sei hoch.

Im Sommer 2015 bestreikten die Mitarbeiter einige der 65 deutschen Filialen deshalb punktuell. Die größte Aktion gab es im April 2016: Angestellte aus 17 Läden demonstrierten vor der Geschäftszentrale. Toys'R'Us reagierte auf die Streiks, indem man Streikbrechern Prämien anbot: 200 Euro für Vollzeitangestellte, 100 Euro für Teilzeitkräfte. Manche Streikteilnehmer, etwa in Braunschweig, mahnte die Firma zudem ab. Angeblich seien sie ohne Ankündigung nicht zum Dienst erschienen.

Was die gering entlohnten Teilzeitverträge für die Angestellten der Spielwarenkette bedeutet, zeigt auch das Beispiel von Martin Schneider. Auch er möchte seinen echten Namen aus Angst vor Druck von Vorgesetzten nicht öffentlich nennen. Der Mittvierziger arbeitet seit elf Jahren für eine niedersächsische Filiale. Tag für Tag berät er Kunden, mal in der Babyabteilung, mal bei Fahrrädern und Sandspielsachen oder den Legosets für große Jungs. Wie seine Kollegin in Sachsen verdient auch er je nach Arbeitsaufkommen im Monat mal 800 Euro, mal 900 Euro netto. Mit dem Geld kommt er gerade so hin, obwohl er vor ein paar Jahren in eine günstige Singlewohnung gezogen ist, die so nah am Toys'R'Us -Laden liegt, dass er zu Fuß zur Arbeit gehen kann und sich die Busfahrkarte spart. »Es bleibt kein Cent zum Sparen übrig. Wenn etwas kaputt geht, wie zum Beispiel neulich die Waschmaschine, muss ich einen Kleinkredit aufnehmen«, berichtet er. Schneider sagt, er bleibe trotz der wechselnden Schichten und der Arbeit auf Abruf bei Toys'R'Us, weil der Zusammenhalt unter den Kollegen in seiner Filiale gut sei. Und weil die Arbeit mit Kindern, die gemeinsam mit ihren Eltern Spielzeug einkauften, mehr Spaß mache als die meisten anderen Jobs im Einzelhandel.

Mit Manuela König teilt er noch ein anderes Problem von Geringverdienern: die Sorge vor der Altersarmut. Auf Königs Rentenbescheid stand zuletzt, dass sie später einmal einen Regelanspruch von 597,06 Euro haben wird. Schon heute kommen sie und ihre Kinder kaum über die Runden: Von den 900 Euro, die sie pro Monat verdient, muss sie 400 Euro Miete zahlen. Dazu kommen Versicherungen, Handyrechnungen, der Suzuki Swift, den sie braucht, um zur Arbeit zu kommen, 50 Euro monatlich für einen Kredit, den sie vor drei Jahren aufnehmen musste, um sich nach der Trennung von ihrem Mann eine eigene Wohnung anmieten zu können. Alles andere, Essen, Kleidung oder die Beiträge für Reit- und Cheerleadervereine der Tochter, muss sie von den 380 Euro Kindergeld bestreiten. Ihr Mann zahlt keinen Unterhalt.

Am meisten vermisst König das Fahrradfahren. Ein Rad hat sie nicht, und Sparen geht auch nicht. »Das Geld nehme ich lieber, damit ich genug Essen für die Kinder habe«, sagt sie. Es sei ja nicht so, dass sie nicht satt würden, sagt König. Aber was ihr leidtue: dass sie beim Einkaufen im Kaufland nicht einfach zugreifen könne und in den Wagen packen, worauf sie gerade Lust hätten. Oder gesünder kochen, mit mehr Abwechslung bei Obst und Gemüse. »Ich gucke grundsätzlich vorher in den Prospekt, was gerade im Angebot ist«, sagt sie. Meistens seien das Äpfel.

Die Marke Toys'R'Us gibt es nach der Insolvenz der US-Muttergesellschaft inzwischen auch bei uns nicht mehr. Die Arbeitsverhältnisse jedoch haben sich allem Anschein nach unter dem neuen Eigentümer Smyths nicht wesentlich geändert.

Lohndumping: Mindestlohn zahlt längst nicht jeder

Jene Branche, die wohl mehr als alle anderen symbolisch dafür steht, wie prekäre Arbeit aussieht, ist die Paketbranche. Mindestlohnverstöße sind an der Tagesordnung, und die Finanzkontrolle Schwarzarbeit kommt kaum hinterher, all die Vergehen zu verfolgen. Beginnen wir mit einer Razzia des Zolls.

Es ist ein früher Februarmorgen 2019, noch vor Sonnenaufgang. Die Beamten des Kölner Hauptzollamts und der Polizei rücken zu einer konzertierten Aktion aus. Ihre grünen und blauen Streifenwagen fahren zeitgleich durch die Tore von sieben Kurierdienstdepots in der Stadt und im Umland. Sie gehören großen Firmen: DHL, GLS, Hermes und Amazon Logistics. Die Beamten stoppen die laufenden Verladearbeiten der Pakete in die Transporter, lassen die Paketboten und die Depotleiter zum Gespräch antreten. Sie lassen sich Stundenzettel zeigen, Arbeitsverträge, Lohnabrechnungen. Am nächsten Tag steht in der Lokalzeitung: »Die Ermittler stellten erhebliche Gesetzesverstöße fest.«[66] Bei 220 von 540 Fahrern, die meisten von ihnen bei Subunternehmern angestellt, hätten sich Hinweise auf Mindestlohnverstöße ergeben. Viele Fahrer bekämen zwar laut Vertrag den Mindestlohn bezahlt. Faktisch aber müssten sie zum Beispiel ihre Transporter außerhalb ihrer

Arbeitszeit beladen – was einen Verstoß gegen das Mindestlohngesetz darstellt. Viele Fahrer arbeiteten zudem schwarz, während sie bei den Jobcentern ganz oder teilweise als arbeitslos gemeldet waren und somit Sozialleistungen bezogen. All diese Fälle bei Ermittlungen auseinanderzudröseln, sagte mir der Sprecher der Hauptzolldirektion Köln, werde wohl Monate in Anspruch nehmen und viele seiner Kollegen lange beschäftigen.

Wie funktioniert der Mindestlohnbetrug in der Paketbranche konkret? Während meiner Recherchen stieß ich zunächst auf einen ehemaligen Manager einer der größten Paketfirmen der Branche. Der Mann arbeitet zwar seit kurzem nicht mehr in der Branche, kennt sich aber noch gut aus und hat Kontakte. Er schickt mir per WhatsApp eine Entgeltabrechnung eines Subunternehmers dieses Konzerns in Norddeutschland, die – wie er sagt – typisch strukturiert sei. Auf den ersten Blick sieht sie für einen Laien ganz normal aus, es gibt eine Sozialversicherungsnummer, eine Steuerklasse ist angegeben. Schaut man genauer hin, sieht man jedoch: Weder eine Steuer-ID ist angegeben, noch werden von der Lohnsumme Lohnsteuer oder Krankenversicherungsbeiträge abgeführt.

Der Manager erzählt mir auch etwas über diese Firma, das dem ähnelt, was Zoll und Polizei in Köln festgestellt haben: dass die Arbeit für die Zusteller zwar schon morgens um acht mit dem Beladen der Lastwagen beginnt, dass aber erst ab dem Stopp beim ersten Kunden, gegen 11 Uhr, bezahlt werde. Drei Stunden unbezahlte Arbeit jeden Morgen – das lässt die Subunternehmer und ihre Auftraggeber Unsummen von Geld sparen.

Großaktionen wie jene in Köln organisiert die Finanzkontrolle Schwarzarbeit des Zolls immer wieder, oft bundesweit gleichzeitig, in der Hoffnung, auf diese Weise nicht nur immer die kleinen schwarzen Schafe zu fangen – jene Subunternehmer, die im Auftrag der großen Paketdienste die Fahrer beschäftigen, und bei denen so gut wie immer Mindestlohnverstöße bekannt werden –, sondern um optimalerweise das System aufdecken zu können, das die Zollermittler hinter großen Teilen dieser Branche vermutet. In Hintergrundgesprächen mit hochrangigen Ermittlern höre ich immer wieder dieselbe Einschätzung: dass die Auftraggeber den Subunternehmern so wenig Geld pro ausgeliefertem Paket zahlen, dass diese gar nicht anders können, als den gesetzlich festgelegten Mindestlohn nicht zu zahlen. Arbeitsrechtler haben für dieses Vorgehen einen Begriff: »auskömmliche« Zahlungen. Der Begriff bedeutet, dass ein Auftraggeber, der seinem Subunternehmer so wenig zahlt, dass es rein rechnerisch gar nicht möglich ist, sich gesetzeskonform zu verhalten, sich mitschuldig macht.

Das Problem ist, dass sich solche Gesetzesverstöße der Auftraggeber so gut wie nie rechtlich dingfest machen lassen. Ein Beispiel: Zahlt ein Paketdienst seinem Subunternehmer pro ausgeliefertem Paket, sagen wir mal, zwei Euro, dann ist das zwar sehr knapp bemessen. Denn von dem Geld zweigt sich erst einmal der Subunternehmer einen Teil ab und muss Kosten wie Benzin abrechnen, bevor der Rest an den bei ihm angestellten Paketboten geht. Für unser Beispiel nehmen wir mal an, es seien 1,50 Euro pro Lieferung. Wie viele Pakete der Bote nun aber pro Stunde beim Kunden abgeben kann, hängt ja von vielen Faktoren ab: Wie lange steht er im Stau, wie weit sind die Fahrtwege von einem bis zum nächsten Kunden, liefert er in der Stadt oder auf dem Land aus? Der Auftraggeber wird sich im Zweifelsfall gegenüber dem Zoll oder der Staatsanwaltschaft immer darauf berufen, dass der Subunternehmer bloß nicht effizient genug seine Strecken geplant hat, um die Fahrer so einzusetzen, dass sie am Ende auf den Mindestlohn kommen.

»Die Paketbranche«, sagte mir kürzlich ein leitender Beamter der Finanzkontrolle Schwarzarbeit, »ist für uns extrem schwer zu knacken. Es ist eine Black Box.« Häufig, sagt er, seien die Lieferfahrer heute gar keine EU-Bürger mehr, sondern zum Beispiel Ukrainer, die sich mit gefälschten rumänischen oder bulgarischen Pässen als solche ausgäben. Die Arbeitsbedingungen und Löhne seien teilweise derart mies, dass EU-Bürger sie nicht mehr machen wollten. Das erklärt auch, warum so viele der Paketboten, die an unseren Haustüren schellen und uns um eine Unterschrift bitten, bevor sie ihren Scanner gehetzt schon wieder wegziehen, auf Rückfragen kaum antworten können.

Wie hart es in der Paketbranche mittlerweile zugeht, zeigte ein erschütternder Fall, der sich im Frühjahr 2018 im bayerischen Erding abspielte. Ein sechsköpfiges Rollkommando prügelte drei Männer vor einem Kino krankenhausreif. Eines der Opfer, ein Ukrainer, starb in der Klinik an seinen Kopfverletzungen. Die kurze Zeit später festgenommenen Täter stammten aus Litauen und Lettland. Die Ermittlungen der Polizei ergaben: Die drei Opfer hatten als Lieferfahrer und Lageristen für einen Subunternehmer des Paketdienstes GLS gearbeitet. Ihr Arbeitgeber soll ihnen Lohn vorenthalten haben. Daraufhin hatten die drei Männer den Opel Zafira der Firma, in dem sie schließlich attackiert wurden, als »Pfand« einbehalten. Die zuständige Staatsanwaltschaft Landshut bestätigte, dass gegen den Chef der Subunternehmerfirma ermittelt werde – wegen des Verdachts auf Anstiftung zur Körperverletzung mit Todesfolge. Auftraggeber GLS zeigte sich »empört« und kündigte dem Subunternehmer die Zusammenarbeit auf.[67]

Wer aber trägt die Verantwortung, wenn Lieferboten so wenig bezahlt bekommen, dass am Ende nur noch das Gesetz des Stärkeren regiert? Ist es der Subunternehmer, der sich zu viel Geld selbst abzweigt, oder ist es der Auftraggeber?

Natürlich, auch wir Konsumenten tragen sie durch unser Einkaufsverhalten. Dazu schreibt der bekannte Sozialwissenschaftler Stefan Sell, Professor an der Hochschule Koblenz und Experte für Arbeitsrechtsfragen,[68] schließlich seien wir die letzten Glieder in der »Lieferkette einer amazonisierten Gesellschaft«. Die allermeisten von uns, argumentiert er in einem Blogbeitrag, seien »tagtäglich Mitverursacher der vielfach beschriebenen Missstände. Denn deren Ursache wiederum sei schließlich, dass wir Kunden unsere Waren möglichst günstig geliefert haben möchten. Und, dass wir es mittlerweile selbstverständlich fänden, dass die Waren kostenfrei zurückgeschickt werden könnten. Die Retoure, schrieb neulich einer meiner Zeitungskollegen, sei mittlerweile das beliebteste Produkt im deutschen Onlinehandel. Er berief sich dabei auf eine Studie des IT-Branchenverbandes Bitkom von Dezember 2018. Demnach ist jedes achte Paket, das deutsche Paketboten von A nach

B befördern müssen, eine Rücksendung. Allein von 2016 bis 2018 sei die Retourenquote um 20 Prozent gestiegen.[69] Mehr zurückgeschickte Pakete wegen Nichtgefallens bedeuten aber mehr Masse, die Paketboten bewältigen müssen, mehr Stress, mehr überlastete Straßen.

Essen und Trinken vom lohngedumpten Fahrer

Die Straßen sind auch deshalb zunehmend verstopfter, weil sich die Menschen nicht mehr nur Bücher und Kleidung von vielleicht lohngedumpten Lieferanten nach Hause bringen lassen, sondern immer mehr Waren des täglichen Bedarfs, mittlerweile sogar Essen und Trinken. Supermarktketten wie Rewe mischen in diesem Geschäft mit, und findige Start-Ups wie flaschenpost.de – das in den vergangenen Jahren auf beachtliche Größe gewachsen ist. Flaschenpost liefert schon in acht Großstädten Wasser- und Bierkästen und vieles andere an Privathaushalte und gilt als eine der heißesten Neugründungen im Land. Im vergangenen Jahr nahmen zwei unserer Studenten an der Kölner Journalistenschule die Geschäftsstrategie des Unternehmens unter die Lupe. Sie förderten dabei Erstaunliches zu Tage. Zum Beispiel, dass Flaschenpost im Sommer 2018 bei seinen Lieferfahrzeugen die Sicherungen für die Klimaanlagen herausdrehte. Dem Unternehmen bescherte das hohe Einsparungen bei den Spritkosten. Die Geschäftsführung erklärte, dies sei natürlich nicht aus Kostengründen gemacht worden, sondern, um die Fahrer vor Erkältungen zu schützen.[70]

Amazon – jetzt auch auf der Straße

Bei der Zollrazzia Anfang 2019 in Köln nahmen die Ermittler auch ein Unternehmen ins Visier, das noch gar nicht so lange in der Auslieferungsbranche tätig ist: den Versandriesen Amazon. Etwa jedes dritte Paket, das im deutschen Versandhandel verschickt wird, stammt von diesem Konzern. Noch bis vor ein paar Jahren ließ Amazon in Deutschland seine Pakete ausschließlich von Partnern wie DHL, Hermes und Co. verschicken. Mittlerweile aber baut das Unternehmen sein Reich aus: Amazon gibt sich nun nicht mehr damit zufrieden, die Waren übers Internet anzubieten, sie über seine Websites zu verkaufen und sie für die Kunden zusammenzustellen, sondern organisiert jetzt auch den Versand zum Kunden selbst.

Nach Unternehmensangaben macht Amazon das nicht vorrangig, um noch mehr Geld zu verdienen. Sondern, um der steigenden Nachfrage Herr zu werden, die DHL und Konsorten nicht mehr allein bewältigen könnten. Seit sich der Riese 2015 auf dieses Feld begeben hat, sind in mehreren deutschen Städten große Amazon-Versandzentren gebaut worden, unter anderem in Köln, München und Berlin. Dort werden die Pakete, wie sonst in den DHL-Verteilzentren, sortiert, in Transporter gepackt und zum Kunden gefahren. Die Unterabteilung des Unternehmens, die dafür zuständig ist, heißt »Amazon Logistics«.

Die Menschen allerdings, die in diesen Transportern sitzen, sind keine Amazon-Angestellten, sondern Angestellte von kleineren Subunternehmen. Amazon liefert hier also gar nicht wirklich selbst, sondern lässt weiterhin liefern. Der Unterschied zur Zusammenarbeit mit DHL und Hermes ist nur, dass das Unternehmen die Pakete selbst bis in die Städte bringt und vorsortiert. Die Endlieferung an den Kunden übernehmen dann die beauftragten Subunternehmen. Amazon legt Wert auf die Feststellung, es sei sichergestellt, dass in seinem neuen System die Fahrer Mindestlohn erhielten. Die Vorgabe sei, dass die Subunternehmer ihren Fahrern mindestens zehn Euro Stundenlohn zahlten. Dies werde dadurch gewährleistet, dass der Konzern die beauftragten regionalen Logistikfirmen nicht per Stückzahl pro Paket bezahlt, sondern per Festpreis. Ich habe mich gefragt: Stimmt das? Bekommen die Fahrer wirklich zehn Euro pro Stunde? Und wie ergeht es ihnen bei der Arbeit?

Ich rufe beim Kölner Zoll an. Ein Sprecher erzählt mir, bei der

Razzia Anfang 2019 habe es auch bei den Firmen Hinweise auf Mindestlohnverstöße gegeben, die für Amazon Logistics fahren. Mehr dürfe er nicht sagen, die Ermittlungen liefen noch. Wie passt das zusammen, Amazons Versprechen fairer Stundenlöhne und der Verdacht des Zolls?

Zusammen mit meinem Kollegen Benedikt Fuest aus der *Welt*-Wirtschaftsredaktion gehe ich auf die Suche. Fuest fährt an einem frühen Morgen im März 2019 ins Amazon Logistics-Verteilzentrum, das in einem Gewerbegebiet am Rande der Stadt steht, Köln-Merkenich. Er hat die Amazon-Pressestelle überreden können, an einem Fahrtraining für neue Lieferfahrer teilnehmen zu dürfen. Er erfährt unter anderem dies: dass Amazon aus den USA eine eigene, ausgeklügelte Software entwickelt habe, die den Fahrern jeden Tag eine neue, optimierte Fahrtroute per Smartphone anzeige. Je nachdem, an welche Adressen sie an diesem Tag fahren müssten, leite die Software sie anders.

Auf dem Firmengelände sieht er eine Armada weißer Lieferfahrzeuge stehen, die gerade beladen werden. Auf fast allen prangt dasselbe Logo: »D&M Logistik Köln«. Ich beginne, die Hintergründe des Unternehmens zu recherchieren. Auf der Website kann man lesen, dass D&M-Logistik sechs Standorte bundesweit betreibt, davon fünf in Nordrhein-Westfalen. Und man erfährt noch etwas: dass das Unternehmen mit »ca. 15 Servicepartnern« zusammenarbeite. Das heißt aber nichts anderes als: weitere Subunternehmer. D&M gibt also seine Aufträge an kleinere Firmen weiter, die für sie die eigentliche Auslieferung übernehmen. Auf meine Interviewanfrage antwortet D&M Logistik, man habe dort keine Zeit, mit der Presse zu sprechen.

Ich forsche weiter und stoße auf einem Jobportal im Internet auf Stellenanzeigen des Unternehmens. Das Unternehmen sucht dort aktuell Lieferfahrer. In den Anzeigen, die auch bei Facebook geschaltet wurden, fällt eine immer wiederkehrende Formulierung auf: »Ihr Profil: Zuverlässigkeit, Opferbereitschaft und eigenständiges Arbeiten«. Opferbereitschaft? Das klingt nicht gut. Was damit wohl gemeint ist? Im selben Jobportal findet sich auch eine fast gleichlautende Stellenanzeige eines weiteren Unternehmens, das dieselbe Firmenadresse angibt wie D&M – und die wiederum auch die Adresse des Amazon Logistic-Zentrums ist, Köln-Merkenich. Es handelt sich offenbar um einen Sub-Sub-Unternehmer von Amazon. Auf meine Kontaktaufnahme hin schreibt der Mann nur knapp, er wolle nicht über dieses Thema mit mir sprechen.

Ich muss also einen Trick anwenden, um mit den Fahrern in Kontakt zu kommen: Ich schließe bei Amazon eine »Prime«-Mitgliedschaft ab, bei der ich eine einmalige Jahrespauschale bezahle. Dafür fallen dann keine Versandkosten für die einzelnen Lieferungen an. Denn an »Prime«-Kunden liefert generell Amazons eigene Logistik. Nur zwei Tage später steht der erste Fahrer vor meiner Haustür, der die gelbe Weste des Subunternehmers »D&M« trägt. Ein Volltreffer, er ist sehr auskunftsfreudig. Der Mann erzählt, die Sache mit dem festen Stundenlohn funktioniere für die Fahrer nicht so gut, wie sie sich auf den ersten Blick anhöre. »Wir bekommen jeden Tag acht Stunden bezahlt – auch, wenn wir länger brauchen.« Dies aber komme häufig vor, vor allem bei den Fahrern, die noch nicht so lange dabei seien.

Dass die Arbeitszeit so oft überzogen werde, liege daran: Amazons optimierte Fahrtroutenanzeige per Smartphone-App habe einige Macken. »Sie wurde für amerikanische Straßen programmiert, aber da läuft der Verkehr anders als bei uns«, sagt der Fahrer. Zum Beispiel: In den USA könne man auf fast allen Straßen mit seinem Lieferwagen einfach auf die linke Straßenseite wechseln, wenn dort das zu beliefernde Haus stehe. In Deutschland sind solche Linksabbiegemanöver aber häufig nicht erlaubt oder unmöglich: Straßenbahnen zwischen den Fahrbahnen, durchgezogene Linien in der Fahrbahnmitte, Leitplanken. »Das erkennt die Software aber nicht, also müssen wir dann doch oft ganz anders fahren und verlieren wertvolle Zeit.«

Man kann für die Fahrer im Auftrag von Amazon Logistics nur hoffen, dass das Anlaufschwierigkeiten sind, die bald ausgebügelt sein werden.

Amazon verlässt sich übrigens bei seiner neuen Selbstauslieferstrategie nicht nur auf Subunternehmen aus der Logistikbranche, sondern versucht parallel seit 2017 auch noch eine zweite Strategie: Privatleute für seine Paketlieferungen anzuheuern. Mit dem Werbeslogan »Seien Sie Ihr eigener Chef!« wirbt das Unternehmen um Auftragnehmer aus Berlin und München. Das neue Konzept heißt »Amazon Flex«. Die Interessenten, hieß es, könnten bis zu 64 Euro in vierstündigen Lieferschichten verdienen. Wie viel Geld es tatsächlich im Durchschnitt ist, verriet das Unternehmen bislang nicht. Pro Stunde gibt es 16 Euro, doch davon müssen die Auftragnehmer alle Kosten selbst bestreiten: Benzin, Versicherung, etwaige Reparaturen. Und natürlich den ganzen Rest – Sozialversicherung: Fehlanzeige. Die Krönung: Die Fahrer haften sogar für Verlust oder Schaden an den Paketen.[71]

Eigentlich ist die Strategie nur konsequent: Auf dem ohnehin schon prekären Markt der Paketdienste wendet der Logistikriese das bei den Fahrrad-Essenslieferdiensten mittlerweile schon bewährte Konzept der Uberisierung an und macht damit gewissermaßen das Bingo der erzwungenen Flexibilisierung komplett. All jene, die jetzt in ihren privaten Autos die Amazon-Päckchen ausliefern, zählen in den staatlichen Statistiken als Soloselbstständige. Kein Wunder, dass nur ein so kleiner Teil dieser »Selbstständigen« fürs Alter ausreichend vorsorgen kann.

Die Kaste der Unsichtbaren: Schwarzarbeit in Deutschland

Es muss drei, vier Wochen nach Neujahr 2018 gewesen sein, als in meinem Viertel in Köln die Gespräche am Gartenzaun anfingen. Um die Putzfrauen ging es, und sie liefen immer so oder ähnlich: »Sag mal, hat deine auch ihren Stundenlohn angehoben?« –

»Ja, meine nimmt jetzt 13 Euro die Stunde statt zwölf. Inflation, sagt sie.« – »Dasselbe sagt meine auch, komisch!« Eigentlich ist es logisch: Auch für nicht gemeldete Haushaltshilfen steigt das Lohnniveau, so wie für alle anderen. Die Miete wird teurer, der Strom, das Brot, das Benzin. Also müssen auch sie ihre Stundenlöhne nach und nach anheben. Doch wie genau läuft die Preisbildung auf einem Markt, der kein Mindestlohngesetz kennt und für den keine Tarifvereinbarungen gelten? Und nach welchen Gesetzen agiert man ganz generell in der parallelen Wirtschaftswelt der Schwarzarbeiter? Was sind die Regeln jener, die unter dem Radar fliegen?

Was nur wenigen Leuten klar ist: Schwarzarbeit nimmt in unserer Wirtschaft ziemlich viel Raum ein. Und es sind nicht nur die privaten Auftraggeber, auch Unternehmen beteiligen sich in großem Stil. Der renommierte Wirtschaftsforscher Friedrich Schneider von der Universität Linz schätzt, dass die Wirtschaftsleistung, die Schwarzarbeiter am Staat vorbei erbringen, etwa zehn Prozent des offiziellen Bruttoinlandsprodukts beträgt. Ein riesiger Sektor, der noch unterhalb des Niedriglohnsektors geradezu floriert. Bei Handwerksarbeiten im Haus, bei Reparaturen am Auto, bei Putzjobs oder bei der Betreuung unserer Großeltern zahlen wir Deutschen gerne so wenig wie möglich. Schwarzarbeiter zu beschäftigen gilt für Privatleute als Kavaliersdelikt. Man brüstet sich im Bekanntenkreis vielleicht gerne damit, für die neue Veranda keine »Märchensteuer« gezahlt zu haben, wie die Mehrwertsteuer im Umgangston heißt, und findet nicht viel dabei.

Aber natürlich muss uns allen klar sein: Wenn wir finden, dass Arbeit nichts kosten darf, wenn wir lieber die Putzfrau aus der Ukraine schwarz beschäftigen als ihre polnische Kollegin, weil erstere vielleicht einen Euro Stundenlohn mehr verlangt, höhlen wir auch damit, Stückchen für Stückchen, den Wert des Gutes Arbeit weiter aus.

Der größte Teil der Schwarzarbeit, hat Forscher Schneider berechnet, wird nebenbei geleistet – von Niedriglöhnern zum Beispiel, denen ihr reguläres Einkommen nicht zum Leben reicht und die sich deshalb noch am Abend oder Wochenende auf diese

Weise etwas hinzuverdienen. Zwischen neun und elf Millionen Menschen in Deutschland sind der Schätzung zufolge auf diese Weise schwarz entlohnt tätig.

Zweieinhalb Millionen Menschen leben ausschließlich von Schwarzarbeit. Darunter sind polnische Frauen, die in Einfamilienhäusern alter Menschen leben und diese rund um die Uhr pflegen; und Männer aus armen Ländern wie Moldawien, die auf der Suche nach einem besseren Leben nach Deutschland kamen, in Kolonnen Schwerstarbeit auf Baustellen schrubben und nach Feierabend in billigen Motels oder Massenunterkünften mit Campingkocher hausen. Darunter sind auch Geflüchtete, die ohne Aufenthaltsstatus im Land leben, wobei niemand sagen kann, welchen Anteil davon sie ausmachen. Alles Menschen, die für kleines Geld die Arbeit machen, auf die wir keine Lust haben. Arbeit, bei der die meisten von uns lieber nicht so genau wissen möchten, wie jene, die sie leisten, damit klarkommen.

Eine der schwarz putzenden Frauen, die im Januar bei uns in Köln ihren Stundenlohn anhoben – alle zugleich wie von Zauberhand –, ist Agnieszka, 39, aus Polen. Sie heißt eigentlich anders. Sie lebt zum damaligen Zeitpunkt seit fünf Jahren mit ihrem Lebensgefährten in Deutschland, auch er ein Pole. Das erzählt sie bei einem Bier an ihrem Küchentisch, zu dem sie mich eingeladen hat. Agnieszka putzt jede Woche in sieben Wohnungen in unserem Stadtviertel. Jeweils vier Stunden à 13 Euro, das macht 1456 Euro Einnahmen pro Monat. »Ich kalkuliere aber nur mit 80 Prozent des Geldes«, sagt sie, »denn es gibt Ausfälle durch Urlaub oder wenn ich krank bin. Und es kann natürlich jederzeit eine Putzstelle wegbrechen, wenn einer Familie meine Arbeit nicht mehr gefällt.« Agnieszka sagt, es stimme: Die Putzfrauen hier im Stadtteil sprächen sich ab, wenn sie die Preise anhöben. Zumindest die polnischen. »Wir sitzen ja sowieso oft zusammen und trinken Kaffee«, erzählt sie. »Und dann reden wir: Was nimmst du für eine Stunde? Hast du noch Zeit für eine Putzstelle? Ich weiß eine alte Frau, die jemanden sucht.« Die Idee allerdings, den Stundenlohn jetzt anzuheben, sei von ihm gekommen, sagt ihr Freund. Er selbst arbeitet als selbstständiger Handwerker. Mal auf Rechnung, mal schwarz. Im Grunde kalkuliert er wie jeder legale Handwerker. Da er selbst seinen Stundenlohn angehoben habe, und die anderen Männer aus der Branche ebenso, habe er Agnieszka gesagt: Mach das doch auch. Sie wiederum habe es den anderen Frauen ihres Kaffeekränzchens gesagt. Neue Putzstellen finden Agnieszka und die anderen Frauen auch über die Männer – die sich untereinander genauso kennen wie die Frauen. »Wir arbeiten zusammen am Bau. Oder in den Messehallen, Stände aufbauen«, erzählt ihr Lebensgefährte. »Dann gibt einer dem anderen Tipps, wo es gerade Arbeit gibt. Oder einer von uns renoviert eine Wohnung und fragt die Mieter, die einziehen: Brauchen Sie auch eine Putzfrau? So werden die Aufträge verteilt.«

Die Branche, in der Agnieszka arbeitet, ist eine der größten für Schwarzarbeiter in Deutschland: Haushaltshilfen. Das Institut der deutschen Wirtschaft rechnete hoch, dass 2,9 Millionen Haushalte eine Putzhilfe schwarz beschäftigen. Die allermeisten dieser Haushaltshilfen sind Frauen, darin sind sich Wirtschaftsforscher einig. Geht man davon aus, dass eine Putzfrau fünf Putzstellen hat – denn vermutlich sind die meisten weniger beschäftigt als Agnieszka – dann käme man auf eine knappe halbe Million schwarzarbeitender Putzfrauen bundesweit. Die Politik lässt diese vielen kleinen Fische in Ruhe: Die zuständigen Kontrolleure beim Zoll verfolgen diese Delikte nicht, weil es zu aufwendig wäre, nicht lohnend. Zudem sei es politisch nicht gewollt, die privaten Arbeitgeber mit Strafen zu überziehen, was durchaus nachvollziehbar ist, weil es einen sehr großen bürokratischen Aufwand bedeuten würde.

Die Nachteile dieses Wegschauens im Kleinen liegen auf der Hand: Während die Wertschätzung für Arbeitskraft weiter sinkt, verschafft es auch dem Sozialgefüge im Land Probleme. Denn ähnlich wie andere Niedriglöhner, bloß auf noch dramatischerem Level, können es sich natürlich auch die Schwarzarbeiter nicht leisten, fürs Alter vorzusorgen. Sie zahlen nicht in die sozialen Sicherungssysteme ein, sie sind nicht abgesichert, wenn ihnen etwas zustößt. Sind die Schwarzarbeiter Deutsche, rächt sich diese Politik des laissez faire, sobald sie alt sind – und altersarm.

Andererseits hat die Schwarzarbeit für unser Land auch Vorteile: Forscher Schneider zum Beispiel nennt die Arbeitskraft der Putzfrauen und die der anderen Schwarzarbeiter am Bau, auf Feldern, in Restaurants oder in Lagerhallen »Schmierstoff für die Wirtschaft« – weil viele Arbeiten ohne sie überhaupt nicht gemacht würden. Und ganze Branchen nicht laufen würden, gäbe es sie nicht.

Jener Wirtschaftszweig, für den dies vielleicht am meisten gilt, ist die Pflege alter Menschen. Ohne die Schwarzarbeiterinnen aus Osteuropa, hört man in der Branche immer wieder, ließe sich die Masse an Pflegebedürftigen im Land wohl niemals so versorgen, dass unsere Sozialsysteme es finanziell aushalten würden.

Gründe, warum gerade so viele Osteuropäer in Deutschland ihren Lebensunterhalt als Schwarzarbeiter verdienen, gibt es viele: Das Lohngefälle zwischen hier und dort ist einer davon. Der deutsche Mindestlohn, der es seit Anfang 2015 für viele Privathaushalte noch unattraktiver macht als früher, eine Putzfrau oder Pflegerin legal anzustellen, ein anderer. Er hat auch in anderen Branchen zu deutlich mehr illegaler Beschäftigung geführt. Zum Beispiel im Handwerk und am Bau. Einer der klassischen Anbahnungswege für schwarze Aufträge für Handwerker sind die sogenannten Schwarzarbeiterstriche. Es gibt sie in jeder größeren deutschen Stadt. Männer, meistens aus Bulgarien und Rumänien, stehen dort jeden Morgen bei jedem Wetter und warten darauf, dass ein Auto anhält: Was nimmst du pro Stunde? Kannst du Wände verputzen? Gut, dann steig ein. In Köln, im Stadtteil Ehrenfeld, ist der Schwarzarbeiterstrich kürzlich umgezogen. Grund: Der Backshop an der Ecke, in dem sich die Männer ihren Kaffee holten, hat dichtgemacht. Seitdem bieten die meisten ihre Arbeitskraft ein paar Straßen weiter an: ausgerechnet vor der Polizeiwache. Man trifft dort fast immer die gleichen Männer, die meisten Bulgaren.

Einen davon, einen gedrungenen Mittfünfziger mit Igelschnitt, nennen sie »Chef«. Er ist derjenige, der mit den Auftraggebern in den Transportwagen die Verhandlungen führt, die Preise festlegt. Acht oder neun Euro meistens für einfache Handwerksarbeiten. Der Chef ist auskunftsfreudig. »Wir haben hier fast nur Bulgaren und Rumänen, das sind gute Handwerker.« Seit Ende 2015 so viele Geflüchtete nach Deutschland gekommen seien, sagt er, versuchten auch immer wieder Syrer, sich dazuzustellen. »Ich sag denen immer: Hau ab, und dann machen sie das auch.« Warum die Syrer nicht auf dem Schwarzarbeiterstrich stehen dürfen? »Sie verderben die Preise, manche arbeiten für fünf Euro die Stunde.« Noch wichtiger, erklärt er, sei aber der gute Ruf: »Wir wissen ja nicht, ob die Leute die Arbeit ordentlich machen, dafür will ich nicht geradestehen.« Und, wer weiß: Vielleicht handeln die Syrer auch noch mit Drogen, sagt er. »Damit wollen wir hier nichts zu tun haben. Die Polizei kennt uns und lässt uns in Ruhe.«

Auch wenn Anfang 2019 Bundesfinanzminister Olaf Scholz ankündigte, die Finanzkontrolle Schwarzarbeit aufzustocken und gerade Bauarbeiterstriche mit ihren oft an Menschenhandel angrenzenden Verhältnissen stärker ins Visier zu nehmen: Im Großen und Ganzen haben Polizei und Zoll andere, deutlich größere Probleme: Sie müssen gegen Strukturen organisierter Kriminalität kämpfen. Wie aussichtslos dieser Kampf an vielen Stellen ist, erzähle ich im folgenden Kapitel.

Warum öffentliche Bauvorhaben in Wahrheit so schön billig sind

Der Bauarbeiter Dimitru Acostioaei sagt, er habe von Anfang an ein schlechtes Gefühl gehabt. Jeden Morgen eigentlich, wenn sie um Viertel vor sechs am Bahnhof in Offenbach losfuhren zur Baustelle. Aber er riss sich zusammen, er brauchte das Geld ja. An einem Tag im späten Januar sollte er eine Wand in einer großen Halle mit Rigipsplatten verkleiden, in vier Metern Höhe. Sein Chef brachte eine klapprige Leiter. Acostioaei protestierte, sagte, das sei zu gefährlich. Du steigst da jetzt hoch, antwortete der Chef nur. Er hatte Angst, aber tat es dann doch. Niemand stand unten, um die Leiter festzuhalten. Sie schwankte. Und Acostioaei stürzte.[72]

Auch was dann geschah, weiß er noch genau: dieser rasende

Schmerz in seinem linken Arm. Der hervorstehende Knochen. Wie sein Chef hektisch wurde und Acostioaei schnell von der Baustelle fuhr. Wie der Bruder des Chefs ihn in einem anderen Wagen schließlich in ein Krankenhaus brachte. Wie er dort herausfand: Er ist nicht krankenversichert. Die serbische Firma, die ihn als Subunternehmer auf der Baustelle beschäftigte, hat ihn nie angemeldet. Acostioaei hat jetzt eine Krankenhausrechnung von 20000 Euro und keinen Job mehr. Er schläft bei einem Freund. Wegen des kaputten Arms wird er wahrscheinlich nie mehr auf dem Bau arbeiten können. Wie es weitergeht, weiß er nicht.

Dimitru-Grigore Acostioaei, könnte man sagen, ist das letzte Glied einer langen Kette, die auf vielen deutschen Baustellen die Arbeit bestimmt: Unternehmen stellen Subunternehmen an, die wiederum Subunternehmen anstellen, und so weiter. Diese Kette führt dazu, dass auf vielen Baustellen ein Durcheinander an Anstellungsverhältnissen und Verantwortlichkeiten herrscht. Ein Durcheinander, das es möglich macht, Schwarzarbeit in großem Umfang zu verschleiern. Es passiert bei Bauvorhaben privater Auftraggeber, aber auch bei solchen, die von der öffentlichen Hand in Auftrag gegeben wurden. Sogar, ja gerade Großprojekte wie der Flughafen Berlin Brandenburg (BER) oder der Bahnhof Stuttgart21 waren betroffen.

Jeder, der in der Branche arbeitet oder über sie wacht, ahnt, wie gigantisch die Ausmaße der Schwarzarbeit gerade am Bau sind. Der Schattenwirtschaftsforscher Schneider hat 2018 berechnet, dass pro Jahr auf dem Bau und im Handwerk die unwahrscheinlich hohe Summe von 127,5 Milliarden Euro durch Schwarzarbeit und ihre Folgen umgesetzt wird.

Das hieße grob geschätzt: Bis zu ein Drittel aller Aufträge im Bau und im Handwerk werden schwarz erledigt. Und Schneider schätzt auch, dass gut ein Fünftel davon heute durch organisierte Kriminalität zustande kommt: 28 Milliarden Euro. Tatsächlich hat sich Schwarzarbeit gerade in den vergangenen zwei, drei Jahren immer stärker professionalisiert. Zollermittler und Gerichte kommen kaum mehr hinterher, die ausgeklügelten Betrugskonstrukte aus Scheinfirmen, vorgetäuschten Arbeitsverhältnissen und gefälschten Rechnungen aufzudecken. Und dort, wo gezielt Bauarbeiter aus dem Ausland angeworben werden, werden auch die Grenzen zum Menschenhandel bisweilen überschritten. Das berichten Gewerkschaftsvertreter und Staatsanwälte, auch einer der hochrangigsten Zollbeamten der Republik sagt es. »Hinter der Schwarzarbeit stehen heute häufig Firmennetzwerke, die teilweise mit hoher krimineller Energie organisiert sind und professionell agieren«, so Armin Rolfink, zum damaligen Zeitpunkt Direktionspräsident für die Bekämpfung der Schwarzarbeit.

Wer von alldem profitiert, ist offensichtlich: Neben den Drahtziehern der Schwarzarbeit sind es jene Generalunternehmer und Bauherren, die dank der illegalen Strukturen günstig und schnell bauen können – und deshalb im Zweifelsfall lieber nicht so genau hinschauen, wer auf ihrer Baustelle arbeitet. Ironischerweise gehört dazu eben auch die öffentliche Hand: Weil sie bei Bauaufträgen in erster Linie nach dem günstigsten Angebot entscheidet, ist selbst auf Baustellen von Bundesländern oder Kommunen Schwarzarbeit nicht selten. Warum aber vergibt die öffentliche Hand so oft die Aufträge nach dem Kriterium »günstigster Preis«? Weil sonst Bauvorhaben deutlich teurer würden als ohnehin schon. Und das dem Steuerzahler nicht gefallen würde.

Man könnte es andersherum auch so ausdrücken: Weil wir Steuerzahler erwarten, dass öffentliche Bauvorhaben schön billig sind, drückt die Politik ein Auge zu – und am Ende dieser Wirkungskette werden Arbeiter aus anderen Ländern verheizt.

Die Kehrseite der Medaille der niedrigen Bauvorhaben ist die: Schwarzarbeit geht auf Kosten des Staates und der Solidargemeinschaft, weil für die Arbeiter keine Steuern und Sozialbeiträge gezahlt werden. Sie geht auf Kosten der ehrlichen Baufirmen, die schwieriger an Aufträge kommen, da sie mit den Dumpingpreisen der unsauber arbeitenden Unternehmen nicht konkurrieren können. Und sie geht letztlich auf Kosten all derer, die arbeiten. Es gibt also genug Verlierer, dass man sich fragen muss: Warum wird die organisierte Schwarzarbeit am Bau in Deutschland nicht wirksamer bekämpft, warum kann sie sogar immer organisierter betrieben werden? Kann es wirklich damit zu tun haben, dass die öffentlichen Auftraggeber – und damit wir Steuerzahler – davon eben auch profitieren?

Acostioaei, der Rumäne, arbeitete auf einer großen Baustelle der öffentlichen Hand: an einem neuen Forschungsbau für die Mikrobiologie der Philipps-Universität Marburg. Auftraggeber: das Land Hessen. Auftragnehmer: Sub-Sub-Subunternehmerketten. Vier Wochen nach dem Unfall sitzt er in einem schmucklosen Büro in Frankfurt am Main und versucht sich zu erklären, sichtlich konzentriert. Ihm ist wichtig, dass man versteht: Er wollte nie Schwarzarbeiter sein. »Ich habe meinen Chef, einen Serben, ständig gefragt: Wo ist mein Arbeitsvertrag? Er hat mich jedes Mal vertröstet: Mach dir keine Sorgen, du bist schon ordentlich angemeldet.« Er hatte damals von Bekannten aus Rumänien gehört, dass Leute auf einer Baustelle gesucht würden. Die Firma organisierte Unterkünfte für alle, in einem Mietshaus, das Verwandten des Chefs gehörte, sie organisierte die Fahrt auf Transportern zur Baustelle, die anderthalb Stunden entfernt lag. Um die Anmeldung aber kümmerte sie sich nicht. Sie hatte es nie geplant.

Weil es überall im Land Menschen wie Acostioaei gibt, Schwarzarbeiter, die plötzlich ohne Geld oder irgendeine Absicherung dastehen, sich gar verletzt haben, haben die Gewerkschaft IG Bau und ihr Verband DGB in einigen großen Städten Anlaufstellen für sie geschaffen. Sie heißen »Faire Mobilität« und »Beratungsbüro für entsandte Beschäftigte« (BEB). Die Berater dort sagen, Acostioaei sei der eine Fall: ein Arbeiter, der auf dem sogenannten Bauarbeiterstrich angeworben und dann schlicht nicht angemeldet wurde. Ein anderer Fall seien Arbeiter, die als Scheinselbstständige beschäftigt würden und oft genug sehr viel mehr Stunden arbeiteten als vorgesehen. Gerade in den vergangenen Jahren hat diese Form, der Betrug mit falschen Rechnungen, auf denen ganz andere Stundenzahlen stehen als jene, die wirklich geleistet wurden, immer umfangreichere Formen angenommen, er ist inzwischen die häufigste Form organisierter Schwarzarbeit.

Das System funktioniert zum Beispiel so: Ein Bauunternehmer beschäftigt seine Arbeiter nur per Minijob, obwohl diese tatsächlich zehn Stunden oder mehr auf dem Bau schuften. Die eine Hälfte ihres Lohns bekommen die Arbeiter legal, die andere schwarz. Damit bei einer Betriebsprüfung nicht auffällt, dass die Zahl der geleisteten Arbeitsstunden nicht mit den gezahlten Sozialbeiträgen übereinstimmt, kauft sich der Bauunternehmer sogenannte Abdeckrechnungen bei einer Firma, es gibt laut Staatsanwaltschaften davon mittlerweile zahlreiche, deren Geschäft das Schreiben dieser Rechnungen ist. Auf den Rechnungen steht zum Beispiel: 10 000 Euro für das Überlassen unserer Mitarbeiter für den Innenausbau. Es sieht also auf dem Papier aus, als habe eine zweite Firma, ein Subunternehmer, die Arbeitsstunden geleistet. Diese zusätzlichen Arbeiter existieren aber nicht, die Stunden hat die Stammbelegschaft des Bauunternehmers selbst schwarz geleistet. Der Unternehmer überweist die 10 000 Euro für die fiktive Leistung an jene Firma, die diese Abdeckrechnung geschrieben hat. Diese behält zehn Prozent für ihre Dienste ein und gibt dem Unternehmer den Rest bar auf die Hand zurück. Der bezahlt davon den Schwarzlohn an seine Arbeiter.

Arbeiter, die wissen, dass sie weit unter dem Mindestlohn beschäftigt werden, wehren sich oft nicht dagegen. Sie sind auf das Geld angewiesen. Sie harren sogar aus, wenn sie immer wieder vertröstet statt bezahlt werden. Vor allem die, die von weiter her kommen und auch logistisch von ihren Arbeitgebern abhängen.

Denn neben dem Scheinrechnungsbetrug, oder in Kombination damit, floriert noch eine weitere Methode bei der organisierten Schwarzarbeit. Sie heißt: Scheinentsendung. Dabei übernehmen Baufirmen, die in Rumänien, Bulgarien oder anderen Ländern ansässig sind, Subaufträge an deutschen Baustellen. Für ihre Arbeiter zahlen sie im Heimatland Steuern und Sozialabgaben, offiziell sind die Arbeiter im Heimatland auf Bauprojekten eingesetzt. In Wahrheit jedoch sind die Baufirmen oft nur Anwerbebüros, um die Arbeiter nach Deutschland zu schicken. Die Methode macht es deutschen Generalunternehmern möglich, ihre Hände in

Unschuld zu waschen. Denn stimmen die Papiere der Bauarbeiter, ist aus ihrer Sicht alles in Ordnung. Der Pressesprecher eines der größten Baukonzerne des Landes, Hochtief, sagt etwa auf Anfrage: Auf Hochtief-Baustellen könne es schon aus technischen Gründen keine Schwarzarbeit geben. Denn es gebe Zugangskontrollen. Nur wer einen gültigen Ausweis habe, komme rein. Ähnlich äußerte man sich vor Jahren etwa auch beim Flughafen Berlin-Brandenburg. Scheinentsendungen aber können durch solche Kontrollen kaum verhindert werden. Denn in diesem Fall sind die Papiere der Arbeiter ja völlig in Ordnung.

Beide, sowohl das System der Scheinrechnungen als auch die Methode der Scheinfirmen, funktionieren auch deshalb so gut, weil auf deutschen Baustellen unbegrenzte Subunternehmerketten möglich sind. Die Gewerkschaft IG Bau und die Beratungsstellen für Arbeiter aus anderen Ländern kennen Fälle, in denen sechs oder sieben Firmen in einer Kette arbeiteten, von der jede sich etwas abzweigt. Das führt nebenbei auch dazu, dass für die Arbeiter kaum etwas übrigbleibt. Viele von ihnen arbeiten für fünf Euro die Stunde, und in vielen Fällen behalten die Firmen, die sie beschäftigen, selbst davon noch einen Teil ein: für die Unterkünfte, in denen die Arbeiter hausen. In Berlin soll der Zoll vor ein paar Jahren eine Massenunterkunft auf einer Großbaustelle entdeckt haben, auf der 100 Bauarbeiter notdürftig untergebracht waren. Feldbetten, Campingkocher, Schlafsäcke, das berichtet ein Augenzeuge. Es gab auch schon Fälle, in denen Arbeiter, etwa aus der Ukraine, regelrecht nach Deutschland geschleust und zur Arbeit auf einer Baustelle gezwungen wurden, das beschreibt das Bundeskriminalamt (BKA) in seinem »Lagebild Menschenhandel«. Die Geschleusten sollen geschlagen und in Baracken oder Massenunterkünften untergebracht worden sein. Das BKA schreibt, es zeige sich ein »hoher Grad an Professionalität, mit dem die Täter vorgehen«. Im Jahr 2016 gingen die Fälle von 48 auf diese Weise nach Deutschland verschleppten Menschen vor Gericht.

Fragt man das für den Zoll zuständige Finanzministerium, was es tut, um dieser stark wachsenden neuen Herausforderung zu begegnen, bekommt man unter anderem diese Auskunft: dass die Schwarzarbeitsfahnder seit relativ kurzer Zeit gezielt die großen Fische jagen sollen statt kleine. »Qualität statt Quantität« nennt die Bundesregierung dieses Effizienzprogramm. Anstatt von einer Baustelle zur nächsten zu fahren und auf gut Glück Schwarzarbeiter zu schnappen, sollen die Fahnder die Hintergründe von Firmennetzwerken recherchieren: über Handelsregister, über Datenbanken der Deutschen Rentenversicherung oder der Sozialkassen der Baubranche. Oder durch Hintergrundgespräche mit Bankangestellten – die meist als Erste verdächtige Kontenbewegungen bei ihren Kunden bemerken und per Gesetz verpflichtet sind, dann eine Geldwäscheverdachtsanzeige zu stellen. Zeichnen sich verdächtige Muster ab, sollen die Fahnder die Tatverdächtigen gemeinsam mit der Polizei telefonisch überwachen und schließlich Razzien organisieren, bei denen die großen Fische ins Netz gehen. Das ist die Theorie.

Wie die Praxis allerdings aussieht, erzählt ein Fahnder der Finanzkontrolle Schwarzarbeit, der in einer mittelgroßen Stadt arbeitet. In welcher, darf hier nicht stehen, um seine Identität nicht nachvollziehbar zu machen. Die vergangenen Wochen im Dienst waren stressig, sagt er. Er und ein paar Kollegen waren in eine andere Stadt abgeordnet – einen der bundesweiten Brennpunkte, wo es derart viel organisierte Schwarzarbeit gibt, dass die Kollegen dort nicht mehr nachkommen. »Auf dem Papier sind wir zwar mehr Leute geworden«, sagt er und zieht die Schultern hoch, »aber in Wirklichkeit eher weniger.« Was er meint, lässt sich auch an offiziellen Zahlen nachvollziehen. Anstatt der 7211 Mitarbeiter, die die Finanzkontrolle Schwarzarbeit Anfang 2018 laut Plan beschäftigen sollte, waren es tatsächlich nur 6452. Das ergab eine Kleine Anfrage der Grünen-Bundestagsabgeordneten Müller-Gemmeke an die Bundesregierung Ende Februar 2018.

Dass es viel zu wenige Fahnder gibt, liegt unter anderem daran, dass bei den Aufstockungsplänen wohl übersehen wurde, dass pro Jahr 150 Beamte in den Ruhestand gehen oder aufhören. Die Bundesregierung hält also ihre eigenen Vorgaben nicht ein.

Beim Finanzministerium erklärt man, das liege daran, dass es zu wenig Ausbildungskapazitäten gebe. Das ist aber nicht das einzige Problem. Tatsächlich hat die Finanzkontrolle Schwarzarbeit 2015 zusätzlich zu ihrer Hauptaufgabe, der Jagd auf die Drahtzieher unangemeldeter Beschäftigung, noch eine Mammutaufgabe hinzubekommen: Sie muss nun auch noch kontrollieren, ob überall im Land – egal ob auf dem Bau, in Restaurants oder in Büros – das Mindestlohngesetz eingehalten wird. Im Saldo also gibt es heute nicht mehr Zollfahnder, die kriminelle Banden am Bau jagen können, sondern weniger. Darauf angesprochen, sagt der oberste Beamte der Finanzkontrolle Schwarzarbeit, Rolfink: »Es stimmt natürlich, dass die Finanzkontrolle Schwarzarbeit stark belastet ist mit den vielen Fällen, die wir bearbeiten müssen. Aber ich finde, wir machen das im Rahmen der verfügbaren Ressourcen sehr gut.«

Der Schwarzarbeitsfahnder erzählt anonym, was die personelle Unterbesetzung konkret für die Verfolgung der Netzwerke bedeutet: »In den Hochburgen organisierter Kriminalität am Bau sind die Kollegen derart überfordert, dass sie große Ermittlungsfälle teilweise komplett liegen lassen müssen. Es gab in den letzten ein, zwei Jahren mehrere Male Geldwäscheverdachtsanzeigen von Banken, um die sich ganz einfach niemand kümmern konnte. Die liegen dann einfach erst mal weiter da.«

Wie schwer sich die Politik tut, gegen organisierte Schwarzarbeit vorzugehen, zeigt sich auch am Beispiel der sogenannten Scheinentsendungen. Schon mehrfach wurde auf EU-Ebene versucht, eine neue Regelung der 20 Jahre alten Richtlinie durchzusetzen. Es geht dabei darum, die Bedingungen, unter denen aus anderen Ländern entsandte Arbeiter arbeiten, anzugleichen. Darum letztlich, dass an dem gleichen Ort das gleiche Arbeitsrecht für alle gilt. Die südosteuropäischen Länder mit eher niedrigem Lohnniveau stimmten dagegen, weil dies für sie ein Wettbewerbsvorteil und wichtiger Wirtschaftsfaktor ist.

Schwarzarbeit gab es auch beim gescheiterten Bau des Flughafens Berlin Brandenburg. Mitte 2012, der erste Spatenstich war sechs Jahre her, zwei Eröffnungstermine bereits verstrichen, wurden immer mehr Skandale um die Baustelle bekannt: falsche Planungen, Pfusch, Korruption, aber auch viele Arbeitsunfälle, und zahlreiche Fälle von Schwarzarbeit. Einer der ersten, die bekannt wurden, betraf 40 Ungarn, die illegal auf der Baustelle beschäftigt waren und sich plötzlich ohne Lohn und Bleibe wiederfanden. Angestellt hatte sie ein Sub-Subunternehmen der zuständigen Baufirma, es hatte sie im Internet angeworben. Ein Einzelfall, hieß es zunächst vonseiten des Flughafens. Wenig später, vor allem nach einer Anfrage der Linken im Bundestag, wurden andere Zahlen bekannt. Auf Nachfrage bestätigte uns das Hauptzollamt Potsdam: Zwischen 2007 und 2013 wurden allein dort tatsächlich 91 Verfahren gegen Arbeitgeber eingeleitet – »soweit bekannt«. 58 Strafverfahren, 33 Ordnungswidrigkeitenverfahren. Tatsächlich kam es auch zu einigen Freiheitsstrafen, die meisten auf Bewährung.

Und hier kommt die Rolle der öffentlichen Hand ins Spiel. Fragt man mittelständische Bauunternehmer, warum es ausgerechnet auf öffentlichen Baustellen derart viele Schwarzarbeiter gibt, zucken die nur mit den Schultern und sagen: wegen des Vergaberechts. Der Unternehmer Frank-Peter Muschiol zum Beispiel kann das gut erklären. Er ist einer der größeren Mittelständler in der Hauptstadt, macht mit seiner Firmengruppe ganze Bauprojekte, Innenausbau, Malerarbeiten. Muschiol hat 400 Mitarbeiter und ist mit dieser Größe eigentlich konkurrenzfähig. Aber er sagt: »Wir werden so oft von Billigheimern unterboten, von denen wir ganz genau wissen, dass sie diese Preise nur mit Schwarzarbeit anbieten können, das glauben Sie gar nicht.« Der Chef der Finanzkontrolle Schwarzarbeit bestätigt das. »Die meisten Fälle organisierter Schwarzarbeit am Bau finden da statt, wo es den größten Lohndruck und die geringsten Gewinnmargen gibt.« Und das sind die einfachen Arbeiten, für die man Ungelernte einsetzen kann: Eisenflechterei, Gerüstbau, Erdarbeiten. Für ein legal arbeitendes Unternehmen, meint Unternehmer Muschiol, sei es mittlerweile nicht mehr möglich, Mindestlohn zu zahlen und dabei konkurrenzfähig zu sein.

Ein aktuelles Beispiel dafür schickt der Bauunternehmer per Post: das Absageschreiben des Bezirksamts Berlin-Neukölln. Es ging um Wärmedämmung für ein Kinderklubhaus. In den Unterlagen kann man nachlesen, welches Kriterium die Vergabestelle des Stadtbezirks ihrer Entscheidung zugrunde gelegt hat: »niedrigster Preis«.

Das, sagen Unternehmer und Zollexperten unisono, sei die gängige Vorgehensweise bei vielen Vergabestellen überall im Land. Auch auf der Baustelle, auf der Dimitru Acostioaei arbeitete, war es so. Der für die Vergabe zuständige Landesbetrieb Bau und Immobilien Hessen schreibt auf die Frage, wie es zu der undurchsichtigen Vergabekette und schließlich dem Unfall des Rumänen kommen konnte, auch: »Das Land Hessen schreibt Bauleistungen nach Maßgabe der einschlägigen Vergabevorschriften aus.« Demnach sei für die Auftragsvergabe Transparenz und Gleichbehandlung maßgeblich – und »Wirtschaftlichkeit«. Ein vager Begriff, den öffentliche Auftraggeber auslegen können, wie sie wollen, und der eben in der Praxis häufig bedeutet, dass der billigste Anbieter den Zuschlag bekommt. Das Kriterium »Transparenz« jedenfalls scheint in diesem Fall keine große Rolle gespielt zu haben: Von dem Unfall des Rumänen hatte das Land keine Kenntnis, antwortet auf Nachfrage aber sofort, dass man die »Anschuldigungen sehr ernst« nehme und »sie weiter eingehend« prüfe: »Abhängig vom Ergebnis werden dann die notwendigen Konsequenzen gezogen.«

Die öffentliche Hand also vergibt ihre Bauaufträge oft an denjenigen, der es am billigsten macht – weitgehend unabhängig davon, ob die Arbeiter, die für diese Billigangebote eingesetzt werden, angemeldet sind oder Mindestlohn bekommen. Auch das ist im Grunde nur ein weiteres Symptom der Seuche, die auf dem deutschen Arbeitsmarkt grassiert: die fehlende Bereitschaft, Arbeitskraft wertzuschätzen, indem man sie fair entlohnt – und Fälle, in denen dies nicht passiert, in aller Konsequenz zu verfolgen.

Zwar wurde das Vergaberecht erst vor Kurzem EU-weit reformiert. Seither dürfen Vergabestellen ihre Aufträge auch von anderen Kriterien abhängig machen. Also nicht mehr den Billigsten beauftragen, sondern jenen mit dem »nachhaltigsten« Angebot. Das heißt unter anderem, sie dürften nur jene Baufirmen berücksichtigen, die nachweisen, ihre Arbeiter fair zu bezahlen. Trotzdem passiert das in der Praxis zumindest in Deutschland kaum. Selbst die Bundesbauverwaltung – jene öffentliche Einrichtung, die zum Beispiel Abgeordnetenhäuser und Ministerien bauen und renovieren lässt – schreibt nach wie vor einen Teil ihrer Aufträge nach »niedrigstem Preis« aus, wie sich auf ihrer Internetseite nachlesen lässt. Um zu vermeiden, dass etwa in Berlin öffentliche Bauaufträge an windige Firmen gehen, hat die Sozialkasse Bau ein Weißbuch erstellt: Darin stehen nur jene Berliner Firmen, die plausibel vorrechnen können, dass sie sauber abrechnen. Bloß leider, sagt die Chefin der Berliner Soka, Christine Heydrich, werde das Weißbuch von öffentlichen Vergabestellen kaum genutzt. »Das liegt wahrscheinlich am Bauboom: Die Auftraggeber finden momentan nur schwer überhaupt jemanden, der einen Auftrag übernimmt. Da können wohl gerade die öffentlichen Vergabestellen nicht so pingelig sein – wenn sie überhaupt wollen, dass ihre Bauprojekte irgendwann fertiggestellt werden.«

»Die Vergabestellen der öffentlichen Hand können heute ihre Subunternehmerketten überhaupt nicht mehr überblicken.« Das sagt ein Gewerkschafter, der sich seit Jahren intensiv mit den Vergaberichtlinien am Bau beschäftigt. Frank Schmidt-Hullmann ist bei der IG Bau unter anderem für Politik und Sozialkassen zuständig. Er ist sich genau wie die Berater der Fairen Mobilität sicher: Die Geschäfte organisierter Krimineller am Bau würden wohl deutlich schlechter funktionieren, wäre es verboten, unbegrenzt immer weitere Subunternehmen zu beauftragen.

Warum also begrenzt die Politik sie nicht? Reagiert sie vielleicht einfach darauf, dass wir Steuerzahler kein Verständnis dafür aufbringen, wenn unsere finanzielle Belastung steigt, weil Bauen per Tariflohn nun einmal deutlich teurer ist als Bauen mit Dumpinglöhnen?

In einem Abgeordnetenbüro im Berliner Bundestag steht eine Frau und zuckt mit den Schultern. Jutta Krellmann sitzt für die Linke im Parlament. Sie ist eigentlich Gewerkschaftssekretärin, IG Metall, daran lassen auch die Plakate in ihrem Büro wenig Zweifel.

»Adios Lohndumping« steht da drauf und: »Die Arbeit der Zukunft gestalten wir«. Jutta Krellmann sagt, dass sie manchmal das Gefühl habe, allein auf weiter Flur zu kämpfen. In diesen Kämpfen geht es oft um kleine Schritte. Ihr geht es vor allem um die Arbeitnehmer, sie sitzt im Ausschuss Arbeit und Soziales. Sie stellt sehr viele Kleine Anfragen an die Bundesregierung. Darin geht es auch um konkrete Baustellen; es war eine ihrer Anfragen, die 2012 erstmals klarmachte, wie groß der Umfang der vom Zoll aufgedeckten Schwarzarbeit auf dem BER tatsächlich war. Nur viel geändert hat das bislang nicht. Ein Thema, für das die Linken-Politikerin seit Jahren kämpft, ist eben die Begrenzung jener Subunternehmerketten. Zuletzt ging es Ende 2016 im Bundestag darum, als das Gesetz zur Bekämpfung der Schwarzarbeit reformiert werden sollte. Bei einer Anhörung des Finanzausschusses hörte man unter anderem Vertreter der IG Bau und von Faire Mobilität an, sie sprachen sich wie Jutta Krellmann an diesem Tag wieder einmal für eine solche Begrenzung aus. Aber die Forderung schaffte es nicht ins Gesetz. Krellmann sagt: »Am Ende verweisen die anderen Fraktionen gerne darauf, dass die unternehmerische Freiheit nicht begrenzt werden darf.« Es klingt nach einer ziemlich neoliberalen Herangehensweise: Bloß nicht die Rechte der Unternehmer zu stark beschneiden. Was mit den Arbeitnehmern ist, lässt man außen vor.

André Berghegger, der CDU-Bundestagsabgeordnete, der bei der Union für die Arbeit der Finanzkontrolle Schwarzarbeit zuständig ist, bestätigt das im Prinzip. Er sagt, die Branche brauche »eine gewisse Flexibilität, um beispielsweise auf Auftragsspitzen reagieren zu können«. Das Bundesarbeitsministerium, die oberste Behörde für den Schutz von Arbeitnehmerrechten im Land, wollte sich zu dem Themenkomplex auf unsere Fragen hin überhaupt nicht äußern. Und das Finanzministerium antwortete uns auf die Frage, ob es der Baubranche und den Arbeitern helfen könne, Subunternehmerketten etwa auf drei zu begrenzen, nur knapp: Eine Bewertung eines solchen Regelungsvorschlags sei nicht möglich. Der CDU-Abgeordnete Berghegger sagt noch etwas: dass doch heute schon die Generalunternehmer auf Baustellen dafür haftbar gemacht werden könnten, wenn ihre Subunternehmer zum Beispiel keine Mindestlöhne zahlten. In diesem Sinne reiche die heutige Gesetzgebung doch aus.

Wahrscheinlich aber liegt es in Wahrheit doch vor allem daran, dass man als Auftraggeber günstiger bauen lassen kann, wenn man weniger pingelig hinschaut, von wem und zu welchen Bedingungen die Aufträge ausgeführt werden. Die Bauvorhaben der öffentlichen Hand funktionieren damit nach derselben Logik wie die Zeitverträge für Lehrer und die zunehmend prekären Arbeitsbedingungen von Polizisten: Alle wollen faire Löhne und Arbeitsbedingungen für die Staatsbediensteten, bloß bezahlen will sie niemand.

Die neuen Leibeigenen

Es gibt in Deutschland noch eine weitere große Branche, die von Schwarzarbeit durchsetzt ist – und die daran krankt, dass die Verantwortlichen in der Politik an entscheidenden Stellen die Augen verschließen: die häusliche Altenpflege. Ähnlich wie auf den Baustellen gilt auch hier: Für Auftraggeber – also die Familie eines Pflegebedürftigen – ist es deutlich billiger, eine Polin oder Rumänin für gut 1000 Euro im Monat bei Opa mit im Haus wohnen zu lassen, ohne sie sozialversicherungspflichtig anzumelden.

Auch gesamtwirtschaftlich betrachtet ist der Zusammenhang im Grunde derselbe wie bei den Baustellen: Wäre die Schwarzarbeit auf dem Bau nicht so verbreitet, würden insgesamt weniger Bauvorhaben realisiert, egal ob öffentliche oder private – Schwarzarbeit als Schmierstoff für die Wirtschaft eben. Und wäre die Schwarzarbeit in der häuslichen Pflege nicht so verbreitet, könnten viele Familien sich von Einkommen und Pflegeversicherung keine Pflegekraft leisten, die rund um die Uhr da ist und aufpasst. Dann aber würde das deutsche Pflegesystem zusammenbrechen. Und in der Konsequenz müssten die Sozialversicherungsbeiträge für die Pflege deutlich steigen.

Die häusliche Altenpflege und die Baubranche haben also eines gemeinsam: Damit wir unseren Lebensstandard zu möglichst günstigen Konditionen halten können, arbeiten Menschen zu teils unmenschlichen Bedingungen.

Bożena zum Beispiel, die ich für meine Recherchen zur Schwarzarbeit in der Pflegebranche kennenlernte, und die ich in ihrem polnischen Heimatort besuchen durfte. Bożenas Mann ist zu dem Zeitpunkt, als wir uns kennenlernen, schon ein paar Jahre tot. Er war in der Küche der Altbauwohnung in Chojnów einfach zusammengebrochen, Herzinfarkt mit Mitte 50. Bożena war damals nicht zu Hause. Sie war in Deutschland, eine alte Frau pflegen. Frauen wie Bożena gibt es viele, illegale Haushaltshilfen aus Osteuropa, allein in Deutschland etwa 400 000. Man kann sagen: Das Modell hat sich in Deutschland etabliert. Insgesamt gibt es nach Angaben des Statistischen Bundesamtes rund eine Million Deutsche, die zu Hause betreut werden. Offiziell geschieht das durch ihre Angehörigen. Inoffiziell, schätzt das Deutsche Institut für angewandte Pflegeforschung, beschäftigen 150 000 Familien Osteuropäerinnen, die mit im Haushalt wohnen und die Alten pflegen. Da viele Pflegerinnen sich alle paar Wochen abwechseln, kommen die Forscher auf 400 000 schwarzarbeitende Frauen. Das Arrangement scheint vielen eine einfache Lösung für das Problem mit dem plötzlichen Pflegefall in der Familie zu sein. Die Frauen bekommen 1000 bis 1400 Euro, bar auf die Hand. Stirbt der alte Mensch, endet der Job.

Was aber bedeutet dieses Modell für die Frauen, die diese Jobs machen? Es bedeutet in erster Linie, dass die Frauen für ihre Arbeit in Deutschland ihre Kinder zu Hause allein lassen müssen. Diese Kinder wachsen weitgehend ohne ihre Mütter auf, werden von Großeltern erzogen, von Geschwistern versorgt. Und das ist ein Leben, das sich hier, in Deutschland, wohl niemand wünschen würde oder auch nur vorstellen kann.

Ich habe eine Frau in ihrem Heimatort besuchen dürfen, deren Leben nur auf diese Weise funktioniert. Bożena hat fünf Kinder, vier Mädchen und einen Jungen. Die Ältesten sind Mitte zwanzig. Wenn die Mutter in Deutschland ist, müssen sie auf die Jüngeren aufpassen. Die Zwillinge Artur und Jagoda sind 13 Jahre alt. Bożena ist eine rundliche Frau mit müden, blassblauen Augen und kinnlangen Haaren, die früher einmal dunkelrot waren. Sie arbeitet in Deutschland für ein altes Ehepaar, kauft für sie ein, kocht, putzt, hilft beim An- und Ausziehen. 1300 Euro bekommt Bożena von dem Ehepaar, fast dreimal so viel, wie sie in Polen in einem Vollzeitjob verdienen könnte. Bei einem ersten Treffen in Aachen erzählt sie von ihren langen Tagen und reibt sich dabei die müden Augen. Sie schläft im Haus und ist so rund um die Uhr verfügbar. Muss die Frau nachts zur Toilette, steht sie mit auf, um ihr zu helfen. Alle sechs Wochen fährt Bożena die Strecke von Aachen nach Chojnów, zwei Stunden östlich von Dresden. Sie bleibt dann ein paar Wochen, mal vier, mal sechs, und kehrt dann zurück. Sie würde manchmal am liebsten hinschmeißen. Neulich zum Beispiel, als ihr die Tochter des Paares bei einem ihrer seltenen Kontrollbesuche verboten hat, die Gästetoilette zu benutzen. Warum, weiß sie nicht, ihr Deutsch ist nicht gut genug. Doch sie braucht das Geld. Heute, als Alleinerziehende, mehr denn je. Wobei, mit dem Erziehen ist das so eine Sache, wenn man kaum zu Hause lebt.

Bożena hat mich ein paar Wochen nach dem ersten Treffen in ihre Wohnung in Chojnów eingeladen, das auf Deutsch Haynau heißt. Es ist Anfang November, draußen ist es diesig. Es zieht in der Altbauwohnung, die einzige Wärme kommt von einem Kachelofen, der in der Wohnzimmerecke steht. Die Mutter und drei ihrer Kinder trinken Kaffee und Saft in der Wohnküche, es gibt Jaffa-Kekse und Cremerolle aus dem Supermarkt. Bożena sitzt neben Artur. Ein Teenager, trotzdem scheint er zu genießen, dass seine Mutter ihm im Gespräch immer wieder über den Kopf streichelt. Unter der Tischdecke halten die beiden sich an den Händen. Ist er wütend auf seine Mutter, weil sie so oft weg ist? »Na ja.« Artur grinst verlegen und nestelt an der Tischdecke. »Ich vermisse sie schon oft.«

Andere Familien zerbrechen daran, dass die Mütter in Deutschland oder anderswo alte Menschen pflegen. Pendelmigration, wie Soziologen das nennen, ist ein großes Problem für Osteuropa.

Ganze Generationen von Kindern wachsen wegen des Lohngefälles zwischen West und Ost ohne Mütter auf. In Polen sind es mindestens 100 000, rechneten Forscher der Universität Warschau vor drei Jahren aus. Je weiter östlich man geht, umso verbreiteter ist das Problem. In der Ukraine sollen fünf bis sieben Millionen Kinder betroffen sein, schätzt der Verein Caritas International. Das sei nicht nur sozial, sondern auch wirtschaftlich eine Katastrophe, sagen Experten. Es verursache eine »neue Klasse von Straßenkindern«, ohne soziale Vorbilder, durch Omas oder Tanten versorgt, aber nicht erzogen, die schlechte Leistungen in der Schule ablieferten, viel Alkohol tränken, Drogen nähmen. »Viele dieser Kinder sprechen von ihren Müttern als ›Bankautomat‹«, sagt Zoryana Lukavetska, die bei Caritas International im ukrainischen Lwiw (Lemberg) ein Projekt für die Sozialwaisen leitet.

Eigentlich hat Artur das gar nicht sagen wollen, dass er seine Mutter so oft vermisst, er weiß ja, dass sie dann nur noch trauriger wird. Seine Zwillingsschwester Jagoda sagt: »Wenn Mama anruft und fragt, ob es uns gut geht, dann sagen wir immer: Alles ist gut.« Auch dann, wenn das nicht stimmt? »Ja, auch dann«, sagt Jagoda zögerlich und schaut auf ihren Teller. Natürlich weiß Bożena, dass die Kinder ihr nicht alles erzählen. »Das ist es ja, was mir keine Ruhe lässt.« Den Kindern beim Schlafengehen nicht in die Augen schauen zu können und sich zu überzeugen, denen geht es gut. Natürlich hat sie mitbekommen, dass Artur in der Schule abgerutscht ist in den vergangenen Monaten. Aber was soll sie tun? Sie kann schlecht mit ihm Hausaufgaben machen von Aachen aus. Sie sagt, ihre Kinder hätten schnell erwachsen werden müssen, als der Vater starb.

Die Wohnung von Bożenas Familie ist renovierungsbedürftig. Die hölzernen Stufen im Treppenhaus sind krumm getreten, man muss sich festhalten, um nicht zu stolpern. Aber es gibt einen Flachbildfernseher. Davor sitzen Artur und seine Schwestern häufig, wenn sie sonntags auf den Anruf der Mutter warten. Wenn sie mit ihren Kindern sprechen will, meldet sie sich vorher per SMS. Sie fährt dann in Aachen zum Hauptbahnhof, wo noch Telefonzellen stehen. Das Telefon im Haus ihrer Arbeitgeber darf sie nicht benutzen. Die wissen zwar, dass sie Kinder hat, aber sie fragen nicht viel nach ihnen. Vielleicht, weil sie andere Probleme haben. Vielleicht, weil es ihnen unangenehm ist.

Natürlich wissen viele Auftraggeber in Deutschland, dass sie durch das Arrangement die Notlage einer polnischen Familie ausnutzen, oder zumindest müssten sie es wissen oder ahnen. Ist es ihnen gleichgültig? Oder empfinden sie ihre Not als so groß, dass sie es auszublenden versuchen? Man kann nur hoffen, dass bei den meisten deutschen Familien letzteres der Fall ist.

Michael Isfort, stellvertretender Vorsitzender des Instituts für angewandte Pflegeforschung, hat noch eine andere Theorie: »Einige versuchen, den Arbeitsvertrag für sich umzudeuten«, sagt er. »Sie reden sich ein, eigentlich gehöre die fremde Frau doch nach kurzer Zeit zur Familie.« Die Pflegerin kommt mit zu Familienfesten, sitzt Weihnachten mit am Weihnachtsbaum, obwohl sie mit den Gefühlen ganz weit weg ist. Deshalb funktioniere die Strategie des »Umdeutens« in der Praxis eher schlecht als recht, sagt Isfort. »Das kann schnell für alle Beteiligten zum Krampf werden.«

Damals, als der Anruf aus Chojnów kam, dass ihr Mann den Herzinfarkt hatte, nahm Bożena den nächsten Bus nach Hause und war doch erst eineinhalb Tage, nachdem ihr Mann gestorben war, da. Zwei Wochen blieb sie, organisierte das Begräbnis, bläute ihrer großen Tochter Justyna ein, dass sie jetzt für die Kleinen mitverantwortlich sei. Dann musste sie zurück. Das Ehepaar wartete in Deutschland. Wäre sie zu lange weggeblieben, hätte es sie wohl ersetzt. Was passieren würde, hätte eines der Kinder einen Unfall und sie wäre gerade in Aachen? Oder sie selbst fiele beim Arbeiten die Treppe herunter? Sie weiß es nicht. Sie weiß nur, dass sie dieses Jahr Weihnachten in Aachen sein wird. Ohne ihre Kinder.

Nimmt man diese Schicksale zusammen – das von Bożena ebenso wie das des rumänischen Bauarbeiters Grigorio – bleibt unter dem Strich eine nüchterne Feststellung: dass Deutschland zu großen Teilen nur dank der billigen Schwarzarbeit aus dem Ausland funktioniert. Ohne sie könnten viele von uns unsere eigene hohe Taktzahl am Arbeitsmarkt nicht halten – weil wir die Zeit bräuchten, irgendwann noch selbst unsere Wohnungen zu putzen, unsere Gärten in Ordnung zu halten und vielleicht sogar noch selbst unsere Eltern zu pflegen. Würden all diese Dienstleistungen von sozialversicherungspflichtig beschäftigten, fair entlohnten Menschen gemacht, die wir selbst in unseren Haushalten anstellen oder bei Agenturen buchen, könnten wir in der Mittelschicht uns das gar nicht leisten.

Pflege und Bau sind die besten Beispiele für die Doppelmoral unserer Gesellschaft – auch deshalb, weil in beiden Branchen der Staat eine wichtige Rolle spielt: indem er auf dem Bau die Arbeitskosten möglichst niedrig hält – in der Vermutung, der Steuerzahler wolle es so. Und in der Pflege, indem er die Pflegeversicherung als Teilkaskoversorgung erhält – damit die Versorgung der Alten und Kranken nicht zu teuer für die Allgemeinheit wird – aber damit viele Betroffene und Angehörige in eine finanzielle Notlage drängt, in der diese sich nicht anders zu helfen wissen, als Nutznießer von Schwarzarbeit zu werden.

WAS DIE ENTWERTUNG DER ARBEIT MIT UNS MACHT

Arbeit erzeugt in Deutschland immer mehr Stress. Und das für alle Beteiligten: für die Mittelschicht mit ihrer Abstiegsangst ebenso wie für die Niedriglöhner und Schwarzarbeiter, die sich keine Altersvorsorge leisten können. Sogar Menschen, die auf den ersten Blick in sehr privilegierten Professionen arbeiten, spüren diesen Druck. Zum Beispiel: Hochschulprofessoren.

Einer, mit dem ich für dieses Buch gesprochen habe – seinen Namen will ich an dieser Stelle nicht nennen – sagte mir, genau dieses Thema treibe ihn sehr um. Obwohl er Professor an einer renommierten Universität sei, leide er enorm unter dem Wandel der Arbeitswelt – ihrer Beschleunigung und der Last der Verantwortung, die von Jahr zu Jahr mehr dem Einzelnen aufgebürdet werde. »Nach außen hin«, sagte er, »sieht mein Arbeitsverhältnis toll aus. Ich habe eine Professur, einen eigenen Lehrstuhl. Aber ein solches Amt bedeutet heute nicht mehr das, was es in der Generation unserer Eltern bedeutete.« Früher, sagt er, hatte man als Professor ausgesorgt. Man bekam ein großzügiges Gehalt, man war sorglos. »Heute sind die Grundgehälter deutlich geringer. Um sie aufzubessern, müssen wir uns ständig abstrampeln, wir müssen externe Forschungsgelder einwerben, und dafür bekommen wir Bonuszahlungen. Wir müssen uns und unsere Forschung also ständig anpreisen, gut verkaufen, können uns nie mal zurücklehnen und sagen: So, jetzt habe ich genug getan.« Der Professor sagt, er wolle nicht jammern, natürlich gehe es ihm bei alledem besser als den meisten. Aber: Das, was er an seinem eigenen Arbeitsplatz erlebe, lasse sich eben auf fast alle gesellschaftlichen Schichten, auf fast alle Berufe verallgemeinern. Egal wer, egal wo, man müsse sich heute deutlich mehr abstrampeln als früher, mehr leisten, um einen Lebensstandard zu erreichen und zu erhalten, den unsere Elterngeneration mit deutlich weniger Aufwand und Zukunftssorgen erwarb. Auf dem Papier mag es uns genauso gut gehen wie unseren Eltern oder sogar besser – aber die gefühlte Lebenswahrheit ist eine andere. Die allermeisten von uns fühlen sich, als steckten sie in einem Hamsterrad, das niemals stillsteht. Auch nicht am Wochenende oder im Urlaub.

Burn-out, Depression – und nur dank Pillen fit für den Job

Was bedeutet es aber praktisch, dass wir in diesem Hamsterrad stecken, wozu führt es? Im Jahr 2015 veröffentlichte die Krankenkasse DAK eine Studie, laut der fast drei Millionen Menschen in Deutschland schon einmal verschreibungspflichtige Medikamente genutzt haben, um sich fit für den Job zu halten – jeder 14. Erwerbstätige. Die Leute nehmen demnach Beruhigungspillen, um bei Stress im Job nicht durchzudrehen, oder das ADHS-Medikament Ritalin, um sich besser und länger konzentrieren zu können. Immer unter dem Druck, sonst nicht mehr mithalten zu können am Arbeitsmarkt.[73]

Warum ist es dazu gekommen? Ganz neu ist es natürlich nicht, dass Druck im Job zum Konsum an- oder abregender Mittel führt. Nur waren die Substanzen früher andere. In den Fünfziger- und Sechzigerjahren war Alkohol in Büros allgegenwärtig. Wer nach einer anstrengenden Präsentation oder einem Streit mit dem Chef runterkommen musste, so wie Don Draper und seine Werbekollegen in der US-Fernsehserie *Mad Men*, mixte sich einen Drink, Flasche und Gläser hatten ihren festen Platz neben dem Schreibtisch. Heute ist Alkohol am Arbeitsplatz geächtet. Getrunken werde zwar weiter, aber eben nur noch heimlich, sagen Gesellschaftsforscher. Im Gegenzug sei aber die Akzeptanz leistungssteigernder Medikamente gestiegen, egal ob »Upper« oder »Downer«, sagt Professor Michael Kastner, der das Institut für Arbeitspsychologie und Arbeitsmedizin (IAPAM) in Herdecke leitet. »Pillen sind der neue Alkohol«, sagt Kastner. »Das liegt daran, dass wir heute die Selbstausbeutung in der Arbeitswelt als etwas Ehrenhaftes betrachten. Wer sich dopt, um länger arbeiten zu können, bessere Ergebnisse zu erzielen, wird dafür vielfach noch bewundert anstatt bedauert.« Die Digitalisierung, die ständige Verfügbarkeit einerseits mit sich gebracht habe und andererseits die ständige Angst, von irgendwem auf dem Globus ersetzt werden zu können, mache die Leute »ganz rappelig«, sagt Kastner.

Die Verfasser der DAK-Studie verzeichneten eine erhebliche Zunahme des Medikamentenmissbrauchs: Seit der letzten Untersuchung dieser Art sechs Jahre zuvor sei der Anteil derjenigen, die Gehirndoping zugeben, um mehr als 40 Prozent gestiegen. Die Dunkelziffer liege sogar noch höher: Rund fünf Millionen Menschen machen laut den Forschern Gehirndoping aus beruflichen Gründen. Eine Million davon soll sogar regelmäßig zu Pillen greifen, um mithalten zu können. Tatsächlich gibt es zu diesem Thema wenig Forschung, aber die wenigen Untersuchungen, die es gibt, scheinen die Befunde zu bestätigen. Eine Studie des Robert-Koch-Instituts 2011 ergab ebenfalls, dass ein erheblicher Teil der Erwerbstätigen »Neuro-Enhancement« betreibt, wie es Neudeutsch heißt. Und wer sich bei Experten umhört, gewinnt schnell den Eindruck, dass hierzulande die Bereitschaft zum Gehirndoping stetig wächst. Die Nutzer kommen aus allen möglichen Berufssparten. Altenpfleger – im Job stark gefordert und zudem mit gutem Zugang zu übrig gebliebenen Medikamenten – sollen dem Vernehmen nach verschreibungspflichtige Aufputschmittel ebenso einwerfen wie starke Beruhigungsmittel. Orchestermusiker, die trotz allen Lampenfiebers auf der Bühne Topleistungen bringen müssen, sollen auf Betablocker schwören, die den Puls senken und sie vor einem Auftritt ganz ruhig werden lassen.

Oder Timo Hoffmann, der in Wirklichkeit anders heißt und

für eine internationale Großbank arbeitet: »Hier im Handelsraum nimmt sicherlich die Hälfte aller Kollegen etwas«, sagt er. Hoffmann selbst schluckt jeden Tag Koffeintabletten und Modafinil, einen Wirkstoff, der Narkoleptiker vor ihren gefährlichen Schlafattacken schützen soll. Gesunde wie Timo missbrauchen das verschreibungspflichtige Mittel, um am Arbeitsplatz hellwach zu sein. Nach fünf Stunden Schlaf soll man sich damit so frisch und ausgeruht fühlen wie sonst nach neun. Ohne das Mittel, sagt er, würde er bisweilen in Meetings oder vor dem Computer einnicken. Mehr als die Hälfte der Befragten der DAK-Studie gibt an, dass sie die Pillen auf Rezept bekommen hätte.

Zusammen mit einem Kollegen in unserer Wirtschaftsredaktion wollte ich herausfinden, wie einfach man sich auf verschiedenen Wegen selbst verschreibungspflichtige Medikamente besorgen kann. Wir wollten nachvollziehen, wie all die Menschen an all die Pillen kommen.

Zuerst versuchte ich es bei meiner Hausärztin. Mittwochmorgen, kurz nach acht. Ich rufe in der Praxis an: »Ich brauche dringend einen Termin, ich bin derart gestresst, ich habe schon fast Angstzustände.« – »Kommen Sie direkt rein«, sagt die Sprechstundenhilfe. Meine Schilderung eine halbe Stunde später für die Medizinerin schrammt knapp an der Wahrheit vorbei: Job in der Medienbranche, total gestresst – was richtig ist. Präsentation am kommenden Tag – was so zwar nicht stimmt, aber dem Druck, unter Zeitnot einen guten Text abliefern zu müssen, sicher nahekommt. »Wollen Sie mal einen Betablocker probieren?«, bietet sie an. Ich nicke. Sie verschreibt eine kleine Packung: »Ist ja klar, dass Sie unter ständigem Leistungsdruck stehen«, sagt sie. Sie kennt das schon.

Als Mazda Adli, Stressforscher an der Charité und Chefarzt der Fliedner Klinik Berlin, davon hört, wie einfach es war, das Rezept zu bekommen, ist er nicht erstaunt. Auch bei anderen Mitteln sei so mancher Arzt mit Rezepten nicht geizig: »Psychopharmaka sitzen Ärzten manchmal zu locker im Handgelenk«, sagt er. »Hausärzte werden überflutet mit solchen Anfragen, und es ist für mich völlig nachvollziehbar, warum sie zum Rezeptblock greifen. In den wenigen Minuten, die sie für jeden Patienten haben, können sie natürlich gar nicht angemessen auf dessen Probleme eingehen.« Matthias Fischer (Name geändert), Neurologe an einer großen deutschen Klinik, sieht das ähnlich: »Der Hausarzt hat ja kaum Zeit, weil er sein Wartezimmer leer kriegen muss. An seiner Stelle würde ich dem Patienten auch ein Rezept in die Hand drücken.« Zumal die Ärztin, die den Betablocker verschrieben hat, in einer vermeintlichen Notsituation geholfen hat. Außerdem hat sie gefragt, ob eine Krankschreibung nicht auch eine Möglichkeit sei. Und sie hat dazu geraten, einen Verhaltenscoach zu kontaktieren, um das Problem in Zukunft in den Griff zu bekommen. Stressforscher Adli wird ebenfalls regelmäßig von Patienten nach Rezepten gefragt. »Das ist absolut ein Alltagsproblem für Psychiater«, sagt er. »Auch von Freunden und Bekannten werde ich schon mal danach gefragt, häufig bin ich wirklich verblüfft.« Und gelegentlich kommen Patienten zu ihm, deren Hausarzt ihnen das Rezept nicht mehr ausstellt. »Diese Patienten haben schon eine halbe Abhängigkeitskarriere hinter sich«, sagt Adli. Aber es geht auch ganz ohne Rezept. Auf dem Schwarzmarkt.

Ich zog los, um in Köln auf illegale Weise verschreibungspflichtige Medikamente zu kaufen. Ein Freund, der sich mit Marihuana auskennt, gab mir den wichtigsten Tipp: Ich müsse Zigaretten dabei haben, um mit den Leuten ins Gespräch zu kommen. Der Rest gehe dann fast von selbst. Tatsächlich war ich ziemlich schnell erfolgreich. In der Kölner Innenstadt, auf dem Neumarkt, brauchte ich nur fünf Minuten, um eine Frau zu finden, die mir das verschreibungspflichtige Beruhigungsmittel Diazepam verschrieb. Zehn Stück für zehn Euro.

Mein Kollege versuchte zeitgleich, an Ritalin zu kommen. Er schwatzte es schließlich einem Freund ab, der unter Erwachsenen-ADHS litt. Verstörenderweise brauchten wir beide zusammen keine 48 Stunden, um in den Besitz dreier verschreibungspflichtiger Medikamente zu kommen – ohne selbst überhaupt krank zu sein.

Aussortiert vom Arbeitsmarkt

Warum bloß meinen so viele von uns, sie müssten sich mit Pillen für den Arbeitsmarkt fit halten? Die Tatsache, dass es offenbar Millionen von Menschen sind, die derart unter Druck stehen, zeigt erneut, dass die soziale Marktwirtschaft, wie wir sie heute leben, heute offenbar deutlich weniger sozial als Markt ist. Wenn wir uns alle jeden Tag aufs Neue wieder beweisen müssen, weil wir unter dem ständigen Druck stehen, unseren Arbeitsplatz sonst bald nicht mehr zu haben, keine neuen Aufträge mehr zu bekommen, unsere teuren Mieten nicht mehr zahlen zu können, ist es kein Wunder, dass viele nur noch dank Aufputschmitteln mithalten können.

Ein anderer Teil dieser traurigen Entwicklung ist dieser: Für jene, die nicht mehr mithalten können – egal, wie viele Pillen sie schlucken –, weil sie ernsthaft krank werden, sieht es zunehmend schlechter aus. Wir als Gesellschaft leisten uns immer weniger Solidarität mit denen, die berufsunfähig werden. Jene, die über die Anträge für Berufsunfähigkeit entscheiden, gehen immer rigoroser vor und lehnen immer häufiger Anträge ab. Und für den einzelnen Berufsunfähigen ist weniger Geld aus der Solidargemeinschaft da. In weiten Teilen der Politik ist das so gewollt – und es wird damit begründet, dass es ja immer mehr Berufsunfähige gebe, die von der Solidargemeinschaft versorgt werden müssten. Das mag stimmen, und es ist ein Dilemma, das nicht von der Hand zu weisen ist. Es wundert auch angesichts der vielen bedenklichen Entwicklungen am Arbeitsmarkt nicht, dass die Zahl jener steigt, die es nicht mehr schaffen, mit den Anforderungen Schritt zu halten. Und doch ist es ein Armutszeugnis für einen reichen Sozialstaat, dessen Wirtschaftsleistung wächst.

Ich habe in den vergangenen Jahren mit einer Reihe von Menschen gesprochen, die zu den Verlierern in diesem System gehören. Der erste ist Helmut Herrmann, der mit seiner Familie in einem kleinen Ort in Sachsen-Anhalt lebt. Ich habe sie dort besucht. Es hat die Herrmanns viel Kraft gekostet hat, ihre Geschichte überhaupt erzählen zu können. Helmut Hermann nimmt mich mit in seinen Garten, der hinter dem Haus liegt. Mit schweren Schritten läuft er einen Hügel im Garten hoch. Von hier aus, sagt er, könne man die Autobahn sehen, die Fahrt dahin dauere nur ein paar Minuten. Unerreichbar für ihn heute. Seit einem Tag im November 2012.

Herrmann, damals 55 Jahre alt und Außendienstmitarbeiter einer Verpackungsfirma, muss am Morgen nach Arnstadt kurz hinter Erfurt. Sein Auftrag: Solarplatten verpacken, die nach Mosambik verschifft werden sollen. Über der Autobahn wallt an diesem Tag Nebel, das Außenthermometer seines Autos zeigt zwei Grad über null. Typisches Wetter für Glätte, er weiß das aus seinen Fahrsicherheitstrainings, vielleicht daher hat er ein mulmiges Gefühl. Er fährt konzentriert über die Autobahn 38, hält den Tacho auf 90 Stundenkilometer, als er auf die Weitzschkertalbrücke fährt. Plötzlich taucht aus dem Nebel am Fahrbahnrand ein Mann auf, der hektisch winkt. Herrmann bremst, es ist klar, dass da ein Unfall passiert sein muss. Die Reifen geraten ins Rutschen auf dem spiegelglatten Boden, er zieht die Schultern ein: Hoffentlich geht das gut. 300 Meter Bremsweg, dann kommt er zum Stehen – kurz hinter einem Wagen, der an der Leitplanke steht. Er sagt jetzt, er wisse noch, wie er gedacht habe: »Das war knapp.« Er sieht im Rückspiegel eine schwarze Wand hinter sich auftauchen. Dann bricht seine Erinnerung ab.

Helmut Herrmann ist alles andere als ein Typ, der gern Risiken eingeht. Er hat jede Menge Versicherungen, schaut beim Spurwechsel lieber zweimal über die Schulter, sagt seine Frau. Er ist in Mecklenburg-Vorpommern geboren, zu Zeiten der Wende lebte er mit seiner Frau in Sachsen-Anhalt – und kündigte freiwillig seine Anstellung im Braunkohlekraftwerk. Er befürchtete, dass es mit dem Werk bald zu Ende gehen würde, er wollte für seine Familie ein sicheres Auskommen. Also begann er als Außendienstmitarbeiter für eine Verpackungsfirma aus dem Westen, die im Osten Fuß fassen wollte, machte bei jedem angebotenen Fahrsicherheitstraining mit. »Genützt hat mir das nichts«, sagt er.

Wegen dem, was an jenem Novembertag passierte, leben er und

seine Frau heute von einer Erwerbsminderungsrente: 1300 Euro im Monat. Eine Folge des Unfalls, bei dem sein Kopf schwer verletzt wurde, sagen die Herrmanns. Schuld an ihrer Situation aber, sagen sie, habe auch Berufsgenossenschaft. Jene Institution, die eigentlich dafür da ist, berufstätige Menschen gegen genau solche Schäden abzusichern. Sie weigert sich, Herrmanns Unfall als Arbeitsunfall anzuerkennen.

Herrmann fühlt sich alleingelassen, aber allein ist er mit seiner Geschichte nicht. Es gibt in Deutschland viele Menschen, die jahrzehntelang im Glauben leben: Sollte ihnen etwas Schlimmes zustoßen, sind sie schon abgesichert. Wofür gibt es schließlich das dichte Netz aus staatlicher Sicherung, Berufsgenossenschaften und privaten Versicherungen?

Wenn tatsächlich etwas Schreckliches passiert, merken viele, dass dieses Netz sie eben doch nicht auffängt: Berufstätige, die durch einen Unfall oder eine Krankheit plötzlich nicht mehr arbeiten können, aber kein Geld bekommen von jenen, denen sie jahrelang Beiträge gezahlt haben. Oder Menschen, denen ein Unfall passiert, für den niemand haftbar gemacht werden kann. Bei Sozialverbänden wie dem VdK und Internetforen für Betroffene vermutet man, dass Zehntausende Menschen pro Jahr durch Unfälle oder Krankheit unverschuldet in Not geraten und vor dem finanziellen Nichts stehen.

Sie müssen wegen nicht anerkannter Berufskrankheiten oder Unfällen von winzigen Erwerbsminderungsrenten leben, oft unterhalb des Existenzminimums. Berufsgenossenschaften, Berufsunfallversicherungen und andere wehren sich zunehmend dagegen, Fälle anzuerkennen. »Den Betroffenen werden deutlich mehr Steine in den Weg gelegt als noch vor zehn Jahren«, sagt etwa Frank Henze vom Unfallopfer-Hilfswerk. Samuel Beuttler-Bohn, Experte für Altersfragen beim Sozialverband VdK, äußert sich ähnlich. »Die Mehrheit der Deutschen schafft es nicht, bis zum gesetzlichen Rentenalter zu arbeiten. Aber die Bedingungen für ihre Absicherung werden immer lückenhafter.« Fest steht: Da läuft etwas gewaltig schief.

Bei Helmut Herrmann gibt es auf die Frage, warum er kein Geld von der Berufsgenossenschaft bekommt, eine einfache Erklärung, zumindest aus Sicht der Berufsgenossenschaft: fehlende Beweise.

Als er an jenem Novembertag hinter dem Steuer des Dienstwagens aufwacht, fühlt sich alles an wie in Watte. Er weiß nicht, wie lange er bewusstlos gewesen ist. Aber er weiß sofort, was passiert ist: ein richtig großer Unfall. Überall Metall, ineinandergeschoben, vor ihm, neben ihm, hinter ihm der Lastwagen, der ihm in der Sekunde vor dem Aufprall als heranrasende schwarze Wand erschienen ist. Sein erster Gedanke ist: Wieso sehe ich nichts auf dem linken Auge? Er steigt aus dem Auto, klettert über die Mittelleitplanke, sieht sich um. »Dann kamen immer mehr Aufschläge von hinten, es ging im Sekundentakt, und man konnte nichts tun«, sagt er leise und schließt die Augen. Man merkt ihm an, wie schwer es ihm fällt, sich beim Erzählen zu konzentrieren. Irgendwann, es dauert Stunden, bis die Sanitäter zu allen Verletzten durchkommen, kommt Herrmann im Kreiskrankenhaus an. Sein Auge ist immer noch geschwollen, an seiner Stirn wölbt sich ein Teil des Schädels vor. Ein junger Assistenzarzt untersucht ihn flüchtig. Er diagnostiziert, Herrmann habe Glück gehabt, das sei nur eine Prellung. Doch der Schädel steht auch Wochen später noch vor, Herrmann hat irrsinnige Schmerzen, und irgendwann knackt es, als er an der Stirn herumdrückt. »Das war wohl der Moment, an dem ich den Knochen wieder an die richtige Stelle gerückt habe«, sagt er.

Medizinisch gesichert ist zwar nicht, dass es so war. Doch seine Version erscheint plausibel, und auch das, was seither geschah, passt dazu. An der verletzten Stelle wucherte Gewebe, das entfernt werden musste, und Herrmann kann seit dem Unfall nichts mehr länger als 20 Minuten am Stück tun. Nicht mehr arbeiten, nicht mehr Auto fahren, nicht mal ein längeres Gespräch kann er mehr führen. Strengt er sich zu sehr an, läuft ihm Hirnwasser aus dem Nasenloch. Es gibt ein ärztliches Gutachten, das ihm eine posttraumatische Belastungsstörung und Depression bescheinigt und attestiert, als Folge des Unfalls erwerbsunfähig zu sein. Die

Deutsche Rentenversicherung, die für die Auszahlung der gesetzlichen Rente zuständig ist, hat seine Erwerbsunfähigkeit bestätigt, zu 100 Prozent. Was so viel heißt wie: Dieser Mann kann überhaupt nicht mehr arbeiten. Doch seine Berufsgenossenschaft erkennt das nicht an. Sie zahlt weder Verletztengeld noch eine Unfallrente. Mit der Begründung, es sei nicht bewiesen, dass seine Erwerbsunfähigkeit von dem Unfall herstamme und nicht von irgendwo anders. Seit Jahren prozessiert er, ohne Erfolg. Das Sozialgericht Halle gab der Berufsgenossenschaft recht: Die »unfallbedingten Unfallschäden« seien »nicht ausreichend« belegt. Herrmann und seine Frau sind jetzt mit ihren Ideen am Ende. Und ebenso mit dem Geld, um den Anwalt zu finanzieren.

Dass es Fälle wie den von Herrmann in Deutschland gibt, mag überraschen. Schließlich gilt Deutschland als eines der Länder mit dem am dichtesten gewebten sozialen Sicherheitsnetz weltweit, das Menschen gegen die Folgen von Unfällen oder Krankheit absichern soll. Das Netz besteht aus mehreren Lagen, die einander ergänzen: Hat jemand einen Unfall, der bleibende Schäden verursacht, ist zunächst der Unfallverursacher über seine Haftpflichtversicherung in der Pflicht. Die zweite Lage des Netzes ist die Berufsgenossenschaft: eine Auffangvorrichtung für die Angehörigen bestimmter Zünfte. Die Idee dahinter, die auf Bismarcks Vision von der Sozialversicherung zurückgeht: Arbeiter und Angestellte sollen gegen Schäden abgesichert sein, die durch die Ausübung ihres Berufs entstehen. Bei einem Unfall mit schweren bleibenden Schäden etwa ergänzt, zumindest theoretisch, die Rente die Leistungen der Haftpflicht. Fast 63 Millionen Menschen sind über die Genossenschaften abgesichert, darunter etwa auch Wahlhelfer oder Blutspender.

Die Genossenschaften sehen ihre Aufgabe vor allem darin, ihre Versicherten nach Unfällen wieder fit für den Arbeitsmarkt zu machen. Unfallrenten dagegen, mit denen jene, die nie wieder arbeiten können, versorgt werden, sind der Ausnahmefall, erklärt man beim Spitzenverband der gewerblichen Berufsgenossenschaften DGUV. Das erkläre, warum nur sieben Prozent aller Antragsteller im Jahr 2016 eine Rente von einer Berufsgenossenschaft erhielten, 5 365 von 75 000 Menschen, sagt eine Sprecherin.

Das ist aber offenbar nicht die volle Wahrheit. So sieht es zum Beispiel Frank Henze, Berater beim Forum unfallopfer.de, der nach eigenen Angaben jedes Jahr mit mehr als 100 Fällen zu tun hat, die dem von Herrmann ähneln. »Gerade die Berufsgenossenschaften legen sich ins Zeug dabei, Anträge abzulehnen.« Dafür, dass an seiner Kritik etwas dran sein könnte, sprechen weitere offizielle Zahlen der Spitzenorganisation. Demnach wurden 2016 nur 27 Prozent aller Schadensmeldungen überhaupt anerkannt, egal ob solche auf vorübergehende oder bleibende Schäden.

Berater Henze hat selbst eine Geschichte mit einer Berufsgenossenschaft hinter sich. Und sie gleicht der von Helmut Herrmann. Henze ist im Vorruhestand, nachdem er vor ein paar Jahren auf dem Nachhauseweg von seinem Berliner IT-Job mit dem Motorroller verunglückte. Ein Autofahrer riss die Tür auf, ohne hinzuschauen. Henze schmiss es von seinem Gefährt, er schlitterte über drei Fahrspuren. Knie und Sprunggelenk wurden dabei zertrümmert, seine Wirbelsäule litt. Bis heute zahlt die Berufsgenossenschaft nur für einen Teil der Schäden. Denn aus ihrer Sicht fehlt der diagnostische Beweis, dass durch den Unfall Henzes Wirbelsäule gelitten hat.

Wie verwinkelt das deutsche Recht ist, wenn es darum geht, im Ernstfall Leistungen zu bekommen, zeigte eine Auseinandersetzung vor dem Sozialgericht Heilbronn 2018. Ein Mechaniker klagte gegen seine Berufsgenossenschaft, weil die nicht zahlen wollte, nachdem er beim Toilettengang auf einem seifigen Fußboden ausgerutscht war, sich den Kopf am Waschbecken angeschlagen und eine Gehirnerschütterung erlitten hatte. Die Genossenschaft argumentierte, der Besuch der Toilette gehöre nicht zur Arbeitszeit, sondern sei privater Natur. Das Sozialgericht gab ihr recht. Beim Spitzenverband DGUV erklärt man, auch in anderen Situationen, etwa beim Mittagessen in der Kantine, sei man nicht versichert.

Dass nur 27 Prozent aller Anträge positiv beschieden würden, liege unter anderem daran, sagt die Sprecherin des Berufsgenossenschaftsverbandes: Arbeitgeber und Ärzte stellten oft Anzeigen wegen Krankheiten, die der Beruf des Betroffenen gar nicht verursachen konnte. Ein Beispiel: Bekommt ein Gärtner bei der Arbeit Hautkrebs, gilt als wahrscheinlich, dass er die Krankheit durch das viele Arbeiten in der Sonne entwickelt hat. Bei einem Journalisten oder Bankangestellten dagegen würde Hautkrebs nicht als Berufskrankheit anerkannt.

Eine Hürde, an der viele Menschen im Land scheitern, sind jene Gutachter, die etwa für die Berufsgenossenschaften die medizinischen Diagnosen der Antragsteller lesen, sie bewerten und dann die Anträge abnicken oder ablehnen. Es gibt sie bei jeder Einrichtung, die für die Absicherung von Unfall- oder Krankheitsopfern zuständig ist. Bei den Berufsgenossenschaften heißen sie Unfallsachbearbeiter, bei der Deutschen Rentenversicherung Prüfärzte und bei privaten Versicherern Schadensprüfer. An ihnen müssen jene vorbei, die krank sind und Leistungen geltend machen wollen. Grundsätzlich ist das natürlich sinnvoll, wenn sie genau hinschauen, um Missbrauch zu verhindern – den ja letztlich die Beitragszahler finanzieren würden.

Kritiker von Sozialverbänden jedoch sagen: Nicht nur bei den Berufsgenossenschaften würden immer häufiger Anträge abgelehnt, sondern auch Anträge auf Erwerbsminderung bei der Deutschen Rentenversicherung. Im vergangenen Jahr wurden dort von 358 000 Anträgen nur 187 000 bewilligt. Bei der Deutschen Rentenversicherung Bund erklärt man dies damit, dass viele Antragsteller schon die formalen Anforderungen nicht erfüllen würden. Sie hätten entweder nicht lange genug oder nicht die nötigen Summen eingezahlt, um einen Anspruch auf die Erwerbsminderungsrente zu erwerben. Bei all den anderen Abgelehnten aber seien die eigenen Prüfärzte oder externe Gutachter zum Schluss gekommen: Der Antragsteller könne sehr wohl noch erwerbstätig sein. Bloß vielleicht nicht im selben Beruf oder im selben Ausmaß wie früher.

Ein Urteil, das viel zu oft ungerechtfertigt falle, sagt VdK-Alterssicherungsexperte Beuttler-Bohn. »Viele unserer Mitglieder bekommen einen Ablehnungsbescheid – und wenn wir dann in ihrem Namen gegen die Ablehnung vorgehen, stellt sich heraus, dass der Anspruch sehr wohl besteht.« Bei der Deutschen Rentenversicherung heißt es auf meine Anfrage dazu, man könne dies nicht bestätigen, weil die Zahlen nicht entsprechend ausgewertet würden.

Das Bundesministerium für Arbeit und Soziales antwortet auf meine Frage, ob zu viele Anträge auf Erwerbsminderungsrente abgelehnt werden: Es gebe für diesen Vorwurf keine Anhaltspunkte. Dasselbe gelte für die Anträge auf Unfallrente bei den Berufsgenossenschaften. Laut offizieller Auskunft der Behörde von Hubertus Heil ist also alles in Ordnung.

Am Ende bleibt mir die nüchterne Feststellung: Recht haben und recht bekommen ist selbst in einem Land mit einem der dichtesten sozialen Netze der Welt am Ende doch nicht ein und dasselbe. Es scheint, als beugten sich die Verantwortlichen bei der Deutschen Rentenversicherung und in den Berufsgenossenschaften – jene Sachbearbeiter, die über Anträge und damit über Schicksale entscheiden –, dem Zeitgeist: Wenn schon die Arbeit im Land nicht mehr viel kosten darf, dann darf in dieser Logik die Versorgung jener, die nicht mehr arbeiten, erst recht nichts mehr kosten.

Dabei sind es doch gerade diese Institutionen, die für das Funktionieren des Sozialstaats stehen. Sie sind dafür verantwortlich, die schwächsten Mitglieder der Gesellschaft aufzufangen. Sie müssten mit breiten Schultern gegenüber der Politik auftreten – indem sie fordern, dass die öffentlichen Haushalte das notwendige Geld für die Versorgung der Berufsunfähigen zur Verfügung stellen, anstatt daran zu knapsen und Anträge abzubügeln. Unsere soziale Marktwirtschaft muss sich ganz einfach ihre Versorgung leisten, ohne Wenn und Aber.

Und natürlich ist das auch eine Baustelle für die Politik. Eine von vielen.

HALLO POLITIK, BIST DU DA?

Wenn Menschen von ihrer Arbeit nicht mehr leben können, wenn Mittelschichtjobs in Richtung Unterschicht abrutschen, wenn klassische Anstellungsverhältnisse wegbrechen, und sie zunehmend durch eine wackelige Gig Economy ersetzt werden, in der viele nicht mehr fürs Alter vorsorgen können – und wir es uns noch nicht einmal mehr leisten wollen oder können, die Berufsunfähigen im Land adäquat zu versorgen: Dann müssen die Entscheidungsträger in der Politik handeln, und zwar nicht zögerlich, sondern so entschlossen, wie es geht. Sie müssen zeigen, dass sie verinnerlicht haben, dass diese Schieflage am Arbeitsmarkt das wahrscheinlich drängendste Problem unseres Landes ist, das wir in den Griff bekommen müssen – weil wir nur dann, wenn wir gute Arbeitsplätze haben, die fair bezahlt sind, all die anderen sozialen Probleme in der Bundesrepublik in den Griff bekommen werden.

Ich wollte wissen, was die Politiker tun, um den Arbeitsmarkt wieder auf Kurs zu bringen. Ich habe die wichtigsten Verantwortlichen in der Politik – und ich habe Arbeitsmarkt-, Konjunktur- und Zukunftsforscher gefragt: Was sind die dringlichsten Aufgaben für Arbeitsmarkt- und Wirtschaftspolitiker, damit wir der Arbeit wieder den Stellenwert geben, den sie eigentlich verdient hätte, und damit wir nicht durch Automatisierung, Digitalisierung und Globalisierung völlig unter die Räder kommen. Kurzum, ich habe sie alle gefragt, wie wir Deutschland wieder geradebiegen können.

Warum das bedingungslose Grundeinkommen auch keine Lösung ist

Die zentrale Frage ist ja: Wie versorgen wir all die Menschen, die durch die massiven Umwälzungen am Arbeitsmarkt jetzt oder später keine Arbeitsplätze mehr haben? Seit kurzem ist eine seit vielen Jahren immer wieder diskutierte Idee verstärkt in den Fokus geraten: das bedingungslose Grundeinkommen. 1000 Euro pro Monat für jeden Bürger, pro Monat. Der Gedanke ist, dass sich damit all jene auf simple Weise versorgen ließen, die am Arbeitsmarkt nicht gebraucht werden. Eine feste Summe für jeden, völlig unabhängig davon, ob er arbeitet oder was er leistet, das klingt zunächst einmal nach Sozialismus pur. Die Befürworter dieser politischen Idee, darunter der Gründer der Drogeriemarktkette dm, Götz Werner, argumentieren so: Wer arbeiten gehe, bessere das Grundeinkommen vom ersten Euro an auf. Ein Paketbote verdiene somit mehr als jemand, der gar nicht arbeite, ein Facharbeiter mehr als ein Paketbote, ein Arzt mehr als ein Facharbeiter und so weiter. Der Anspruch der Leistungsgerechtigkeit bleibe also erhalten – während jene am unteren Ende des Sozialstaats seltener in Armut leben müssten. Tatsächlich wäre dieses Mammutprojekt finanzierbar. Würde man jedem der rund 82 Millionen Bundesbürger jeden Monat 1000 Euro zahlen, würde dies pro Jahr fast eine Billion Euro kosten. Da aber andererseits Hartz IV, Kindergeld und viele andere Transferleistungen wegfielen, wäre das Geld tatsächlich vorhanden. Allerdings nur, sofern das Grundeinkommen auch das umlagefinanzierte Rentensystem ersetzen würde.[74]

Die Idee erhält viel Zuspruch, von Unternehmern und Managern wie dem dm-Drogeriemarktgründer Götz Werner, der die blütenreiche Utopie einer durchs Grundeinkommen finanzierten Selbstverwirklichung des Einzelnen malt, in der jeder die Freiheit habe, »Lebensunternehmer« zu werden – oder dem in einem früheren Kapitel erwähnten Siemens-Chef Joe Kaeser, der vermutlich hofft, sich durch ein Grundeinkommen aus der unternehmerischen Verantwortung ziehen zu können.

Viele im Land fürchten wie Kaeser, dass Digitalisierung, Globalisierung, Zusammenlegung von Großbanken, Stellenabbau in der Autobranche und all die anderen beunruhigenden Megatrends dafür sorgen könnten, dass schon bald nicht mehr genug Arbeit für alle da ist. Aber würde ein solches Konzept auch dem Arbeitsmarkt helfen? Und: würde es dazu beitragen, den sozialen Zusammenhalt im Land zu stärken?

Meine Antwort auf beide Fragen ist die: Das Gegenteil wäre zu erwarten. Schließlich würde das bedingungslose Grundeinkommen bedeuten, dass das mit der Agenda 2010 eingeführte Prinzip des »Förderns und Forderns« komplett abgeschafft würde. Wer nicht mehr arbeiten wollte, weil er sich mit den 1000 Euro zufriedengäbe, die andere für ihn erwirtschaften, müsste das nicht mehr tun. Wer sich bisher als Altenpfleger verdingt hat, obwohl er eigentlich lieber Influencer oder Instagram-Star geworden wäre, hätte nun plötzlich die Möglichkeit, seinen vielleicht unangenehmen, aber produktiven Job an den Nagel zu hängen, morgens auszuschlafen und sich dann hauptberuflich seiner Leidenschaft zu widmen. Es erscheint nicht unwahrscheinlich, dass viele Stellen in unbeliebten Jobs – wie eben der Altenpflege – dann noch deutlich schwieriger zu besetzen wären als heute schon, während die Zahl der Influencer und der Instagram-Sternchen spürbar stiege. Dass also, allgemein gesprochen, viele Menschen die ihnen zur Verfügung stehende Zeit lieber zur Selbstverwirklichung nutzen würden als so produktiv und allgemeinnützig wie möglich.

Zudem birgt das simple Konzept der 1000 Euro pro Person jede Menge Raum für Ungerechtigkeiten. In München sind 1000 Euro deutlich weniger wert als in der Lausitz, eine alleinerziehende Mutter braucht mehr staatliche Unterstützung als eine verheiratete, ein Arbeitsloser mehr als ein Multimillionär. Ein alter Mensch hat höhere Lebenshaltungskosten zu bewältigen als ein junger, ein kranker mehr als ein gesunder und so weiter. Die Idee einer Summe, die alle über einen Kamm schert, verstößt auf schlimmste

Weise gegen das Postulat der Bedarfsgerechtigkeit. Und sie verstößt auch noch gegen eine andere Grundregel des Sozialstaats: die Verteilungsgerechtigkeit, worauf der linksorientierte Sozialforscher Christoph Butterwegge hinweist: Wenn jeder Geld vom Staat bekommt, unabhängig davon, ob er es braucht oder nicht, findet keine Umverteilung von reich zu arm mehr statt.[75] Richtig finde ich also, dass die SPD als Partei die Idee eines Grundeinkommens grundsätzlich ablehnt. Wer sich mit seiner Arbeit abmüht, lautet das Mantra der Partei, soll die Früchte dieser Mühe tragen dürfen. Und dass die SPD bei dieser Grundeinstellung bleibt, anstatt sich der Forderung nach dem bedingungslosen Grundeinkommen anzuschließen, ist auch gut so. Bekäme jeder dieses Geld, ohne Wenn und Aber, es würde die Wertschätzung für das Gut Arbeit noch weiter sinken lassen, als sie es ohnehin schon ist. Arbeit aber ist ein Menschenrecht. Es ermöglicht gesellschaftliche Teilhabe und gibt dem Einzelnen deutlich mehr Gestaltungskraft als die von dm-Gründer Werner ausgemalte Freiheit, mit all der neu erworbenen freien Zeit ein »Lebensunternehmer« sein zu können.

Für den Zusammenhalt der Gesellschaft würde das Grundeinkommen deshalb wahrscheinlich nichts tun. Im Gegenteil, es würde vermutlich sogar dazu beitragen, die Spaltung weiter zu treiben: zwischen jenen, die arbeiten; jenen, die wollen, aber nicht können – und jenen, die gar keine Lust mehr darauf haben, vielleicht deshalb, weil sie sich ohnehin nicht mehr gebraucht fühlen.

Trotzdem gärt das Thema weiter, auch in der Partei der Arbeiter. Generalsekretär Lars Klingbeil sah sich Ende 2018 gezwungen, öffentlich und ernsthaft über die Idee des Grundeinkommens zu sprechen, obwohl er dem Vernehmen nach darauf eigentlich gar keine Lust gehabt haben soll. Ernsthafter allerdings wird das Thema bei Grünen und Linken im Bundestag diskutiert. Beide Parteien zeigten sich zuletzt zumindest offen für Modellversuche. Selbst in Teilen der CDU und FDP sieht man es offenbar als Option. Im aktuellen Koalitionsvertrag von CDU, FDP und Grünen in Schleswig-Holstein heißt es, man werde zumindest darüber diskutieren, ob ein bedingungsloses Grundeinkommen denkbar sei.

Ich sehe das trotz aller doch so offensichtlichen Nachteile anhaltende Interesse an dieser Utopie als Symptom: als sichtbarstes Anzeichen dessen, dass viele Menschen im Land sich fürchten – sich eben angezählt sehen.

Arbeitsmarkt, Herzensthema der SPD

Der Wert der Arbeit ist doch vor allem das Thema der SPD, der Arbeiterpartei. Merkwürdig, dass sie nun schon seit ein paar Jahren mit in der Regierungsverantwortung ist, aber trotzdem noch die – ursprünglich ja von ihr eingeführten – Reformen der Agenda 2010 so nachhaltig wirken. Eigentlich müsste die SPD doch schon längst effektiv gegengesteuert haben.

Die Sozialdemokraten sind aber derzeit vor allem auf Sinnsuche. Die Wähler laufen ihnen weg, weil sie sich mit ihren Sorgen oft nicht mehr bei der SPD aufgehoben fühlen. Früher verliefen die Konfliktlinien in der Gesellschaft einfach klarer: auf der einen Seite die linken Kräfte in der Politik, die Umverteilung von Besitz forderten. Auf der anderen Seite Christdemokraten und Liberale, die tendenziell auf die freie Marktwirtschaft setzten. Heute ist die Welt komplizierter geworden, und damit auch die Frage, für was die SPD steht. Die Trennlinien verlaufen nicht mehr nur zwischen reich und arm, sondern auch zwischen jenen in der Bevölkerung, die man zu den Gewinnern der Globalisierung, der Digitalisierung, der Automatisierung zählen kann – weil sie mehrere Sprachen beherrschen, flexibel, weltoffen und mobil sind. Und auf der anderen Seite jenen, die sich durch diese Megatrends abgehängt und durch die Beschleunigung der Welt überfordert fühlen, sich mehr mit der eigenen Region und der Herkunft identifizieren als der globalen Community, und befürchten, diese Identität zu verlieren.

Die aber, die sich selbst zu den Verlierern zählen, finden sich in verschiedenen gesellschaftlichen Schichten: in der Mittelschicht ebenso wie an den unteren Rändern. Und das macht es schwierig für Politiker, ihnen die Sorgen zu nehmen. Mit ihrem klassischen Instrument, der Umverteilung, kommen die Sozialdemokraten nur noch sehr begrenzt weiter. Deshalb erstarkt gerade im strukturschwachen Osten des Landes die AfD, während die etablierten Volksparteien an Zustimmung verlieren. Allen voran die SPD. Dieser Konflikt – also die Frage, wie man Globalisierungsängstliche beruhigt, die befürchten, unumkehrbar abgehängt zu sein – ist auch einer, der den SPD-Politiker Hubertus Heil seit seinem Amtsantritt im März 2018 umtreibt. Die neuen »sozialdemokratischen Herzensthemen«, schrieb der Berliner *Tagesspiegel* kürzlich, seien auch Heils Herzensthemen.[76] Stimmt das? Ist er der Mann, der die SPD mit neuen Ideen wieder relevanter machen kann?

Ich bin nach Berlin gefahren, ins Regierungsviertel, um mit Heil darüber zu reden. Schließlich ist er der höchste Verantwortliche für Arbeit im Land. Es ist ein kalter Wintermorgen Mitte Februar 2019. Der Bundesarbeitsminister hat zugesagt, mir für dieses Buch seine Sicht der Dinge zu schildern. Im Frühjahr 2018 hatte ich schon einmal die Gelegenheit gehabt, in der Talkshow *hart aber fair* mit ihm über die Frage zu diskutieren, ob der Gesetzgeber eigentlich genug tue, um gerade die Schwächeren am Arbeitsmarkt zu schützen. Damals, hinter den Kulissen, hatte ich das Gefühl bekommen, dass es sich lohnen könnte, ihn ausführlicher zu befragen. Eben auch, weil er in weiten Teilen der SPD als neuer Hoffnungsträger gilt.

Der Tag, für den wir uns zum Interview verabredet haben, liegt denkbar ungünstig. In der Woche zuvor hat der 46-Jährige das wichtigste Projekt seiner bisherigen Zeit als Minister vorgestellt: die Grundrente. Heil will damit, vereinfacht gesagt, dafür sorgen: Menschen, die ihr Leben lang gearbeitet haben – sei es in Niedriglohnjobs oder als Soloselbstständige, sei es, indem sie ihre Verwandten gepflegt haben – sollen im Alter mehr als nur die Grundsicherung haben. Aus SPD-Perspektive ist die Idee eigentlich genial. Denn sie bietet Antworten auf beide Megathemen, für die die Partei stehen muss: die Frage, wie man durch Umverteilung soziale Spaltung stoppt. Zum Beispiel jene gesellschaftlichen Konflikte, die derzeit aus den steigenden Mietpreisen erwachsen. Und auch die Frage, wie sich Globalisierungs- und Digitalisierungsverängstigte beruhigen lassen könnten, um so vielleicht in Teilen der Wählerschaft dem Zuspruch für die AfD zu begegnen.

Jetzt, drei Tage nach der Ankündigung, ist der Medienrummel um Heil riesig, alle Zeitungen wollen ihn interviewen. Noch am Vormittag ist nicht klar, ob unser Gespräch trotzdem stattfinden kann. Doch es klappt. Heil kommt schnellen Schrittes den Gang entlang, während er einmal durchschnauft und das Jackett glattzieht. Im Konferenzraum muss er sich noch kurz sammeln und nachfragen, worüber wir noch einmal reden wollten. Doch dann ist er mit dem Kopf ganz schnell dabei.

Das drängendste Thema gleich am Anfang: Die Mittelschicht spürt ein Abrutschen, sie hat Zukunftsängste. Was sagt der Minister dazu? Heil muss nicht lange überlegen. Für solche Fragen liegen die Antworten in den Köpfen von Berufspolitikern parat. Er sagt, dass nicht die gesamte Mittelschicht abrutscht. Aber: Er spürt, dass sich diese Abstiegsangst in der Mitte breitgemacht hat. Und: »Es verläuft ein immer breiter werdender Riss durch sie – zwischen oberer und unterer Mittelschicht.« Sorgen macht ihm vor allem der untere Teil der Mitte. »Damit meine ich jene, die in früher abgesicherten Berufen arbeiten, Paketboten zum Beispiel. Das sind fleißige Leute, die sich abmühen und stolz darauf sind, aber die in vielen Fällen den Glauben an den Staat verloren haben, weil sie trotzdem finanziell nicht auf einen grünen Zweig kommen.« Für diesen Teil der Bevölkerung, sagt er, »ist das selbstbestimmte Leben durch eigene Arbeit in eine Schieflage geraten«.

Und das, so Heil, muss sich dringend ändern. »Wir müssen aufpassen, dass uns ein Teil der Gesellschaft nicht abdriftet.« Kürzlich, erzählt er, ist er in Sachsen unterwegs gewesen, Bautzen und Görlitz, und hat mit Bürgern gesprochen. »Da war ein wahnsinniger Frust zu spüren«, sagt er, »die Leute haben gesagt: Ihr Politiker, ihr habt doch gar nichts mehr für uns übrig!« Ein Einfallstor für Populisten, natürlich. Aber vielleicht auch eine Chance für die SPD, wenn sie jetzt glaubhaft machen kann, mit Maßnahmen für all jene an den unteren Rändern und in der Mitte eine sozialere Politik gestalten zu können – gerade durch Großprojekte wie die Grundrente? Wenn die SPD dem Wert der Arbeit wieder auf die Sprünge hilft, so denken viele in der Partei, dann kann dieser positive Wandel auch die Partei selbst wieder in die Spur bringen und der alten Dame vielleicht wieder zur alten Volksparteistärke bei Wahlen verhelfen. Vizekanzler und Bundesfinanzminister Olaf Scholz sagte kürzlich in einem Interview[77], dass die SPD den Wert und die Würde von Arbeit stärker als alle anderen Parteien im Blick hat. »Weil wir dafür sind, dass Deutschland auch im Wandel ein starker Industriestandort mit guten Arbeitsplätzen bleibt.« Das muss sie aber eben auch transportieren.

Bessere Arbeitsbedingungen schaffen, Zukunftsängste bei Arbeitnehmern abbauen durch höheren Mindestlohn und Grundrente – kann das tatsächlich auch der SPD helfen? Hubertus Heil reagiert jetzt beim Gespräch, darauf angesprochen, überraschenderweise ein wenig ungehalten. Er schüttelt energisch den Kopf. »Ich habe bei meiner täglichen Arbeit doch nicht immer den Wahltermin im Kopf«, sagt er, »sondern ich will den Alltag von Menschen verbessern.« Als er wenige Tage zuvor das Konzept für die Grundrente vorstellte, hat es ihn sogar ein wenig geärgert, dass es Reaktionen gab wie: Das sei endlich wieder SPD pur. Heils Verärgerung über diese Reaktion liegt vermutlich darin begründet, dass Kritiker ihm vorwarfen, er wolle Umverteilung von der Mitte nach unten betreiben. Dass er, anders ausgedrückt, Facharbeiter verschreckt, die ihr Leben lang in die Rentenkassen eingezahlt haben und nun befürchten, am Lebensabend nicht mehr herauszubekommen als jemand, der keine Ausbildung absolviert und sein Leben lang in Niedriglohnjobs gearbeitet hat.

Für Hubertus Heil ist das aber kein Widerspruch. Er sagt, dass er Politik für die Facharbeiter ebenso wie für jene machen will, die am unteren Rand des Sozialstaats stehen. Eine gerechtere Verteilung will er erreichen, indem er die Bedingungen infrage stellt, mit denen jemand in die Gesellschaft hineingeboren wird. »Eine gerechtere Teilhabe aller am Wohlstand unseres Landes ist notwendig. Dafür brauchen wir mehr Tarifbindung, fairere Staatsfinanzierung und bessere Bildungschancen – unabhängig von der sozialen Herkunft.« In Deutschland aber ist der Besitz so ungleich verteilt, sagt Heil, dass »Kaufkraft zur sozialen Frage geworden« ist. Vor allem natürlich: das Wohnen. »In den Großstädten findet momentan eine Segregation nach Stadtteilen statt. Menschen mit niedrigen Einkommen werden an die Ränder gedrängt.«

Was aber hat er konkret getan, um dafür zu sorgen, dass die Menschen im Land wieder mehr am Wohlstand beteiligt werden, sich weniger um ihre Zukunft sorgen müssen? Heil fängt an, aufzuzählen: Er hat die flexible Teilzeit gesetzlich begrenzt, die Kapovaz-Verträge. Arbeitgeber dürfen ihren Angestellten seither nicht mehr so viel Flexibilität abverlangen. Die Arbeitszeit, die pro Monat abgerufen und bezahlt wird, darf also nicht mehr so stark schwanken wie bisher. Er hat auch dafür gesorgt, dass die sogenannten Midijobs ausgeweitet werden: ein Zwischending zwischen Mini- und Vollzeitjob, bei denen man jetzt bis zu 1300 Euro im Monat verdienen kann, ohne als Angestellter die volle Abgabenlast tragen zu müssen. Er hat zusammen mit Familienministerin Franziska Giffey ein Gesetz erlassen, durch das Alleinerziehende mehr Geld in der Tasche haben. »Das ist ein Beispiel für ein Gesetz, das gerade der unteren Mittelschicht hilft«, sagt er.

Und welche Baustellen will er als nächstes angehen? Er und seine Partei, sagt Heil, wollen einen höheren Mindestlohn und die Grundrente, um die Menschen auf den unteren Stufen der sozialen Leiter zu stützen. Für die Mittelschicht aber, sagt er, sei das Wichtigste, das er erreichen will: mehr Tarifbindung in den Unternehmen. »Die Flucht aus der Tarifbindung ist ein Riesenproblem in vielen Branchen: im Einzelhandel, in der Altenpflege, im Friseurhandwerk, bei Lagerarbeitern und Paketboten.«

Eine Branche, die ihm in diesem Zusammenhang besonders viel Kopfzerbrechen bereitet, sagt Heil, sei der Einzelhandel. Eben deshalb, weil hier nur so wenige Unternehmen noch Tariflöhne zahlen, dass auch Fachkräfte, klassischer Mittelstand, zur »flexiblen« Jobgestaltung gezwungen werden und damit immer weiter abrutschen. Eine andere Branche, in der er dringend die Arbeitsbedingungen verbessern möchte, sagt er: die Altenpflege. Schließlich, sagt der Minister: Wenn die Arbeitsbedingungen so schlecht sind, dass viel zu wenige Menschen Pfleger werden möchten, dann leiden nicht nur die Pfleger selbst unter der Arbeit, die ihnen über den Kopf wächst – sondern das ganze Land, dessen Alte und Kranke kaum noch versorgt werden können. Er will deshalb dafür sorgen, dass es in der Pflegebranche allgemeinverbindliche Tarifverträge geben soll. Also solche, an die sich alle Anbieter halten müssen und nicht nur jene, die Mitglied im Arbeitgeberverband sind. »Erst einmal in der Altenpflege«, sagt er. Danach vielleicht in weiteren Branchen.

Die Frage ist, wie viel solche allgemeinverbindlichen Tarifverträge wirklich bringen. Die Erfahrung in Branchen, in denen es diese gesetzliche Verpflichtung schon gibt, zeigt: Auch dann halten sich besonders sparbewusste Unternehmen nicht unbedingt daran. Schlupflöcher finden sich fast immer. Genutzt werden sie zum Beispiel in der Branche der Reinigungskräfte, wo schon seit Jahren ein verbindlicher Tarifvertrag gilt. Das zeigt etwa das Beispiel eines Subunternehmens, das im Auftrag der Berliner Verkehrsgesellschaft die U-Bahnhöfe sauber hält. Die Angestellten der Gebäude- und Verkehrsmittelreinigung GmbH & Co. KG putzen laut einem Bericht in der *Zeit* vom Oktober 2018 tapfer die teils stark verdreckten Stationen: Sie wischen Urinlachen weg, entfernen Fäkalien, Drogenspritzen und Tierkadaver. Sie tun das auch nachts und am Wochenende. Dafür erhalten sie laut dem Bericht in Vollzeit netto rund 1500 Euro. Ihr Arbeitgeber aber, ein Subunternehmer der BVG, wende allerlei Tricks an, um sich nicht an den Tarifvertrag halten zu müssen: Sonntagszuschläge würden teils nicht gezahlt, der vorgeschriebene Urlaub faktisch nicht gewährt, die Anschaffungskosten für obligatorische Arbeitskleidung vom Lohn abgezogen.[78] Ich sehe hier ein ganz praktisches Umsetzungsproblem: Darauf nämlich, dass ein Unternehmen sich an eine solche Allgemeinverbindlichkeit bei den Tarifen nicht hält, müsste ja die zuständige Aufsichtsbehörde, die Finanzkontrolle Schwarzarbeit, erst einmal aufmerksam gemacht werden. Es braucht Whistleblower. Mitarbeiter, die sich wehren – und deren Mut groß und deren Atem lang genug ist, sich vor einem Arbeitsgericht zu wehren. Weil das aber so viele nicht tun, nicht tun können, nützt manchmal das schönste Gesetz im Alltag nichts.

Heil hat viele weitere Ideen. Egal, auf welche abgerutschte oder prekäre Wirtschaftsbranche ich ihn anspreche, er scheint sie schon auf dem Schirm zu haben. Zum Beispiel die Paketzusteller. Anfang März 2019, nach unserem Gespräch, kündigt er in einem Interview an: Er wird mit einem neuen Gesetz dafür sorgen, dass demnächst nicht mehr die Subunternehmer, sondern die Auftraggeber wie Hermes, Amazon und Co. dafür verantwortlich seien, dass die Fahrer am Ende der Kette wirklich den Mindestlohn erhalten.[79] Es soll eine Nachunternehmerhaftung her, vergleichbar jener in der Baubranche. Dass diese allerdings im Alltag nicht wirklich den Betroffenen hilft, hatte unsere Recherche am Bau ja gezeigt: Betroffene, die um ihren Mindestlohn betrogen werden, müssen sich selbst durch die Instanzen kämpfen, rechtlich gegen jedes einzelne Glied der Kette nacheinander klagen. Allerdings: Bei den Paketzustellern sind die Vergabeketten in der Regel deutlich kürzer als am Bau. Insofern könnte dieser politische Plan also wirklich etwas bringen. Jedenfalls, sofern sich Heil damit gegen Bundeswirtschaftsminister Peter Altmaier durchsetzt. Der CDU-Politiker verkündete Ende April, er sei gegen Heils Pläne, per Gesetz für bessere Arbeitsbedingungen bei Paketboten zu sorgen. Altmaiers Argument: »Es ist jetzt nicht die Zeit für neue Belastungen der Wirtschaft.« Im Hinblick auf die von mir geschilderten Mißstände klingt das ziemlich kurzsichtig.

Beim Gespräch im Ministerium schließt Hubertus Heil seine Ausführungen mit einem Ausblick ab, der – wenn man ihm glauben darf –, dann doch positiv ist. Die Digitalisierung der Arbeit, erwartet Heil, wird der Mittelschicht deutlich mehr nützen als schaden. Bis 2025, so die Prognose, von der das Arbeitsministerium ausgeht, wird sie zwar 1,3 Millionen Arbeitsplätze verschwinden lassen. Gleichzeitig aber werden 2,1 Millionen neue Jobs entstehen.

»Das stellt uns in der Politik aber auch vor eine Aufgabe«, sagt er. »Wir müssen dafür Sorge tragen, dass die betroffenen Menschen entsprechend umgeschult und qualifiziert werden.«

Heil hat recht: Die Menschen im Land für den Arbeitsmarkt der Zukunft fit zu machen, ist eines der drängendsten Probleme unserer Zeit. Die Frage ist, ob er sich mit dieser Idee in der Bundesregierung durchsetzen kann. Ich denke vor allem an die Kräfte in der Union, die sich zuletzt vehement auch gegen andere Vorstöße Heils gestellt haben. Denn was den Arbeitnehmern im Land nutzt, kostet meistens die Wirtschaft Geld: Bundeskanzlerin Merkel stemmte sich mit aller Kraft gegen Heils Pläne zur Grundrente, Wirtschaftsminister Altmaier gegen die Nachunternehmerhaftung für Paketdienste. Die Millionen von Arbeitnehmern im Land, im Niedriglohnsektor wie in der Mittelschicht, müssen hoffen, dass der Arbeitsminister seine Pläne für den Arbeitsmarkt umgesetzt bekommt.

Arbeit muss wieder teurer werden – so kann es gehen

Es muss aber doch noch andere Politiker geben, die sich dem Kampf gegen die Schieflage am Arbeitsmarkt verschrieben haben – und erkannt haben, dass hier sofort angepackt werden muss. Einer, der gute Ideen hat, kommt aus einem ganz anderen politischen Lager: Johannes Vogel, der arbeitsmarktpolitische Sprecher der FDP-Bundestagsfraktion. Ich habe ihn gefragt, was er denn von Heils Plänen und Ideen hält. Und, ob er bessere hat.

Fangen wir mit Heils größtem Thema an. Seinem dringlichen Plan also, die Tarifbindung im Land wieder zu stärken. Fragen wir einmal bewusst aus marktliberaler Sicht: Wollen wir als Gesellschaft überhaupt, dass die Unternehmen im Land sich wieder per Vertrag gegenüber ihren Mitarbeitern verpflichten müssen, höhere Löhne und Gehälter zu zahlen? Würde das die deutsche Wirtschaft im weltweiten Wettbewerb nicht enorm schwächen?

Der liberale Politiker Vogel hat naturgemäß einen anderen Blick auf die Zusammenhänge des Arbeitsmarktes. Wenn jemand es kritisch sehen dürfte, dass Heil wieder mehr Tarifbindung im Land will, dann wahrscheinlich er.

Vogels Antwort auf die Frage, ob mehr Tarifbindung Deutschland helfen kann, überrascht. »Ich bin sehr dafür, wenn die Politik sich Gedanken macht, wie die Tarifbindung wieder steigen kann«, sagt er. Und noch mehr: »Allgemeinverbindliche Tarifverträge erscheinen mir als ein bewährter Ansatz.« Jedenfalls, schränkt er ein, wenn die etablierten Regeln eingehalten würden, also der jeweilige Tarifausschuss zustimme. Und sie seien kein Allheilmittel. Schließlich müsse das in Deutschland geltende Grundrecht auf Koalitionsfreiheit gewahrt bleiben – also das Recht von Arbeitnehmern und Arbeitgebern, sich zusammenzuschließen und miteinander die Bedingungen für Arbeit und Wirtschaft zu besprechen. Allgemeinverbindliche Tarifverträge schränken dieses Grundrecht ein, weswegen man als Liberaler wohl schon per se eine grundsätzlich skeptische Haltung haben muss.

Wenn nun aber selbst der Arbeitsmarktexperte der Liberalen sagt, wir müssten die Unternehmen zwingen, wieder bessere Löhne zu zahlen – dann muss es um die Wertschätzung des Gutes Arbeit wirklich schlimm bestellt sein im Land. Oder? Vogel sagt: »Wenn Sie Deutschland mit anderen Ländern vergleichen, dann sehen Sie einen Wert der Tarifbindung.« Wo es eine hohe Tarifbindung gebe, sei das Lohnwachstum besser an die Produktivitätsentwicklung gekoppelt als anderswo. Das heißt, einfach ausgedrückt: Dann verdienen die Angestellten mehr, wenn es den Unternehmen und der Wirtschaft insgesamt bessergeht. In Skandinavien zum Beispiel sieht man, dass das besser funktioniert als in Deutschland.

Es scheint also ausgemacht, dass wieder mehr Unternehmen Tarifverträge unterschreiben müssen, damit ihre Angestellten bessergestellt werden – also mehr verdienen und auch besser abgesicherte Arbeitsbedingungen wie Arbeitszeiten haben. Aber: Bekommt Deutschland das auch hin?

Es klingt so simpel, einfach wieder für mehr Tarifverträge sorgen, und schon sind zumindest jene Berufe wieder aufgewertet, die nicht ins Internet oder ins Ausland abwandern können – also all die Verkäufer, Kellner, Pfleger, Handwerker oder Bankberater.

Ganz so einfach wird das aber nicht gehen. Selbst, wenn die Bundesregierung sofort damit anfängt, Tarifverträge in ersten Branchen als allgemeinverbindlich zu erklären, wird es noch sehr lange dauern, bis dies Wirkung erzielt – bis also Arbeit allgemein wieder als wertvoller wahrgenommen und wieder besser entlohnt wird. Dieses Problem sieht auch Achim Truger, der Professor, den ich in einem früheren Kapitel zitiert habe, und der seit kurzem Wirtschaftsweiser ist. »In der Zeit der Agenda 2010 war das erklärte politische Ziel, den Faktor Arbeit zu schwächen, ihn billiger zu machen«, sagt Truger. »In den letzten 20 Jahren hat sich dieser Gedanke, Arbeit muss billig sein, in unser allgemeines Bewusstsein eingegraben, es ist gewissermaßen zum Mantra geworden.« Eines der Resultate dieses Mantras sei das Diktum vom »schlanken Staat«, der seinen Verwaltungsapparat auf Effizienz trimmt, möglichst an Beamten, Polizisten, Staatsanwälten spart. Diese Entwicklung wieder rückgängig zu machen, meint Truger, sei eine Mammutaufgabe. »Das wird nicht von heute auf morgen funktionieren.«

Die Idee allerdings, in der Pflegebranche als Erstes dieses Umdenken anzustoßen, sei gut. Zum einen, weil in der Pflege das allgemeine Bewusstsein schon vorhanden sei, dass sie unterbezahlt sei. Und zum anderen, weil sich hier besonders gut ein Zeichen setzen lasse: dass ein starker Staat – als Gegenpunkt zum schlanken Staat – den Menschen durchaus Vorteile bringe. »Denkbar wäre, dass wir die höheren Gehälter in der Pflege, die durch allgemeinverbindliche Tarifverträge entstünden, zum Teil durch Steuern finanzieren. Wenn wir es hinbekommen, auf diese Weise eine hochwertige Pflege mit fairen Gehältern zu realisieren – dann könnte das ein Exempel dafür statuieren, dass staatliche Daseinsvorsorge gut funktionieren kann.« Trugers Vorschlag ist also der: Der einzelne Bürger soll mehr bezahlen, damit die Gehälter steigen und damit auch die Qualität der Versorgung mit öffentlich organisierten Gütern. Der Forscher, ein Verfechter des Konzepts starker Staat, nennt ein Beispiel, wie ein ähnliches Projekt in einem anderen Land funktioniert hat: In Österreich hat die Regierung schon vor Jahrzehnten einen öffentlichen Wohnbausektor aufgebaut. Während in Deutschland privatisiert und kommunaler Wohnungsbau zurückgefahren wurde, passierte in Österreich also das Gegenteil. Mit dem Resultat, dass es heute in Wien bezahlbaren Wohnraum in ausreichender Menge gebe – ganz anders als etwa in Berlin. Österreich übrigens könnte auch, was die Tarifbindung angeht, ein Vorbild für Deutschland sein. Dort müssen Unternehmen in einer zentralen Wirtschaftskammer Mitglied sein. Sie sind also automatisch ohnehin organisiert und miteinander vernetzt. Der Schritt zur Tarifpartei ist dann nicht mehr weit.[80]

Wirtschaftsforscher Truger hat auch noch eine Reihe weiterer Vorschläge, wie die für Wirtschaft und Arbeit verantwortlichen Politiker im Land ganz konkret dafür sorgen könnten, dass Arbeitskraft im Land wieder besser entlohnt werden könnte. Zum Beispiel: bei der Vergabe von Aufträgen der öffentlichen Hand nur noch solche Auftragnehmer zu berücksichtigen, die ihren Angestellten Tariflöhne zahlen. Oder: Durch Gesetze dafür sorgen, dass Unternehmen Tarifverträge nicht mehr wie bisher umgehen können, indem sie einfach Tochtergesellschaften gründen, für die diese Tarife nicht gelten, und so die Regelungen umgehen. Oder: Den Jobcentern vorschreiben, Arbeitssuchende nur noch – oder zumindest vorrangig – an Arbeitgeber zu vermitteln, die ihnen Tariflöhne zahlen. All das klingt bestechend einfach und logisch. Es hätte längst passieren müssen.

FDP-Politiker Vogel hat ein ganz anderes Zukunftskonzept, um wieder für mehr Tarifbindung im Land zu sorgen. Er sagt: In der neuen Arbeitswelt, die gerade entsteht, der New Economy, funktioniere vieles nicht, was in traditionellen Unternehmen funktioniert habe. Vor allem die Arbeitszeitgesetze. »Sie können den Unternehmen dort schlecht vorschreiben: Das sind die Stunden am Tag, an denen eure Mitarbeiter arbeiten dürfen – und diese Stunden sind verboten. Die Arbeitswelt etwa in Start-ups ist ja faktisch heute schon eine ganz andere, und vor allem die Bedürfnisse der Mitarbeiter sind es auch.« Zum Beispiel: Derzeit müssen laut Gesetz zwischen zwei Arbeitsschichten mindestens elf Stunden Pause liegen. Viele Angestellte aber, egal ob in Start-ups oder anderswo, machen es längst anders, sie gehen vielleicht etwas früher aus dem Büro, setzen sich dann aber abends zu Hause an den Rechner. Das Gesetz schreibt auch vor, dass niemand im Schnitt mehr als acht Stunden am Tag arbeiten darf.

Vogel findet, dass die Bundesregierung das Arbeitszeitgesetz deutlich lockern müsse, um den neuen Bedürfnissen am Arbeitsmarkt für mehr Selbstbestimmung gerecht zu werden. »Ich bin sicher: Wenn man den Unternehmen der New Economy, den Start-ups zum Beispiel, eine flexiblere Verteilung der Arbeitszeiten als im veralteten deutschen Arbeitsgesetz erlauben würde – dann könnte man sie im Gegenzug zum Abschluss von Tarifverträgen motivieren, in denen dann Dinge wie Gehälter, Urlaubs- und Sonderzahlungen geregelt sind. Die beiden Themen ließen sich auch gesetzlich verbinden.«

Die Idee klingt so verrückt, dass sie tatsächlich klappen könnte. Verrückt, weil es bedeuten würde, wir müssten den Arbeitsmarkt deregulieren, den gesetzlichen Schutz der Arbeitnehmer also erst einmal lockern – um dann langfristig die Arbeitsbedingungen der Angestellten zu verbessern. Was vielleicht überraschen mag: Ausgerechnet das in diesem Frühsommer viel diskutierte Urteil des Europäischen Gerichtshofs zur Erfassung der Arbeitszeiten macht es nun recht wahrscheinlich, dass es tatsächlich zu dieser Lockerung kommen wird. Das Urteil besagt, dass Arbeitgeber die Arbeitszeit ihrer Mitarbeiter in einem objektiven und verlässlichen System festhalten müssen. In der deutschen Politik haben nun Politiker wie Vogel den Ball aufgenommen und schlagen vor, jetzt sei es aufgrund des Europäischen Gerichtsurteils an der Zeit, die Frage nach den gesetzlichen Vorschriften für Arbeitszeit zu überdenken. Und auch Arbeitsminister Heil scheint dafür aufgeschlossen.

Das wäre ein Schritt in die richtige Richtung. Denn was nützen Arbeitsgesetze, die längst nicht mehr die Realität am Arbeitsmarkt widerspiegeln?

SOZIALES SICHERUNGSSYSTEM 4.0

So gut es allerdings alle Beteiligten offenbar finden, dass es – egal, ob in »Old« oder »New Economy« wieder mehr Tarifverträge geben soll: Die Herausforderungen und Probleme, vor denen unser Arbeitsmarkt heute steht, sind sehr viel größer und umfassender als das. Mit Tarifverträgen erreicht man schließlich nur jene Menschen, die überhaupt noch in festen Arbeitsverhältnissen sind. Was aber ist mit den vielen Soloselbstständigen? Und mit denen, die gerade ihre Jobs durch die großen Wellen an Stellenabbauten verlieren? Was geschieht mit all jenen, die sich in der großen, neuen Arbeitswelt der Gig Economy als Selbstständige verdingen: Wie schaffen wir es, dass der Wert ihrer Arbeit nicht völlig abrutscht?

Beginnen wir mit der Automatisierung und all den Jobs, die durch autonomes Fahren, digitalisierte Bankberatung oder automatisch generierte Textbausteine vernichtet werden. All die Busfahrer, Bankberater und Texter, die in der nächsten Generation am Arbeitsmarkt keine Jobs mehr hätten: Unser Land muss es schaffen, diesen Wegfall an Arbeitsplätzen zu kompensieren. Wir müssen dafür sorgen, dass all die Betroffenen nicht von der Mittelschicht ins Prekariat rutschen. Das geht aber nur, wenn wir uns entschließen, sehr viel Geld in die Hand zu nehmen. Qualifizierung ist der Schlüssel zum zukünftigen Erfolg des Landes.

So sieht das auch FDP-Politiker Johannes Vogel. Er sagt, wir sollten uns etwas von einem kleinen Land abschauen: von Estland.

»Dort ist seit ein paar Jahren in den Schulen IT ein festes Lehrfach – und nun lässt sich feststellen, dass das tatsächlich etwas bringt. Die Zahl der erfolgreichen Gründungen im IT-Bereich ist deutlich höher als in anderen Ländern, zum Beispiel auch sehr viel höher als in Deutschland«, sagt er. Auch Großbritannien folge jetzt dem Beispiel Estlands. Warum also nicht wir?

Ein neues Schulfach allein wird nicht ausreichen, um Deutschland für die neue, automatisierte und sich ständig häutende Arbeitswelt fit zu machen. Die Nachfrage nach Arbeit wandelt sich mittlerweile ständig, alte Berufsbilder verschwinden und neue entstehen so schnell wie nie zuvor in der Menschheitsgeschichte. Wir müssen uns also darauf einstellen, dass spätestens die Generation unserer Kinder, vielleicht auch schon wir selbst, nicht mehr ein ganzes Leben lang in ein- und demselben Job arbeiten können werden – weil der technische Fortschritt unseren Beruf vielleicht schon überflüssig macht, während wir gerade noch an unserer Karriere feilen.

Was aber ist die notwendige Konsequenz aus dieser Erwartung? Vogel sagt, ein »zweites Bildungssystem« müsse einen festen Platz in unserem Land bekommen, in unseren Köpfen. Weiterbildung müsse ein normaler Bestandteil unseres Lebens werden, auch und gerade für die Höherqualifizierten. Die Universitäten, so die Idee, müssten künftig »Executive Education« oder Kurse für »Midlife Sabbaticals« anbieten. In den USA und einigen anderen Ländern ist das schon gängig. Deutschland dagegen hat es bisher weitgehend verpasst. Bezahlen, sagt ausgerechnet der liberale Politiker, müsse solche Weiterbildung der Staat. »Obwohl ich sonst nicht nach staatlichen Geldern rufe: Hier ist es absolut notwendig, denn Bildung ist staatliche Kernaufgabe. Und Bildung darf eben künftig nicht nach der Ausbildung oder dem Studium enden.« Ein dazu passender Baustein, damit das lebenslange Lernen – oder das Umlernen in der Lebensmitte – funktionieren könne: Zusätzlich zum Bafög für Studenten nach dem Schulabschluss brauche es ein »Midlife Bafög«, das dafür sorge, dass man sich ein Umlernen, eine zweite Karriere, überhaupt leisten könne. Und auch die

Unternehmen müssten mitziehen und feste Weiterbildungszeiten für ihre Angestellten reservieren.

Das Thema der Weiterbildung in der Lebensmitte wird zurzeit auch gerade für die Geringqualifizierten politisch diskutiert: Weil die OECD im Frühjahr 2019 ankündigte, dass durch die Automatisierung der Arbeitswelt in ein paar Jahren vor allem viele Ungelernte ihre Jobs verlieren dürften, kündigte Hubertus Heil an, er wolle noch in diesem Jahr eine Weiterbildungs- und Umschulungsstrategie vorlegen. Eine Idee sei: ein Rechtsanspruch auf Weiterbildung für alle Arbeitnehmer. Was die geringer Qualifizierten am Arbeitsmarkt angehe, könne man doch darüber nachdenken, an Berufsschulen Zweige für Weiterbildung einzurichten – analog zu den »Midlife Career«-Studien an den Universitäten für Höherqualifizierte.

Das Wegfallen von Berufsbildern und das Entstehen von neuen ist das eine. Die andere große Umwälzung aber, vor der unser Arbeitsmarkt steht – in die er längst hineingestolpert ist: Das klassische Beschäftigungsmodell löst sich mehr und mehr auf, in dem es einen Arbeitgeber und einen Arbeitnehmer gibt. An seine Stelle tritt das Modell der Soloselbstständigkeit, der Vereinzelung, in der jeder am Arbeitsmarkt seine Aufträge selbst generieren muss, jeden Monat aufs Neue. Die Digitalisierung verstärkt diesen Trend: Je mehr unsere Arbeitskraft über Internet-Plattformen vermarktet wird, je mehr Aufträge und Anweisungen wir über Smartphones entgegennehmen, umso mehr verschwimmen die Grenzen zwischen Arbeitgeber und Arbeitnehmer. An die Stelle des Arbeitgebers treten die Vermittlungsplattformen: myhammer.de, Amazon, Deliveroo oder jenes Portal, über den ich den freien Autoren Stefan Kaupisch fand.

Der wesentliche Unterschied zwischen klassischen Arbeitgebern und solchen Plattformen ist aber der: Die Plattform zahlt für die Menschen, die sie vermittelt, keinen Arbeitgeberanteil in die Sozialversicherung ein. Sie sind ja Einzelkämpfer, rechtlich betrachtet selbstständig. Gewerkschaften, Betriebsräte und gesetzlicher Schutz für Arbeitnehmer spielen in dieser neuen Arbeitswelt keine

Rolle. Zwar bemühen sie sich, in diese Strukturen hineinzukommen. Die IG Metall zum Beispiel betreibt eine Internetseite mit dem Namen faircrowd.work, auf der sie versucht, die Crowdworker miteinander zu vernetzen und über Rechte und die Beschneidung dieser Rechte aufzuklären. Auf der Website findet sich auch eine Willenserklärung von Gewerkschaften von 2016, die »Frankfurter Erklärung«, in der es heißt: Die Betreiber von Plattformen müssten garantieren, dass die dort Beschäftigten mit einer Wochenarbeitszeit von maximal 40 Stunden genug zum Leben verdienen. Faktischen Einfluss haben die Arbeitnehmerschützer in diesem Bereich der Arbeitswelt aber nicht.

Eine Folge ist, dass es um die Rechte der Auftragnehmer in vielen Fällen schlecht bestellt ist: Sie können kaum mit ihrem Geld planen, weil sie nicht wissen, wie viel Geld sie am Monatsende auf dem Konto haben. Dies übrigens haben sie mit den Beschäftigten in einem anderen Bereich, der neuen, flexibilisierten Arbeitswelt gemeinsam: den Arbeitern auf Abruf im Einzelhandel und der Gastronomie. Dieses Defizits haben sich nun vor kurzem die EU-Politiker angenommen. Sie verabschiedeten im April 2019 im Parlament Mindestrechte für all jene, die sie zur Gig Economy zählen. Per EU-Definition sind das sowohl die Verkäufer auf Abruf in den Läden als auch die Kuriere, die per Smartphone Aufträge entgegennehmen – denn schließlich eint beide Gruppen das Problem, dass sie nie wissen, wie viel ihrer Arbeitskraft sie an einem Tag verkauft bekommen. Künftig muss ihnen der Arbeitgeber oder der Betreiber der Plattformen ein Mindestmaß an Beschäftigung pro Tag garantieren und auch dafür sorgen, dass ihnen kein finanzieller Nachteil entsteht, wenn sie mal einen kurzfristig erteilten Auftrag ablehnen müssen.

Eine andere Folge der wachsenden Gig Economy ist: Viele der soloselbstständigen Clickworker, egal ob Fahrradkurier, Paketlieferant, Web-Entwickler oder Werbetexter, beuten sich selbst aus, indem sie ihre Arbeitskraft zu Preisen verkaufen, bei denen ihnen am Ende nicht genug Geld übrigbleibt, um sich sozial zu versichern. Sie tun das, weil sie mit anderen Einzelkämpfern konkurrieren, entweder überall im Land oder, je nach Berufsfeld, sogar auf der ganzen Welt. Das aber wiederum bedeutet, dass viele von ihnen später einmal altersarm werden dürften und dann die Gemeinschaft für sie aufkommen muss. Deshalb ist die Frage, wie wir mit der wachsenden Gig Economy umgehen, ein gesamtgesellschaftliches Problem.

Arbeitsminister Heil schlug in diesem Frühjahr vor, dieses Problem zu lösen, indem er eine Sozialversicherungspflicht für alle Selbstständigen einführen will. Sein Gegenspieler aus der FDP, Johannes Vogel, findet die Debatte zwar richtig, denn: »Ein Geschäftsmodell, indem ein Soloselbstständiger nur dann Aufträge bekommt, wenn er Kampfpreise setzt, zu denen er sich keine Sozialversicherung leisten kann – das ist eigentlich kein Geschäftsmodell.« Vogel ergänzt aber: Warum nicht anstatt einer Einheitspflichtversicherung über gesetzliche Rentenkassen verschiedene Auswahlmöglichkeiten geben, in denen Soloselbstständige sich nach der Gründungsphase fürs Alter absichern: Rürup-Rente, Riester-Rente für Selbstständige, in Immobilien investieren und sie als Altersvorsorge verbriefen lassen zum Beispiel? Fair könne eine solche Pflicht zur Vorsorge aber nur sein, wenn auf der anderen Seite viele Benachteiligungen für Freelancer abgebaut würden – zum Beispiel die Krankenversicherungsbeiträge, die oft deutlich höher seien als jene identisch verdienender Angesteller.

Bei vielen Betroffenen sorgte der Vorstoß des Arbeitsministers für Entrüstung. Sie schrieben in sozialen Netzwerken wie Twitter, eine solche Pflicht sei eine Belastung, die sie finanziell nicht schultern könnten. Denn ihr Geld reiche doch schon jetzt hinten und vorne nicht – und schließlich könne auch eine Versicherungspflicht nicht dafür sorgen, dass die Honorare stiegen, die man als Soloselbstständiger verlangen könne. Schon gar nicht, wenn man in Branchen tätig sei, in denen man mit Menschen auf der ganzen Welt konkurriere.

Das halte ich für einen zentralen Kritikpunkt: Eigentlich müsste die Politik jetzt ganz dringend dafür sorgen, dass die Honorare steigen, die wir auf Plattformen im Internet für unsere Arbeit bekommen. Dass also der Preis für unsere Arbeit wieder steigt, anstatt durch internationalen Wettbewerbsdruck immer weiter gedrückt zu werden. Dafür allerdings müsste man im ersten Schritt an die Betreiber dieser Plattformen herankommen – und sie in die Verantwortung nehmen, dafür zu sorgen, dass die von ihnen vermittelten Arbeitskräfte ordentlich bezahlt werden.

Das sieht auch einer der bekanntesten Vordenker im Land für den Wandel des Arbeitsmarkts so: Hilmar Schneider, der Leiter des Forschungsinstituts zur Zukunft der Arbeit (IZA). Professor Schneider sagt, im Grunde genommen gebe es zwei Probleme mit der Gig Economy. Das erste: Die Betreiber der Plattformen sitzen oft ganz woanders als in Deutschland. Die Gewinne, die sie mit der Vermittlung von Arbeitskraft hierzulande erzielen, also mit ihren Provisionen, fallen anderswo an. Uber sitzt in den USA, Amazon zahlt seine Steuern in Luxemburg. »Die Gewinne für die Wertschöpfung, die hierzulande durch diese Dienstleistungen erzielt wird, werden also anderswo abgeschöpft«, sagt er. Und genau das müsse sich ändern, »denn sonst bekommen wir ein Problem mit der Finanzierung unseres Sozialstaats.«

Die Lösung müsste demnach also sein: Die Betreiber der Plattformen müssten wie Arbeitgeber behandelt werden. Sie müssten verpflichtet werden, für jene, die Aufträge über ihre Websites annehmen, Sozialversicherungsbeiträge zu zahlen. Auch und gerade dann, wenn die Auftragnehmer offiziell Selbstständige sind. Der Charme der Idee liegt darin: Nicht nur flösse auf diese Weise mehr Geld in die Sozialkassen und dies könnte womöglich für Millionen von Menschen Altersarmut verhindern. Es hätte auch einen psychologischen Effekt: dass Arbeit faktisch mehr kostet als bisher – und sich so das allgemeine Bewusstsein dafür wieder bilden würde, dass sie nicht grundsätzlich billig zu haben ist.

Und das führt zum zweiten Punkt, den Schneider anführt, und der ebenfalls bestechend logisch erscheint. Auch wir Konsumenten von Dienstleistungen, die offiziell von Selbstständigen erbracht werden, müssen am eigenen Geldbeutel gepackt werden. Schneider nennt ein Beispiel: In Indonesien feiert seit ein paar Jahren die

App Go-Jek große Erfolge. Ursprünglich wurde sie konzipiert, um sich damit Motorrollertaxis zu rufen. Mittlerweile kann man sich darüber auch sein Mittagessen nach Hause bestellen, eine Putzfrau buchen oder eine Autoreparatur beauftragen. Der Clou an der App ist nun der: Mit jeder Bezahlung – die natürlich per Handy geschieht – zahlt der Kunde automatisch einen kleinen Betrag auf das Altersvorsorgekonto des Motorrollertaxifahrers oder sonstigen Dienstleisters ein.

Die Idee klingt so einfach wie genial: Selbstausbeutung, indem man billiger ist, weil man auf Altersvorsorge verzichtet, ist in diesem System überhaupt nicht mehr möglich. Und es bietet noch einen bestechenden Vorteil. Denn die Kunden erfahren den wahren Preis für die Dienstleistung und müssen ihn auch bezahlen. Noch ist es in Deutschland heute oft der Fall, dass wir den staatlich subventionierten Preis zahlen, in dem wir als Konsumenten wunderbar ausblenden können, dass wir für all die Billigessenslieferanten und Paketfahrer vielleicht mit unseren Steuergeldern die Aufstockerleistungen der Jobcenter für Geringverdiener oder die Grundsicherung im Alter zahlen müssen.

Die Idee ist revolutionär. Sie bedeutet nichts Geringeres als eine komplette Umstellung des Sozialversicherungssystems, einen Paradigmenwechsel gegenüber dem Status quo: Nicht mehr der Arbeitgeber bezahlt die Sozialversicherungsbeiträge für die Erbringer von Arbeitsleistung, sondern direkt derjenige, der sie konsumiert. Schließlich ist er ja im Grunde der »Arbeitgeber« im eigentlichen Wortsinn.

Man braucht nicht sehr viel Fantasie, um sich vorzustellen, dass dieses System auf viele Dienstleistungsjobs in der Gig Economy einfach angewandt werden könnte. Bestellt man ein Paket bei Amazon, könnte mit der Rechnung direkt ein Posten für die Sozialversicherung des vom Logistikkonzern beauftragten Fahrers abgebucht werden. Bestellt man sein Essen bei Deliveroo, zahlt man automatisch ein paar Cent für die Altersvorsorge des Fahrradkuriers.

Ebenso könnte das Modell auf Firmen angewandt werden, die Aufträge an Freelancer vergeben: Auch sie könnten unmittelbar mit der Anweisung des Honorars Geld aufs Sozialversicherungskonto des Beauftragten bezahlen.

Das Modell wäre eine Variante von Konsumsteuern: Konsumsozialabgaben. Forscher Schneider ist überzeugt, dass eine solche Umstellung funktionieren kann – wenn wir Konsumenten durch diese zusätzlichen Abgaben nicht zusätzlich belastet würden, sondern im Gegenzug weniger Einkommensteuern zahlten. Und auch die anderen Arbeitsmarktexperten, mit denen ich gesprochen habe, halten die Idee keineswegs für abwegig. Natürlich wäre eine solche Umstellung des Sozialversicherungssystems eine logistische Mammutaufgabe: Jeder Plattformbetreiber müsste die Versicherungsdaten seiner vermittelten Auftragnehmer direkt mit der Rentenkasse und den Kranken- und Pflegekassen kurzschließen. Die größte Anstrengung läge darin, den Sozialversicherungsapparat im Land derart umzustellen, dass solche digitalen Abrechnungen möglich würden. Deutschland müsste jetzt massiv in die dafür nötige Infrastruktur investieren. Bis ein solches Konzept in der Politik ankommt – und vielleicht sogar umgesetzt wird – dürfte es noch eine Weile dauern.

Hoffentlich warten unsere Politiker damit nicht zu lange. Denn der vielleicht größte Vorteil dieser Idee einer Konsumsozialabgabe liegt darin, dass sie in unseren Köpfen ein Umdenken anstoßen könnte: dass wir wieder bereit werden, für Arbeitskraft mehr zu zahlen, wenn wir schwarz auf weiß sehen, was sie kostet. Und dass wir – vielleicht nicht sofort, aber nach einer Weile, wenn wir uns an diese höheren Kosten gewöhnt haben – auch gerne bereit sind, für Arbeit wieder mehr zu zahlen. Auch, weil wir selbst als Teilnehmer am Arbeitsmarkt, also als Menschen, die hier ihr Geld verdienen, von dieser erhofften Aufwertung der Arbeit profitieren werden. Das käme bei den Menschen an: den Piloten, den Flugbegleitern oder auch bei den Verkäufern im Einzelhandel.

Geht der Plan auf, dann würden davon nicht nur die Dienstleister in der Gig Economy etwas haben, sondern das ganze Land. Dann würde mit Sicherheit auch unsere Bereitschaft steigen, wieder mehr Steuern zu bezahlen und somit dafür zu sorgen, dass ein

»guter« anstatt ein »schlanker« Staat seine Staatsdiener fair bezahlen und zu sicheren Konditionen beschäftigen kann. Zum Beispiel Lehrer oder Polizisten. Und es wäre wohl auch mehr Geld in der Staatskasse vorhanden, weil wir weniger Geld für Aufstockerleistungen und zum Ausgleich von Altersarmut ausgeben müssten.

Die Idee der Konsumsozialabgabe wird freilich nicht alle Probleme des Arbeitsmarkts auf einen Schlag lösen. Aber sie zeigt etwas sehr Wichtiges: dass wir bei politischen Ideen jenseits des Tellerrands der eingefahrenen, verkrusteten Strukturen sozialversicherungspflichtiger Anstellungsverhältnisse denken müssen, wenn wir den Arbeitsmarkt wieder vom Kopf auf die Füße stellen wollen. Dass wir ganz neu denken müssen.

Sorgen wir also dafür, dass Arbeit wieder mehr wert ist – packen wir es an!

QUELLENVERZEICHNIS

Bader, Naomi und Mosheim, Maik, »Start-Up Flaschenpost: Wie seriös ist der neue Getränkelieferdienst?«, auf www.spiegel.de, 18. 2. 2019

Barkewitz, Christoph und Gerlof, Hauke, »Ärzte sehen sich bei Honoraren abgehängt«, in *Ärztezeitung*, 24. 8. 2018

Behlendorf, Nina und Hofmann, Madeleine, »Arbeit auf Zeit«, auf zdf.de, 15. 11. 2018

Bergmann, Jens, »Man ist eine Rabatt-Hure«, in *Brand Eins*, 1. 4. 2015

BILD-Zeitung, »Dieser Polizist findet es ungerecht, dass …«, in *BILD*, 6. 2. 2019

Bispinck, Reinhard und Schulten, Thorsten, »Das Tarifsystem stabilisieren – wie soll das gehen?«, in *Mitbestimmung*, 7+8/2011

Brause, Christina und Naumann, Annelie, »Lebensretter am Limit«, in *Welt*, 15. 1. 2018

Brzeski, Carsten und Franke, Sebastian, »Nicht alle sind Sparweltmeister«, auf www.ing-diba.de, 2019

Buchholz, Helmut, »Personalnot: Polizisten schlagen Alarm«, in *Heilbronner Stimme*, 18. 8. 2017

Butterwegge, Christoph, »Gerechtigkeit sieht anders aus«, auf www.ndr.de, 12. 11. 2018

Dams, Jan, Rosenfeld, Dagmar und Schuster, Jacques, »Ist die SPD noch die Partei der Arbeitenden?«, in *Welt am Sonntag*, 17. 3. 2019

De la Torre, Augusto, »MIC Forum: The Rise of the Middle Class«, in *Weltbank-Bericht* 2018

Dengler, Katharina und Matthes, Britta, »Folgen der Digitalisierung für die Arbeitswelt«, in *IAB-Forschungsbericht* 11/2015

Deutsche Presse-Agentur, »Niemand will mehr Lokführer werden«, in *Wirtschaftswoche*, 4. 1. 2018

Deutsches Institut für Wirtschaftsforschung, »Niedrige Löhne empfindet die große Mehrheit als ungerecht«, auf diw.de, 12. 9. 2018
Deutscher Familienverband, »Horizontaler Vergleich 2019«, auf www.deutscher-familienverband.de, 15. 4. 2019
Doerfler, Kordula, »Angst nutzt der AfD«, in *Frankfurter Rundschau*, 22. 2. 2018
Dörner, Astrid, »Das kapitalistische System muss mit Nachdruck reformiert werden«, in *Handelsblatt*, 13. 4. 2019
Dowideit, Anette, »Durch ihn kam Willy Brandt ins Wanken«, in *Welt am Sonntag*, 10. 5. 2009
Dowideit, Anette, »Manche Staatsanwälte schnappen über«, in *Welt*, 1. 7. 2017
Dowideit, Anette, »Darf's ein bisschen mehr sein?«, in *Welt am Sonntag*, 20. 8. 2017
Dowideit, Anette, »Wohltätige Drücker«, in *Welt am Sonntag*, 10. 12. 2017
Dowideit, Anette, »Notstand in der ambulanten Pflege wird dramatischer«, in *Welt*, 19. 2. 2019
Dowideit, Anette und Fabricius, Michael, »Plötzlich unbezahlbar«, in *Welt am Sonntag*, 21. 1. 2018
Dowideit, Anette, Gillert, Sonja und Müller, Lara Marie, »Wir rufen Pfleger – es kommen Menschen«, in *Welt am Sonntag*, 8. 3. 2019
Dowideit, Anette und Kaiser, Tobias, »Performance auf Rezept«, in *Welt am Sonntag*, 28. 4. 2015
Dowideit, Anette und Wisdorff, Flora, »So funktioniert das Modell des Ramschladens Primark«, in *Welt am Sonntag*, 28. 1. 2015
dpa, »3,4 Millionen Menschen haben mehrere Jobs«, auf www.spiegel.de, 3. 2. 2019
dpa, »Heil will gegen Missstände in Paketbranche vorgehen«, aif www.handelsblatt.com, 2. 3. 2019
Eckert, Daniel, »Die Inflation läutet das Ende des deutschen Lohn-Märchens ein«, in *Welt*, 21. 1. 2019
Eubel, Cornelia und Monath, Hans, »Der neue Hoffnungsträger der SPD«, in *Tagesspiegel*, 13. 3. 2019
Fanta, Alexander, »Roboterjournalisten retten die Lokalpresse«, auf www.netzpolitik.org, 16. 3. 2018
Fabricius, Michael, »Deutschlands Familien verlassen die Städte«, in *Welt*, 13. 3. 2019
Fortune, »The Shrinking Middle Class«, auf www.fortune.com, 20. 12. 2018
Frangenberg, Helmut, »Die Schere zwischen Arm und Reich wird größer«, in *Kölner Stadt-Anzeiger*, 28. 12. 2018

Fratzscher, Marcel, »Die Mitte bröckelt«, auf www.zeit.de, 4.8.2017
Fuest, Clemens, »Das Märchen von der Jahrhundertungleichheit«, in *Die Zeit*, 2.1.2018
Goffart, Daniel, *Das Ende der Mittelschicht*, Berlin 2019
Haas, Christine, »Unter 30-Jährigen gelingt immer seltener ein Aufstieg in die Mittelschicht«, in *Welt*, 10.4.2019
Handelsblatt, »Deutsche Post sortiert Mitarbeiter: Höchstens 20 Tage krank und nur zwei Autounfälle«, in *Handelsblatt*, 6.5.2018
Harms, Florian und Heid, Tatjana: »Den digitalen Wandel gestalten«, auf *t-online.de*, 14.11.2018
Heithecker, Marcus, Jungholt, Thorsten und Schuster, Jacques, »Der Brexit geht mir wegen meiner britischen Wurzeln nahe«, in *Welt*, 6.1.2019
Hesse, Michael und Voogt, Gerhard, »Der tägliche Klassenkampf«, in *Kölner Stadt-Anzeiger*, 20.9.2018
Heuzeroth, Thomas, »Das beliebteste Produkt der Deutschen ist die Retoure«, in *Welt*, 27.12.2018
Höning, Antje, »Wer zur Mittelschicht gehört«, in *Rheinische Post*, 20.11.2018
Hofmann, Madeleine u.a., »Befristete Arbeit: Immer häufiger auch beim Staat«, auf correctiv.org, 1.8.2018
Institut der Deutschen Wirtschaft, »Die Abstiegsgefahr wird überschätzt«, auf www.arm-und-reich.de
Jahberg, Heike, »Die Erhöhung des Mindestlohns ist ein Placebo«, in *Tagesspiegel*, 30.12.2018
Kaiser, Tobias, »Zwischen Prekariat und Reichtum«, in *Welt am Sonntag*, 20.1.2019
Kaiser, Tobias, »Es wird große soziale Konflikte in Deutschland geben«, in *Welt*, 3.1.2019
Keller, Berndt und Seifert, Hartmut, »Atypische Beschäftigungsverhältnisse: Formen, Verbreitung, soziale Folgen«, auf www.bpb.de, 15.6.2009
Kisch, Robert, *Möbelhaus: Ein Tatsachenroman*, München, 2015.
Koch, Tonia, »Wenn Wettbewerb die Löhne drückt«, auf www.deutschlandfunk.de, 27.12.2017
Kramer, Bernd, »Die moderne Firma ist eine Diktatur«, auf www.zeit.de, 14.2.2019
Kreikebaum, Uli, »Knapp ein Viertel der Kölner ist von Armut bedroht«, in *Kölner Stadt-Anzeiger*, 15.9.2018
Laudenbach, Peter, »Ein Hoch auf die Langeweile«, in *Brand Eins*, 1.5.2016

Lebuhn, Henrik, »Wie viele und welche Wohnungen fehlen in deutschen Großstädten?«, in *Böckler Impuls* 7/2018
Lübker, Malte und Schulten, Thorsten: »Europäischer Tarifbericht des WSI – 2017/2018: Lohnentwicklungen und Ungleichheitsdynamiken«, in *Berichte des WSI*, 5/2018
Mallien, Jan, »Deutschland ist ein Billiglohnland«, in *Handelsblatt*, 12.11.2013
Milatz, Marvin, »Geld ohne Arbeit – funktioniert das?«, auf www.ndr.de, 12.11.2018
Moritz, Hans und Görmann, Marcel, »Kurier getötet: War es auf Auftragskiller?«, in *Münchner Merkur*, 4.10.2018
Müller, Benedikt, »Deutsche Post will Beamte loswerden«, in *Süddeutsche Zeitung*, 8. Juni 2018
Nachtwey, Oliver, *Die Abstiegsgesellschaft – über das Aufbegehren in der regressiven Moderne*, Berlin 2016
Niewendick, Martin, »Was es mit Sachsens Sicherheitswächtern auf sich hat«, in *Welt*, 4.10.2018
Pinzler, Jutta, »Mittelschicht – Angst vor dem Abstieg«, auf *arte*, 25.2.2011
Precht, Richard David, *Jäger, Hirten, Kritiker: Eine Utopie für die digitale Gesellschaft*, München 2018
Pusch, Toralf, »Atypische Beschäftigung: Weitere Zunahme bei Teilzeit und Leiharbeit, Zahl der Mini-Jobs geht leicht zurück«, auf www.boeckler.de, 18.5.2017
Ratcliff, Anna, »Billionaire fortunes grew by $2. 5 billion a day last year as poorest saw their wealth fall«, auf www.oxfam.org, 21.1.2019
Sauer, Stefan, »Viel Arbeit, wenig Geld«, in *Frankfurter Rundschau*, 20.11.2017
Schimmelbusch, Alexander, »Crypto Love«, in *Welt am Sonntag*, 3.3.2019
Schneemelcher, Pola und Ständer, Philip: »Wage-Productivity-Gap: Four Tales from the Eurozone«, in *Veröffentlichungen des Jacques Delors-Instituts*, 2018.
Sell, Stefan, »Paketzusteller. Die Spitze der Pyramide des Preis- und Lohndrucks soll in Haftung genommen werden können«, auf www.aktuelle-sozialpolitik, 4.3.2019
Sharma, Dinesh, »Sind Roboter die Antwort auf Arbeitslosigkeit?«, auf www.sap.com, 12.9.2016
Siems, Dorothea, »Jeder möchte Deutschland sein«, in *Welt*, 25.4.2019
Spiegel Online, »Prekär ist immer noch normal«, auf spiegel.de, 17.3.2017

Stamm, Hendrik, »Wie ich versuchte, im Internet schnelles Geld zu verdienen«, auf www.handelsblatt.de, 30.10.2018
Stinauer, Tim, »Großrazzia bei Paketdiensten«, in *Kölner Stadt-Anzeiger*, 9.2.2019
Stukenberg, Timo, »An der Belastungsgrenze«, in *Welt*, 11.2.2019
Vogel, Hannes, »Niedrig ist nicht billig genug«, in *Die Zeit*, 25.10.2018
Voss, Oliver, »Scharfe Kritik an Amazons privaten Paketboten«, in *Tagesspiegel*, 25.7.2018
Witt, Gregor und Schultze, Hans-Carl, »Warum es mit dem ÖPNV oft nicht klappt«, in *WDR Markt*, 31.10.2018
Zeit Online, »Lehrerverband beklagt Kündigungen zu den Ferien«, auf www.zeit.de, 9.7.2018
Zschäpitz, Holger: »Ungleiche Vermögen offenbaren Deutschlands Probleme«, in *Welt*, 16.4.2019

ANMERKUNGEN

1. Schneemelcher, Pola und Ständer, Philip: »Wage-Productivity-Gap: Four Tales from the Eurozone«, in *Veröffentlichungen des Jacques Delors-Instituts*, 2018
2. Lübker, Malte und Schulten, Thorsten: »Europäischer Tarifbericht des WSI – 2017/2018: Lohnentwicklungen und Ungleichheitsdynamiken«, in *Berichte des WSI*, 5/2018
3. Mallien, Jan, »Deutschland ist ein Billiglohnland«, in *Handelsblatt*, 12.11.2013
4. Nachtwey, Oliver, *Die Abstiegsgesellschaft – über das Aufbegehren in der regressiven Moderne*, Berlin 2016
5. Doerfler, Kordula, »Angst nutzt der AfD«, in *Frankfurter Rundschau*, 22.2.2018
6. Kaiser, Tobias, »Es wird große soziale Konflikte in Deutschland geben«, in Welt, 3.1.2019
7. Institut der Deutschen Wirtschaft, »Die Abstiegsgefahr wird überschätzt«, auf www.arm.und.reich.de
8. Höning, Antje, »Wer zur Mittelschicht gehört«, in *Rheinische Post*, 20.11.2018
9. De la Torre, Augusto, »MIC Forum: The Rise of the Middle Class«, Herausgeber: Weltbank, 2018
10. Fratzscher, Marcel, »Die Mitte bröckelt«, www.zeit.de, 4.8.2017
11. Pusch, Toralf, »Atypische Beschäftigung: Weitere Zunahme bei Teilzeit und Leiharbeit, Zahl der Mini-Jobs geht leicht zurück«, auf www.boeckler.de, 18.5.2017
12. Pinzler, Jutta, »Mittelschicht – Angst vor dem Abstieg«, auf *arte*, 25.2.2011
13. Keller, Berndt und Seifert, Hartmut, »Atypische Beschäftigungsverhältnisse: Formen, Verbreitung, soziale Folgen«, auf www.bpb.de, 15.6.2009

14. Kreikebaum, Uli, »Knapp ein Viertel der Kölner ist von Armut bedroht«, in *Kölner Stadt-Anzeiger,* 15. 9. 2018
15. Eckert, Daniel, »Die Inflation läutet das Ende des deutschen Lohn-Märchens ein«, in *Welt,* 21. 1. 2019
16. Haas, Christine, »Unter 30-Jährigen gelingt immer seltener ein Aufstieg in die Mittelschicht«, in *Welt,* 10. 4. 2019
17. Lebuhn, Henrik, »Wie viele und welche Wohnungen fehlen in deutschen Großstädten?«, in *Böckler Impuls* 7/2018
18. Fabricius, Michael, »Deutschlands Familien verlassen die Städte«, in *Welt,* 13. 3. 2019
19. Dowideit, Anette und Fabricius, Michael, »Plötzlich unbezahlbar«, in *Welt am Sonntag,* 21. 1. 2018
20. Fortune, »The Shrinking Middle Class«, auf www.fortune.com, 20. 12. 2018
21. Dörner, Astrid, »Das kapitalistische System muss mit Nachdruck reformiert werden«, in *Handelsblatt,* 13. 4. 2019
22. Ratcliff, Anna, »Billionaire fortunes grew by $2. 5 billion a day last year as poorest saw their wealth fall«, auf www.oxfam.org, 21. 1. 2019
23. Fuest, Clemens, »Das Märchen von der Jahrhundertungleichheit«, in *Die Zeit,* 2. 1. 2018
24. Zschäpitz, Holger: »Ungleiche Vermögen offenbaren Deutschlands Probleme«, in *Welt,* 16. 4. 2019
25. Deutscher Familienverband, »Horizontaler Vergleich 2019«, auf www.deutscher-familienverband.de, 15. 4. 2019
26. Frangenberg, Helmut, »Die Schere zwischen Arm und Reich wird größer«, in *Kölner Stadt-Anzeiger,* 28. 12. 2018
27. Deutsches Institut für Wirtschaftsforschung, »Niedrige Löhne empfindet die große Mehrheit als ungerecht«, auf www.diw.de, 12. 9. 2018
28. Koch, Tonia, »Wenn Wettbewerb die Löhne drückt«, auf www.deutschlandfunk.de, 27. 12. 2017
29. Dowideit, Anette, »Wohltätige Drücker«,in *Welt am Sonntag,* 10. 12. 2017
30. Behlendorf, Nina und Hofmann, Madeleine, »Arbeit auf Zeit«, auf www.zdf.de, 15. 11. 2018
31. Hofmann, Madeleine u.a., »Befristete Arbeit: Immer häufiger auch beim Staat«, auf www.correctiv.org, 1. 8. 2018
32. Zeit Online, »Lehrerverband beklagt Kündigungen zu den Ferien«, auf www.zeit.de, 9. 7. 2018
33. Hesse, Michael und Voogt, Gerhard, »Der tägliche Klassenkampf«, in *Kölner Stadt-Anzeiger,* 20. 9. 2018

34. Dowideit, Anette, »Durch ihn kam Willy Brandt ins Wanken«, in *Welt am Sonntag*, 10. 5. 2009
35. Spiegel Online, »Prekär ist immer noch normal«, auf www.spiegel.de, 17. 3. 2017
36. Dowideit, Anette, Gillert, Sonja und Müller, Lara Marie, »Wir rufen Pfleger – es kommen Menschen«, in *Welt am Sonntag*, 8. 3. 2019
37. BILD, »Dieser Polizist findet es ungerecht, dass ...«, in *BILD*, 6. 2. 2019
38. Niewendick, Martin, »Was es mit Sachsens Sicherheitswächtern auf sich hat«, in *Welt*, 4. 10. 2018
39. Buchholz, Helmut, »Personalnot: Polizisten schlagen Alarm«, in *Heilbronner Stimme*, 18. 8. 2017
40. Stukenberg, Timo, »An der Belastungsgrenze«, in *Welt*, 11. 2. 2019
41. Dowideit, Anette, »Manche Staatsanwälte schnappen über«, in *Welt*, 1. 7. 2017
42. Müller, Benedikt, »Deutsche Post will Beamte loswerden«, in *Süddeutsche Zeitung*, 8. 6. 2018
43. Handelsblatt, »Deutsche Post sortiert Mitarbeiter: Höchstens 20 Tage krank und nur zwei Autounfälle«, in *Handelsblatt*, 6. 5. 2018
44. Deutsche Presse-Agentur, »Niemand will mehr Lokführer werden«, auf www.wirtschaftswoche.de, 4. 1. 2018
45. Witt, Gregor und Schultze, Hans-Carl, »Warum es mit dem ÖPNV oft nicht klappt«, in *WDR Markt*, 31. 10. 2018
46. Dowideit, Anette, »Notstand in der ambulanten Pflege wird dramatischer«, in *Welt*, 19. 2. 2019
47. Brause, Christina und Naumann, Annelie, »Lebensretter am Limit«, in *Welt*, 15. 1. 2018
48. Barkewitz, Christoph und Gerlof, Hauke, »Ärzte sehen sich bei Honoraren abgehängt«, in *Ärztezeitung*, 24. 8. 2018
49. Sauer, Stefan, »Viel Arbeit, wenig Geld«, in *Frankfurter Rundschau*, 20. 11. 2017
50. Fanta, Alexander, »Roboterjournalisten retten die Lokalpresse«, auf www.netzpolitik.org, 16. 3. 2018
51. Precht, Richard David, *Jäger, Hirten, Kritiker: Eine Utopie für die digitale Gesellschaft*, München 2018
52. Goffart, Daniel: *Das Ende der Mittelschicht*, Berlin, 2019
53. Dengler, Katharina und Matthes, Britta, »Folgen der Digitalisierung für die Arbeitswelt«, in *IAB-Forschungsbericht* 11/2015
54. Siems, Dorothea, »Jeder möchte Deutschland sein«, in *Welt*, 25. 4. 2019

55. Sharma, Dinesh, »Sind Roboter die Antwort auf Arbeitslosigkeit?«, auf www.sap.com, 12. 9. 2016
56. Harms, Florian und Heid, Tatjana: »Den digitalen Wandel gestalten«, auf *t-online.de*, 14. 11. 2018
57. Kaiser, Tobias, »Zwischen Prekariat und Reichtum«, in *Welt am Sonntag*, 20. 1. 2019
58. Brzeski, Carsten und Franke, Sebastian, »Nicht alle sind Sparweltmeister«, auf www.ing-diba.de, 2019
59. Schimmelbusch, Alexander, »Crypto Love«, in *Welt am Sonntag*, 3. 3. 2019
60. Kramer, Bernd, »Die moderne Firma ist eine Diktatur«, auf www.zeit.de, 14. 2. 2019
61. Stamm, Hendrik, »Wie ich versuchte, im Internet schnelles Geld zu verdienen«, auf www.handelsblatt.de, 30. 10. 2018
62. dpa, »3,4 Millionen Menschen haben mehrere Jobs«, auf www.spiegel.de, 3. 2. 2019
63. Heithecker, Marcus, Jungholt, Thorsten und Schuster, Jacques, »Der Brexit geht mir wegen meiner britischen Wurzeln nahe«, in *Welt*, 6. 1. 2019
64. Jahberg, Heike, »Die Erhöhung des Mindestlohns ist ein Placebo«, in *Tagesspiegel*, 30. 12. 2018
65. Dowideit, Anette und Wisdorff, Flora, »So funktioniert das Modell des Ramschladens Primark«, in *Welt am Sonntag*, 28. 1. 2015
66. Stinauer, Tim, »Großrazzia bei Paketdiensten«, in *Kölner Stadt-Anzeiger*, 9. 2. 2019
67. Moritz, Hans und Görmann, Marcel, »Kurier getötet: War es auf Auftragskiller?«, in *Münchner Merkur*, 4. 10. 2018
68. Sell, Stefan, »Paketzusteller. Die Spitze der Pyramide des Preis- und Lohndrucks soll in Haftung genommen werden können«, auf www.aktuelle-sozialpolitik, 4. 3. 2019
69. Heuzeroth, Thomas, »Das beliebteste Produkt der Deutschen ist die Retoure«, in *Welt*, 27. 12. 2018
70. Bader, Naomi und Mosheim, Maik, »Start-Up Flaschenpost: Wie seriös ist der neue Getränkelieferdienst?«, auf www.spiegel.de, 18. 2. 2019
71. Voss, Oliver, »Scharfe Kritik an Amazons privaten Paketboten«, in *Tagesspiegel*, 25. 7. 2018
72. Brause, Christina, Dowideit, Anette und Wilton, Jennifer: »Das doppelte Versagen des deutschen Rechtsstaates«, in *Welt am Sonntag*, 15. 4. 2018
73. Dowideit, Anette und Kaiser, Tobias, »Performance auf Rezept«, in *Welt am Sonntag*, 28. 4. 2015

74. Milatz, Marvin, »Geld ohne Arbeit – funktioniert das?«, auf www.ndr.de, 12.11.2018
75. Butterwegge, Christoph, »Gerechtigkeit sieht anders aus«, auf www.ndr.de, 12.11.2018
76. Eubel, Cornelia und Monath, Hans, »Der neue Hoffnungsträger der SPD«, in *Tagesspiegel,* 13.3.2019
77. Dams, Jan, Rosenfeld, Dagmar und Schuster, Jacques, »Ist die SPD noch die Partei der Arbeitenden?«, in *Welt am Sonntag,* 17.3.2019
78. Vogel, Hannes, »Niedrig ist nicht billig genug«, in *Die Zeit,* 25.10.2018
79. dpa, »Heil will gegen Missstände in Paketbranche vorgehen«, auf www.handelsblatt.com, 2.3.2019
80. Bispinck, Reinhard und Schulten, Thorsten, »Das Tarifsystem stabilisieren – wie soll das gehen?«, in *Mitbestimmung,* 7+8/2011